Les Bois du Maine

Les Écrits d'Henry David Thoreau

(Volume 03)

Henry David Thoreau

Writat

Cette édition parue en 2023

ISBN : 9789358812107

Publié par
Writat
email : info@writat.com

Contenu

NOTE INTRODUCTIVE

THE MAINE WOODS était le deuxième volume rassemblé de ses écrits après la mort de Thoreau. Du matériel qui le composait, les deux premières divisions étaient déjà imprimées. « Ktaadn and the Maine Woods » était le titre d'un article imprimé en 1848 dans *The Union Magazine*, et « Chesuncook » a été publié dans *The Atlantic Monthly* en 1858. Le livre a été édité par son ami William Ellery Channing.

C'est au cours de son deuxième été à Walden que Thoreau fit sa première visite dans les bois du Maine. C'est probablement en réponse à une demande d'Horace Greeley qu'il rédigea le récit de son journal, car M. Greeley s'était montré désireux d'aider Thoreau à mettre ses marchandises sur le marché. Dans une lettre à Emerson du 12 janvier 1848, Thoreau écrit : « J'ai lu l'autre soir une partie du récit de mon excursion à Ktaadn à un assez grand public d'hommes et de garçons, que cela intéressait. Il contient de nombreux faits et un peu de poésie. Il offrit le journal à Greeley fin mars et, le 17 avril, Greeley répondit : « Je vous joins 25 $ pour votre article sur les paysages du Maine, comme promis. Je sais qu'il vaut davantage, même si je n'ai pas encore trouvé le temps de le lire ; mais j'ai essayé une fois de le vendre sans succès. C'est un peu long pour mes colonnes, et trop beau pour le million ; mais je le considère comme une bonne affaire, et je l'imprimerai moi-même si je n'en dispose pas à un meilleur avantage. Bien entendu, vous ne vous considérerez comme soumis à aucune sorte d'obligation envers moi, car mon offre était une affaire commerciale et j'ai reçu plus que la valeur de mon argent. Mais cet ami généreux et noble pensait aux affaires de Thoreau, pas aux siennes, car en octobre de la même année il écrit : « Je brise un silence d'une certaine durée pour vous informer que j'espère recevoir lundi le paiement de votre glorieux. récit de « Ktaadn and the Maine Woods », que je vous ai acheté au prix d'un juif et vendu à *The Union Magazine*. Je dois en obtenir 75 $, et comme je ne choisis pas de vous *exploiter* à un tel tarif, j'insisterai pour vous inclure 25 $ de plus dans cette lettre, ce qui me laissera quand même 25 $ pour payer diverses charges et travaux que j'ai engagés. vendre vos articles et être payé pour les acheter, cette dernière partie de loin la plus difficile de l'entreprise.

La troisième des excursions de Thoreau dans les bois du Maine avait pour but d'étudier la vie et le caractère des Indiens en la personne de son guide. Il s'est intéressé toute sa vie aux Indiens, et M. Sanborn nous dit — ce qui ressort également de son journal — que son intention était d'étendre ses études dans un ouvrage distinct sur le sujet, pour lequel il avait rassemblé une somme considérable. quantité de matériel provenant de livres ainsi que de ses propres observations. Après son retour d' Allegash et de la branche

Est, il écrivit ce qui suit à M. Blake, le 18 août 1857 : « Je suis maintenant de retour et je pense avoir fait un voyage très profitable, principalement en m'associant avec un Indien intelligent. .. De retour, je me flatte que le monde paraît à certains égards un peu plus grand, et non comme d'habitude plus petit et moins profond pour avoir étendu ma portée. J'ai fait une courte excursion dans le nouveau monde dans lequel habite ou se trouve l'Indien. Il commence là où nous nous arrêtons. Cela vaut la peine de déceler chez l'homme de nouvelles facultés, il n'en est que plus divin ; et tout ce qui excite notre admiration nous agrandit. L'Indien qui peut trouver si merveilleusement son chemin dans les bois possède tellement d'intelligence que l'homme blanc ne possède pas, et cela augmente ma propre capacité ainsi que ma foi de l'observer. Je me réjouis de constater que les renseignements circulent par d'autres canaux que ceux que je connaissais. Cela me rachète une partie de ce qui semblait brutal auparavant. C'est une grande satisfaction de constater que vos convictions les plus anciennes sont permanentes. En ce qui concerne l'essentiel, je n'ai jamais eu l'occasion de changer d'avis. L'aspect du monde varie d'année en année, à mesure que le paysage est différemment habillé, mais je trouve que la *vérité* est toujours *vraie* , et je ne regrette jamais l'accent qu'elle a pu inspirer. Ktaadn est toujours là, mais bien plus sûrement, ma vieille conviction est là, reposant avec plus que la largeur et le poids des montagnes sur le monde, la source toujours de ruisseaux fertilisants, et offrant des vues magnifiques de son sommet si je peux y remonter. »

KTAADN

Le 31 août 1846, je quittai Concord, dans le Massachusetts, pour Bangor et l'arrière-pays du Maine, par chemin de fer et par bateau à vapeur, avec l'intention d'accompagner un de mes parents, engagé dans le commerce du bois à Bangor, jusqu'à barrage sur le bras ouest du Penobscot, propriété à laquelle il était intéressé. De cet endroit, qui est à environ cent milles au bord de la rivière au-dessus de Bangor, à trente milles de la route militaire de Houlton et à cinq milles au-delà de la dernière cabane en rondins, je me proposai de faire des excursions au mont Ktaadn, la deuxième plus haute montagne de la Nouvelle- Angleterre . à environ trente milles de distance, et à certains des lacs du Penobscot, soit seul, soit avec la compagnie que je pourrais y trouver. Il est rare de trouver un camp si loin dans les bois à cette saison, alors que les opérations forestières ont cessé, et j'étais heureux de profiter de la circonstance qu'une équipe d'hommes y était employée à cette époque pour réparer les blessures causées par le grande crue printanière. On peut approcher la montagne plus facilement et directement à cheval et à pied du côté nord-est, par la route d'Aroostook et la rivière Wassataquoik ; mais dans ce cas, vous voyez beaucoup moins de nature sauvage, aucun paysage glorieux de rivières et de lacs, et vous n'avez aucune expérience du batteau et de la vie du batelier. J'ai eu de la chance aussi pendant la saison de l'année, car en été, des myriades de mouches noires, de moustiques et de moucherons, ou, comme les Indiens les appellent, des « no-seems », rendent les déplacements dans les bois presque impossibles ; mais maintenant leur règne était presque terminé.

Ktaadn , dont le nom est un mot indien signifiant terre la plus élevée, a été gravi pour la première fois par des hommes blancs en 1804. Il a été visité par le professeur JW Bailey de West Point en 1836 ; par le Dr Charles T. Jackson, géologue d'État, en 1837 ; et par deux jeunes hommes de Boston en 1845. Tous ceux-ci ont rendu compte de leurs expéditions. Depuis que j'y suis, deux ou trois autres groupes ont fait l'excursion et ont raconté leurs histoires. En outre, très peu, même parmi les forestiers et les chasseurs, l'ont jamais gravi, et il faudra beaucoup de temps avant que la marée des voyages à la mode ne prenne cette direction. La région montagneuse de l'État du Maine s'étend depuis la proximité des Montagnes Blanches, vers le nord-est, sur cent soixante milles, jusqu'à la tête de la rivière Aroostook, et a une largeur d'environ soixante milles. La partie sauvage ou instable est bien plus étendue. De sorte que quelques heures seulement de voyage dans cette direction amèneront les curieux à la lisière d'une forêt primitive, plus intéressante peut-être à tous égards, que celle qu'ils atteindraient en parcourant mille milles vers l'ouest.

La matinée suivante, le mardi 1er septembre, je partais avec mon compagnon dans un buggy de Bangor pour « remonter la rivière », m'attendant à être rattrapé le lendemain soir à Mattawamkeag Point, à une soixantaine de milles de là, par deux autres Bangoréens , qui avaient décidé pour nous rejoindre dans un voyage à la montagne. Nous avions chacun un sac à dos ou un sac rempli des vêtements et des objets indispensables, et mon compagnon portait son fusil.

À moins d'une douzaine de milles de Bangor, nous avons traversé les villages de Stillwater et Oldtown, construits aux chutes du Penobscot, qui fournissent la principale énergie par laquelle les bois du Maine sont convertis en bois de construction. Les moulins sont construits directement au-dessus et de l'autre côté de la rivière. Voici une confiture serrée, un frottement dur, à toutes les saisons ; et alors l'arbre autrefois vert, depuis longtemps blanc, je n'ai pas besoin de dire comme de la neige battue, mais comme une bûche battue, devient simplement du bois de charpente. Ici, vos pouces, vos deux et vos trois pouces commencent à exister, et M. Sawyer délimite ces espaces qui décident du destin de tant de forêts prostrées. À travers cette énigme d'acier, plus ou moins grossière , se trouve la forêt de flèches du Maine, de Ktaadn et Chesuncook , et les eaux d'amont du Saint-Jean, tamisées sans relâche, jusqu'à ce qu'il en ressorte des planches, des planches à clin, des lattes et des bardeaux tels que le le vent peut encore, par hasard, être fendu et fendu encore, jusqu'à ce que les hommes aient une taille qui leur convienne. Pensez à la façon dont se trouvait le pin blanc sur la rive de Chesuncook , ses branches soupirant au gré des quatre vents, et chaque aiguille tremblant au soleil, pensez à ce qu'il en est maintenant, vendu, par hasard, à la Friction de la Nouvelle-Angleterre. Compagnie de correspondance ! Il y avait en 1837, comme je l'ai lu, deux cent cinquante scieries sur le Penobscot et ses affluents au-dessus de Bangor, la plupart d'entre elles dans ce voisinage immédiat, et elles sciaient chaque année deux cent millions de pieds de planches . A cela s'ajoute le bois des cours d'eau Kennebec, Androscoggin, Saco, Passamaquoddy et autres. Il n'est pas étonnant que nous entendions si souvent parler de navires encalminés au large de nos côtes, entourés une semaine à la fois de bois flotté provenant des bois du Maine. La mission des hommes semble être, comme celle de tant de démons occupés, de chasser la forêt du pays, de chaque marais à castors solitaires et de chaque flanc de montagne, le plus tôt possible.

A Oldtown, nous sommes entrés dans une manufacture de batteaux. La fabrication de batteurs est ici une véritable affaire pour l'approvisionnement de la rivière Penobscot. Nous en avons examiné quelques-uns sur les actions. Ce sont des vaisseaux légers et bien faits, calculés pour des cours d'eau rapides et rocheux, et pour être transportés sur de longs portages sur les épaules des hommes, de vingt à trente pieds de long, et seulement de quatre ou quatre et demi de large, pointus aux deux extrémités comme un canot. bien que plus larges vers l'avant sur le fond, et atteignant sept ou huit pieds au-dessus de l'eau, afin qu'ils puissent glisser sur les rochers aussi doucement que possible. Ils sont faits très légers, seulement deux planches de côté, généralement fixées à quelques genoux en érable clair ou autres bois durs, mais à l'intérieur ils sont faits de l'étoffe de pin blanc la plus claire et la plus large, dont il y a un grand gaspillage à cause de leur forme, car le fond reste parfaitement plat, non seulement d'un côté à l'autre, mais d'un bout à l'autre. Parfois même, ils deviennent « accaparants », après une longue utilisation, et les bateliers les retournent alors et les redressent par un poids à chaque extrémité. On nous racontait qu'on s'usait en deux ans, ou souvent en un seul voyage, sur les rochers, et qu'on se vendait entre quatorze et seize dollars. Il y avait quelque chose de rafraîchissant et de follement musical à mes oreilles dans le nom même du canot de l'homme blanc, qui me rappelait Charlevoix et les Voyageurs canadiens. Le batteau est une sorte de bâtard entre le canot et le bateau, le bateau du commerçant de fourrures.

Le ferry nous a fait passer devant l'île indienne. Alors que nous quittions le rivage, j'ai observé une Indienne petite et minable, ressemblant à une blanchisseuse , - ils ont généralement l' air malheureux de la fille qui pleurait pour le lait renversé, - juste de "en amont de la rivière", atterrissant du côté de la vieille ville, près d'une épicerie. , et, remontant son canot, sortit un fagot de peaux dans une main et un fût ou demi-tonneau vide dans l'autre, et remonta la berge avec eux. Cette image permettra de mettre en avant l'histoire de l'Indien, c'est-à-dire l'histoire de son extinction. En 1837, il restait trois cent soixante-deux âmes de cette tribu. L'île semblait déserte aujourd'hui, et pourtant j'observais quelques nouvelles maisons parmi celles tachées par le temps, comme si la tribu avait encore un dessein sur la vie ; mais en général , ils ont un aspect très miteux, désespéré et sans joie, étant tous des arrière-plans et des bûchers, non pas des fermes, même des fermes indiennes, mais au lieu de fermes d'origine ou à l'étranger, car leur vie est domi . *aut milices* , à la maison ou en guerre, ou maintenant plutôt *venatus* , c'est-à-dire une chasse, et la plupart de ces dernières. L'église est le seul bâtiment qui ait l'air soigné, mais ce n'est pas Abénakis, c'est l'œuvre de Rome. C'est peut-être un bon Canadien, mais c'est un pauvre Indien. C'était autrefois une tribu puissante. La politique fait fureur chez eux désormais. Je pensais même qu'une rangée de wigwams, avec une danse de pow-wow et un prisonnier torturé sur le bûcher, serait plus respectable que cela.

Nous débarquâmes à Milford et longeâmes le côté est du Penobscot, ayant une vue plus ou moins constante sur la rivière et sur les îles indiennes qui s'y trouvent, car elles conservent toutes les îles jusqu'à Nicketow, à l'embouchure de la rivière Penobscot . la branche Est. Ils sont généralement bien boisés et sont réputés avoir un meilleur sol que les rives voisines. La rivière semblait peu profonde et rocheuse, interrompue par des rapides, ondulant et luisant au soleil. Nous nous sommes arrêtés un moment pour voir un faucon pêcher un poisson droit comme une flèche, depuis une grande hauteur, mais il a raté sa proie cette fois. C'était la route de Houlton que nous empruntions maintenant, sur laquelle quelques troupes marchèrent une fois vers Mars' Hill, mais pas vers *le champ de Mars* , comme cela se prouva. C'est la route principale, presque la seule, de ces régions, aussi droite, aussi bien tracée, et aussi bien entretenue que presque toutes celles que vous trouverez ailleurs. Partout nous voyions les signes de la grande crue, cette maison de travers, et celle là où elle n'était pas fondée, mais où elle fut trouvée, du moins, le lendemain ; et cet autre à l'air gorgé d'eau, comme s'il était encore en train d'aérer et de sécher son sous-sol, et des rondins avec les marques de tout le monde dessus, et parfois les marques de ceux qui ont servi de ponts, éparpillés le long de la route. Nous traversâmes le Sunkhaze , nom estival des Indiens, l' Olemmon , le Passadumkeag et d'autres cours d'eau qui apparaissent plus clairement sur la carte qu'ils ne le faisaient maintenant sur la route. À Passadumkeag, nous avons trouvé tout ce que son nom implique : des politiciens sérieux, à savoir des blancs, je veux dire, sur le qui-vive pour savoir comment les élections allaient probablement se dérouler ; des hommes qui parlaient rapidement, d'une voix sourde, avec une sorte de sérieux factice qu'on ne pouvait s'empêcher de croire, attendant à peine une introduction, un de chaque côté de votre voiture, s'efforçant de dire beaucoup de choses en peu, car ils vous voient tenir le fouet avec impatience. , mais en disant toujours peu pour beaucoup. Il semble qu'ils ont eu des caucus et qu'ils en auront encore : victoire et défaite. Quelqu'un peut être élu, d'autres non. Un homme, un parfait inconnu, qui se tenait près de notre voiture au crépuscule, effraya en fait le cheval avec ses affirmations, devenant d'autant plus solennellement positif qu'il y avait moins en lui de raisons d'être positif. Passadumkeag n'a donc pas regardé sur la carte. Au coucher du soleil, abandonnant quelque temps la route fluviale par souci de brièveté, nous passâmes par Enfield, où nous nous arrêtâmes pour la nuit. Ceci, comme la plupart des localités portant des noms sur cette route, était un endroit à nommer qui, au milieu d'une nature sauvage sans nom et non constituée en société, devait faire une distinction sans différence, me semblait-il. Ici, cependant, j'ai remarqué un verger de pommiers sains et bien cultivés, en état de porter, c'est la plus ancienne maison de colon de cette région, mais tous fruits naturels et relativement sans valeur faute de greffon . Et c'est généralement le cas en aval de la rivière. Ce serait une bonne spéculation, ainsi qu'une faveur conférée aux colons, qu'un garçon du Massachusetts se rende là-bas avec une malle pleine de scions de choix et son appareil de greffage, au printemps.

Le lendemain matin, nous avons traversé un pays élevé et vallonné, en vue de Cold-Stream Pond, un magnifique lac de quatre ou cinq milles de long, et sommes revenus sur la route de Houlton, ici appelée la route militaire, à Lincoln, à quarante-cinq kilomètres. à milles de Bangor, où se trouve tout un village pour ce pays, le principal au-dessus d'Oldtown. Apprenant qu'il y avait plusieurs wigwams ici, sur l'une des îles indiennes, nous avons laissé notre cheval et notre chariot et avons marché à travers la forêt pendant un demi-mile jusqu'à la rivière, pour nous procurer un guide pour la montagne. Ce n'est qu'après de longues recherches que nous découvrîmes leurs habitations, de petites cabanes situées dans un endroit retiré, où le paysage était d'une douceur et d'une beauté inhabituelles, et le rivage bordé de prairies agréables et d'ormes gracieux. Nous avons traversé l'île à bord d'un canoë que nous avons trouvé sur le rivage. Près de l'endroit où nous avons débarqué, une jeune Indienne de dix ou douze ans était assise sur un rocher dans l'eau, au soleil, en train de se laver et de fredonner ou de gémir une chanson pendant ce temps. C'était une souche autochtone. Une lance à saumon, entièrement faite de bois, gisait sur le rivage, telle qu'ils auraient pu en utiliser avant l'arrivée des hommes blancs. Il y avait un morceau de bois élastique attaché à un côté de sa pointe, qui glissait et se refermait sur le poisson, un peu comme l'appareil pour tenir un seau au bout d'une perche de puits. Alors que nous marchions vers la maison la plus proche, nous avons été accueillis par une sortie d'une douzaine de chiens ressemblant à des loups, qui pourraient être les descendants en ligne directe des anciens chiens indiens, que les premiers voyageurs décrivent comme « leurs loups » . Je suppose qu'ils l'étaient. L'occupant parut bientôt, avec une longue perche à la main, avec laquelle il repoussait les chiens, pendant qu'il parlementait avec nous, un homme robuste, mais ennuyeux et graisseux, qui nous dit, de sa manière paresseuse, en réponse à nos questions, comme si c'était la première affaire sérieuse qu'il avait à faire ce jour-là, qu'il y avait *des* Indiens qui «remontaient la rivière» - lui et un autre - aujourd'hui, avant midi. Et qui était l'autre ? Louis Neptune, qui habite la maison voisine. Eh bien, allons voir Louis ensemble. Le même accueil canin, et Louis Neptune fait son apparition, un petit homme nerveux, au visage plissé et ridé, et pourtant il semblait l'homme principal des deux ; le même, si je me souviens bien, qui avait accompagné Jackson à la montagne en 1937. Les mêmes questions furent posées à Louis et les mêmes informations obtenues, tandis que l'autre Indien restait là. Il parut qu'ils allaient partir à midi, avec deux canots, pour monter à Chesuncook chasser l'orignal, et être partis un mois. «Eh bien, Louis, supposons que vous arriviez à la Pointe (aux Cinq Îles, juste en dessous de Mattawamkeag) pour camper, nous continuerons à marcher sur la branche ouest demain, - quatre d'entre nous, - et vous attendrons au barrage, ou de ce côté. . Vous nous rejoignez demain ou après-demain et nous emmenez dans vos canots. Nous nous arrêtons pour vous, vous vous arrêtez pour nous. Nous vous payons pour vos ennuis. « Vous, » répondit Louis, « peut-être aurez-vous des provisions pour tous, du porc, du pain, et ainsi payer. Il a dit : « Je vais certainement chercher de l'orignal. » et quand je lui ai demandé s'il pensait que Pomola nous laisserait monter, il a répondu que nous devions planter une bouteille de rhum sur le dessus ; il en avait planté beaucoup ; et quand il regarda à nouveau, le rhum avait disparu. Il s'était levé deux ou trois fois ; il avait planté des lettres anglaises, allemandes, françaises, etc. Ces hommes étaient légèrement vêtus de chemises et de pantalons, comme nos ouvriers par temps chaud. Ils ne nous ont pas invités chez eux, mais nous ont accueillis dehors. Nous avons donc quitté les Indiens, nous estimant heureux d'avoir trouvé de tels guides et compagnons.

Il y avait très peu de maisons le long de la route, et pourtant elles n'étaient pas complètement en ruine, comme si la loi selon laquelle les hommes sont dispersés sur le globe était très stricte et à laquelle il ne fallait pas résister impunément ou pour de légères raisons. Il y avait même les germes d'un ou deux villages qui commençaient tout juste à se développer. La beauté de la route elle-même était remarquable. Les divers conifères, dont beaucoup sont rares chez nous, des spécimens délicats et beaux de mélèze, d'arbor- vitæ , d'épicéa boule et de sapin baumier, de quelques pouces à plusieurs pieds de hauteur, bordaient ses côtés, en certains endroits ressemblent à une longue cour de devant, jaillissant des parcelles d'herbe lisse qui la bordent sans interruption et rendues fertiles par son lavoir ; alors qu'il n'y avait qu'un pas de chaque côté vers le désert sombre et inexploré, dont le labyrinthe enchevêtré d'arbres vivants, tombés et en décomposition seuls le cerf et l'orignal, l'ours et le loup peuvent facilement pénétrer. Des spécimens plus parfaits que n'importe quelle parcelle de cour avant peuvent en montrer ont poussé là pour honorer le passage des équipes de Houlton.

Vers midi, nous atteignîmes le Mattawamkeag , à cinquante-six milles de Bangor par le chemin par lequel nous étions venus, et nous nous arrêtâmes dans une maison fréquentée toujours sur la route de Houlton , où s'arrête l'étape de Houlton. Il y avait ici un important pont couvert sur le Mattawamkeag , construit, je crois, disaient-ils, environ dix-sept ans auparavant. Nous avons dîné, où d'ailleurs, et même au petit-déjeuner comme au dîner, dans les pubs de cette route, le premier rang est composé de diverses sortes de « gâteaux sucrés », en ligne continue d'un côté à l'autre. bout de la table à l'autre. Je pense pouvoir affirmer avec certitude qu'il y avait une rangée de dix ou douze assiettes de ce genre placées ici devant nous deux. Pour expliquer cela, on dit que, lorsque les bûcherons sortent des bois, ils ont envie de gâteaux et de tartes, et de choses si sucrées, qui y sont presque inconnues, et que c'est là l' *offre* pour satisfaire cette *demande* . L'offre est toujours égale à la demande, et ces hommes affamés pensent beaucoup à en avoir pour leur argent. Sans aucun doute, l'équilibre des victuailles est rétabli au moment où ils atteignent Bangor, — Mattawamkeag enlève le bord brut. Eh bien, sur ce premier rang, dis-je, vous, venant du côté du « gâteau sucré

», avec une indifférence philosophique bon marché que cela puisse être, vous devez attaquer ce qu'il y a derrière, ce que je ne veux en aucun cas insinuer. insuffisant en quantité ou en qualité pour répondre à cette autre demande, des hommes, non des bois mais des villes, pour la venaison et les plats de campagne forts. Après le dîner, nous nous sommes promenés jusqu'à la « Pointe », formée par la jonction des deux rivières, qui est censée être le théâtre d'une ancienne bataille entre les Indiens de l'Est et les Mohawks, et nous y avons soigneusement cherché des reliques, bien que les hommes à le bar n'avait jamais entendu parler de telles choses ; mais nous n'avons trouvé que quelques éclats de pierre à pointe de flèche, quelques pointes de pointes de flèche, une petite balle de plomb et quelques perles colorées, ces dernières se rapportant peut-être aux premiers jours du commerce des fourrures. Le Mattawamkeag , bien que large, n'était qu'un simple lit de rivière, plein de rochers et de bas-fonds à cette époque, de sorte qu'on pouvait le traverser presque à pieds secs en bottes ; et j'avais peine à croire mon compagnon lorsqu'il me racontait qu'il avait parcouru cinquante ou soixante milles en batteau, à travers des forêts lointaines et encore intactes. Un batteau pouvait difficilement trouver un port à son embouchure. Les cerfs et les caribous, ou rennes, sont emmenés ici l'hiver, en vue de la maison.

Avant l'arrivée de nos compagnons, nous avons parcouru sept milles sur la route de Houlton jusqu'à Molunkus , où la route d'Aroostook y débouche, et où se trouve dans les bois un pub spacieux, appelé « Maison Molunkus », tenu par un certain Libbey, qui on aurait dit qu'il y avait sa salle pour la danse et les exercices militaires. Il n'y avait aucune autre trace de l'homme que cet immense palais de galets dans cette partie du monde ; mais parfois même celle-ci est remplie de voyageurs. J'ai regardé la place au coin de la maison, sur la route d'Aroostook , sur laquelle il n'y avait aucune clairière en vue. Il y avait un homme qui s'y aventurait ce soir dans un chariot grossier et original, ce qu'on pourrait appeler Aroostook, un simple siège, avec un chariot balancé en dessous, quelques sacs dessus et un chien endormi pour les surveiller. Il a proposé de transmettre un message pour nous à n'importe qui dans ce pays, avec joie. Je soupçonne que si vous deviez aller au bout du monde, vous y trouveriez quelqu'un qui irait plus loin, comme s'il rentrait chez lui au coucher du soleil et aurait un dernier mot avant de partir. Ici aussi *se trouvait* un petit commerçant, que je n'ai pas vu d'abord, qui tenait un magasin, mais pas un grand magasin, certes, dans une petite boîte au-dessus du chemin, derrière le panneau indicateur de Molunkus . Cela ressemblait à la balance d'une balance à foin brevetée. Quant à sa maison, nous ne pouvions que conjecturer où elle se trouvait ; il était peut-être pensionnaire de la maison Molunkus . Je l'ai vu debout à la porte de sa boutique, sa boutique était si petite que si un voyageur faisait des démonstrations d'entrée, *il* serait obligé de sortir par l'arrière et de conférer avec son client par une fenêtre au sujet de son affaire. marchandises en cave, ou, plus probablement, sur mesure, et pourtant en route. J'aurais dû y entrer, car j'éprouvais une réelle envie de commercer, si je n'avais pas réfléchi à ce qu'il adviendrait de lui. La veille, nous étions entrés dans un magasin, en face d'une auberge où nous nous arrêtions, petit début de commerce, qui allait finalement se transformer en une solide co-association dans la future ville ou ville, - en effet, c'était déjà "Quelqu'un & Co. », j'oublie qui. La femme s'est avancée des pénétrales de la maison attenante, pour « Somebody & Co ». était en feu, et elle nous vendait des amorces, canalées et lisses, et connaissait leurs prix et leurs qualités, et celles que préféraient les chasseurs. Il y avait là un peu de tout dans une petite étendue pour satisfaire les besoins et l'ambition des bois, un stock sélectionné avec quelle peine et quel soin, et ramené à la maison dans le wagon-box, ou un coin de l'équipe Houlton ; mais il me semblait, comme d'habitude, une prépondérance de jouets d'enfants, de chiens à aboyer, de chats à miauler et de trompettes à sonner, là où il n'y a presque pas encore d'indigènes. Comme si un enfant né dans les bois du Maine, parmi les pommes de pin et les baies de cèdre, ne pouvait se passer d'un bonhomme à sucre ou d'un bonbon comme le jeune Rothschild.

Je pense qu'il n'y avait pas plus d'une maison sur la route de Molunkus , soit sur sept milles. À cet endroit, nous avons franchi la clôture et sommes entrés dans un nouveau champ, planté de pommes de terre, où les bûches brûlaient encore entre les collines ; et, arrachant les vignes, je trouvai des pommes de terre de bonne grosseur, presque mûres, poussant comme de la mauvaise herbe, et des navets mêlés à elles. Le mode de défrichement et de plantation consiste à abattre les arbres et à brûler une fois ce qui va brûler, puis à les couper en longueurs appropriées, à les rouler en tas et à les brûler à nouveau ; puis, avec une houe, plantez des pommes de terre là où vous pourrez toucher le sol, entre les souches et les bûches carbonisées ; pour une première récolte, les cendres suffisent pour le fumier, et aucun binage n'est nécessaire la première année. A l'automne, coupez, roulez et brûlez de nouveau, et ainsi de suite, jusqu'à ce que la terre soit défrichée ; et bientôt il est prêt à recevoir du grain et à être déposé. Que ceux qui veulent parler de pauvreté et de temps difficiles dans les villes et les cités ; L'émigrant qui peut payer son billet pour New York ou Boston ne peut-il pas payer cinq dollars de plus pour arriver ici (j'en ai payé trois, en tout, pour mon trajet de Boston à Bangor, soit deux cent cinquante milles) et être aussi riche que lui. lui plaît, où la terre ne coûte pratiquement rien et n'abrite que le travail de construction, et où il peut commencer sa vie comme Adam ? S'il se souvient encore de la distinction entre pauvres et riches, qu'il lui parle immédiatement d'une maison plus étroite.

Lorsque nous sommes revenus au Mattawamkeag , la scène Houlton y était déjà installée ; et un homme de la province trahissait sa verdure aux Yankees par ses questions. Pourquoi l'argent de la province ne passe-t-il pas ici au pair, alors que l'argent des États est bon à Fredericton, bien que cela soit peut-être assez raisonnable. D'après ce que j'ai vu alors, il semble que l'homme de la Province était désormais le seul véritable Jonathan, ou rustre de la campagne, laissé si loin derrière lui par ses voisins entreprenants qu'il n'en savait pas assez pour leur poser des questions. Aucun peuple ne peut conserver longtemps son caractère provincial s'il a la propension à la politique, à la taille et aux voyages rapides, que les Yankees ont, et qui laisse la mère patrie derrière lui dans la variété de ses idées et de ses inventions. La possession et l'exercice de talents pratiques ne sont qu'un moyen sûr et rapide de culture intellectuelle et d'indépendance.

La dernière édition de la Carte du Maine de Greenleaf était accrochée au mur ici, et comme nous n'avions pas de carte de poche, nous décidâmes de tracer une carte de la région des lacs. Ainsi, trempant une liasse d'étoupe dans la lampe, nous huilions une feuille de papier sur la nappe huilée, et, de bonne foi, traçâmes ce que nous constatâmes ensuite être un labyrinthe d'erreurs, suivant soigneusement les contours des lacs imaginaires. que contient la carte. La carte des terres publiques du Maine et du Massachusetts est la seule que j'ai vue qui mérite ce nom. C'est pendant que nous étions occupés à cette opération que nos compagnons arrivèrent. Ils avaient vu les tirs des Indiens sur les Cinq-Îles, et nous avons donc conclu que tout allait bien.

Tôt le lendemain matin, nous avions monté nos sacs et nous préparions à remonter la branche ouest, mon compagnon ayant mis son cheval au pâturage pendant une semaine ou dix jours, pensant qu'une bouchée d'herbe fraîche et un goût d'eau courante seraient bénéfiques. faites-lui autant de bien que le tarif de l'arrière-pays et le nouveau pays influence son maître. En sautant par-dessus une clôture, nous avons commencé à suivre un sentier obscur remontant la rive nord du Penobscot. Il n'y avait plus de route plus loin, la rivière étant la seule route, et seulement une demi-douzaine de cabanes en rondins, confinées sur ses rives, que l'on pouvait rencontrer sur trente milles. De chaque côté, et au-delà, se trouvait une nature sauvage totalement inhabitée, s'étendant jusqu'au Canada. Ni cheval, ni vache, ni véhicule d'aucune sorte, n'étaient jamais passés sur ce terrain ; le bétail et les quelques objets volumineux dont se servent les bûcherons, étant levés pendant l'hiver sur la glace, et redescendus avant qu'elle ne se brise. Les bois à feuilles persistantes avaient un parfum résolument doux et vivifiant ; l'air était une sorte de boisson diététique, et nous marchions allègrement en file indienne, nous dégourdissant les jambes. De temps en temps, il y avait une petite ouverture sur la rive, faite pour rouler les rondins, d'où nous apercevions la rivière, toujours un ruisseau rocheux et onduleux. Le rugissement des rapides, le son d'un canard siffleur sur la rivière, le geai et la mésange autour de nous, et le pic pigeon dans les ouvertures, tels étaient les sons que nous entendions. C'était ce qu'on pourrait appeler un tout nouveau pays ; les seules routes étaient tracées par la nature et les quelques maisons étaient des camps. Ici donc, on ne peut plus accuser les institutions et la société, mais il faut affronter la véritable source du mal.

Il y a trois classes d'habitants qui fréquentent ou habitent le pays dans lequel nous sommes maintenant entrés : premièrement, les bûcherons, qui, pendant une partie de l'année, l'hiver et le printemps, sont de loin les plus nombreux, mais en été, sauf quelques explorateurs du bois l'abandonnent complètement ; deuxièmement, les quelques colons que j'ai nommés, les seuls habitants permanents, qui vivent à la limite et aident à approvisionner les premiers ; troisièmement, les chasseurs, pour la plupart des Indiens, qui le parcourent en leur saison.

Au bout de trois milles , nous arrivâmes au ruisseau et au moulin de Mattaseunk , où il y avait même un chemin de fer en bois grossier qui descendait jusqu'au Penobscot, le dernier chemin de fer que nous devions voir. Nous traversâmes, au bord de la rivière, une étendue de plus de cent acres de gros bois, qui venait d'être abattu et brûlé, et qui fumait encore. Notre trace traversait le milieu et était presque effacée. Les arbres s'étendaient de toute leur longueur, sur quatre ou cinq pieds de profondeur et se croisaient dans toutes les directions, tous noirs comme du charbon de bois, mais parfaitement sains à l'intérieur, encore bons pour le combustible ou le bois d'œuvre ; bientôt ils seraient coupés en morceaux et de nouveau brûlés. Il y avait ici des milliers de cordes, assez pour garder les pauvres de Boston et de New York bien au chaud pendant un hiver, qui ne faisaient qu'encombrer le sol et gênaient les colons. Et toute cette forêt solide et interminable est vouée à être ainsi progressivement dévorée par le feu, comme des copeaux, et aucun homme n'en sera réchauffé. À la cabane en rondins de Crocker, à l'embouchure de la rivière Salmon, à sept milles de la pointe, l'un des membres du groupe commença à distribuer aux enfants une réserve de petits livres d'images d'un cent pour leur apprendre à lire, ainsi que des journaux, plus ou moins. moins récente, parmi les parents, que rien ne peut être plus acceptable pour un peuple de l'arrière-pays. C'était vraiment un élément important de notre tenue et, parfois, la seule monnaie qui circulait. J'ai traversé la rivière Salmon avec mes chaussures, l'eau étant basse, mais non sans me mouiller les pieds. Quelques kilomètres plus loin, nous arrivâmes à « Marm Howard's », au bout d'une vaste clairière, où nous apercevions à la fois deux ou trois cabanes en rondins, une de l'autre côté de la rivière, et même quelques tombes, entourées d'une palissade de bois, où reposent déjà les rudes ancêtres d'un hameau, et dans mille ans, peut-être, quelque poète écrira son «Élégie dans un cimetière de campagne». Les « Village Hampden », les « Milton muets et sans gloire » et les Cromwell , « innocents » du « sang de leur pays », n'étaient pas encore nés.

"Peut-être que dans cet endroit *sauvage sera* pondu

Un cœur jadis fécondé par le feu céleste ;

Des mains que le bâton de l'empire aurait pu influencer,

Ou je me suis réveillé pour extase la lyre vivante.

La maison suivante était celle de Fisk, à dix milles de la pointe à l'embouchure du bras est, en face de l'île Nicketow , ou Forks, la dernière des îles indiennes. Je tiens particulièrement à donner les noms des colons et les distances, puisque chaque cabane en rondins dans ces bois est un pub, et de telles informations n'ont pas peu d'importance pour ceux qui peuvent avoir l'occasion de voyager par là. Notre route traversa ici le Penobscot et suivit la rive sud. L'un des membres du groupe , qui est entré dans la maison à la recherche de quelqu'un pour nous accueillir, a signalé une maison très soignée, avec beaucoup de livres et une nouvelle épouse, tout juste importée de Boston, entièrement nouvelle dans les bois. Nous avons trouvé dans le bras Est un ruisseau large et rapide à son embouchure et beaucoup plus profond qu'il ne le paraissait. Ayant retrouvé avec quelque difficulté le sentier, nous remontâmes le côté sud du bras ouest, ou rivière principale, en passant par des rapides appelés Rock- Ebeeme , dont nous entendîmes le rugissement à travers les bois, et, peu après, dans le au plus épais du bois, quelques camps de bûcherons vides, encore neufs, qui avaient été occupés l'hiver précédent. Bien que nous en ayons vu quelques autres par la suite, je ferai en sorte qu'un seul compte serve à tous. C'étaient des maisons dans lesquelles les bûcherons du Maine passent l'hiver, dans le désert. Il y avait les camps et les masures pour le bétail, à peine reconnaissables, sauf que ces dernières n'avaient pas de cheminée. Ces camps mesuraient environ vingt pieds de long sur quinze de large, construits en rondins de pruche, de cèdre, d'épinette ou de bouleau jaune, une espèce seule, ou tous ensemble, avec l'écorce ; deux ou trois gros rondins d'abord, l'un directement au-dessus de l'autre, et échancrés ensemble aux extrémités, jusqu'à la hauteur de trois ou quatre pieds, puis de plus petits rondins reposant sur des rondins transversaux aux extrémités, chacun des derniers successivement plus courts que les autres, pour former le toit. La cheminée était un trou carré oblong au milieu, de trois ou quatre pieds de diamètre, avec une clôture de rondins aussi haute que la crête. Les interstices étaient remplis de mousse, et le toit était recouvert de longues et belles éclisses de cèdre, d'épicéa ou de pin, fendues avec un traîneau et un couperet. Le foyer, l'endroit le plus important de tous, avait la forme et la taille de la cheminée et, directement en dessous, était défini par une clôture en rondins ou une défense au sol et un tas de cendres, d'un pied ou deux de profondeur à l'intérieur, avec de solides des bancs de rondins fendus courent autour. Ici, le feu fait généralement fondre la neige et sèche la pluie avant qu'elle puisse descendre pour l'éteindre. Les parterres fanés de feuilles d'arborvitae s'étendaient sous les avant-toits de chaque côté.

Il y avait de la place pour le seau d'eau, le tonneau de porc et le lavabo, et généralement un jeu de cartes crasseux laissé sur une bûche. Habituellement, une grande quantité de taille était consacrée au loquet, qui était en bois, sous la forme d'un loquet en fer . Ces maisons sont rendues confortables par les énormes incendies qui peuvent être allumés nuit et jour. Habituellement, le paysage qui les entoure est assez morne et sauvage ; et le camp des bûcherons est aussi complètement dans les bois qu'un champignon au pied d'un pin dans un marécage ; pas d'autre perspective que le ciel au-dessus de nous ; pas plus de défrichement qu'on ne le fait en abattant les arbres dont il est construit et ceux qui sont nécessaires au combustible. Si seulement l'endroit était bien abrité et commode pour son travail, et près d'une source, il ne perdrait pas son temps à penser à cette perspective. Ce sont des maisons forestières très convenables, les tiges des arbres rassemblées et empilées autour d'un homme pour se protéger du vent et de la pluie, faites de rondins verts vivants, suspendus de mousse et de lichen, et avec les boucles et les franges du bouleau jaune. écorce et dégoulinante de résine, fraîche et humide, et évoquant des odeurs marécageuses, avec cette sorte de vigueur et de pérennité même autour d'eux que suggèrent les champignons vénéneux. [1] Le tarif du bûcheron se compose de thé, de mélasse, de farine, de porc (parfois de bœuf) et de haricots. Une grande partie des haricots cultivés dans le Massachusetts trouvent leur marché ici. Lors des expéditions, ce ne sont que du pain dur et du porc, souvent crus, tranche sur tranche, avec du thé ou de l'eau selon les cas.

Le bois primitif est toujours et partout humide et moussu, de sorte que je voyageais constamment avec l'impression d'être dans un marécage ; et ce n'est que lorsqu'on remarqua que telle ou telle parcelle, à en juger par la qualité du bois qui s'y trouve, constituerait un défrichement rentable, que je me rappelai que si le soleil y pénétrait, elle formerait un champ sec, comme les quelques-uns que je connaissais. avait vu, à la fois. Les mieux chaussés voyagent pour la plupart avec les pieds mouillés. Si le sol était si humide et spongieux à cette période, la plus sèche de la saison sèche, que devait-il être au printemps ? Les bois des environs abondaient en hêtres et en bouleaux jaunes, dont il y avait enfin quelques très gros spécimens ; aussi l'épinette, le cèdre, le sapin et la pruche ; mais nous n'avons vu ici que des souches de pin blanc, quelques-unes de grande taille, celles-ci ayant déjà été abattues, étant le seul arbre très recherché, même aussi bas que celui-ci. Seules quelques épicéas et pruches à côté avaient été abattues ici. Le bois de l'Est qui est vendu comme combustible dans le Massachusetts provient entièrement d'en dessous de Bangor. C'était le pin seul, surtout le pin blanc, qui avait incité tout le monde, sauf le chasseur, à nous précéder sur cette route.

La ferme de Waite, à treize milles de la pointe, est une clairière étendue et élevée, d'où nous avons une belle vue sur la rivière, ondulante et luisante au-dessous de nous. Mes compagnons avaient autrefois une bonne vue sur Ktaadn et les autres montagnes ici, mais aujourd'hui il y avait tellement de fumée que nous ne pouvions rien voir d'eux. Nous pourrions dominer un immense pays de forêt ininterrompue, s'étendant sur le bras Est vers le Canada au nord et au nord-ouest, et vers la vallée de l'Aroostook au nord-est ; et imaginez quelle vie sauvage remuait en son sein. Il y avait là tout un champ de blé pour cette région, dont nous apercevions l'odeur particulière et sèche à un tiers de mille de distance, avant de l'apercevoir.

À dix-huit milles de la pointe, nous arrivâmes en vue de McCauslin , ou « Oncle George's », comme l'appelaient familièrement mes compagnons, dont il était bien connu, où nous avions l'intention de rompre notre long jeûne. Sa maison était au milieu d'une vaste clairière ou intervalle , à l'embouchure de la rivière Little Schoodic , sur la rive opposée ou nord du Penobscot. Nous nous rassemblâmes donc sur un point du rivage, pour être vus, et tirâmes notre fusil comme signal, ce qui fit aussitôt sortir ses chiens, puis leur maître, qui en temps voulu nous fit traverser son batteau. Cette clairière était bordée abruptement, de tous les côtés, sauf la rivière, par les troncs nus de la forêt, comme si l'on devait couper seulement quelques pieds carrés au milieu de mille acres de fauche et y déposer un dé à coudre. Il avait tout un ciel et un horizon pour lui seul, et le soleil semblait parcourir sa clairière tout au long de la journée. Ici, nous décidâmes de passer la nuit et d'attendre les Indiens, car il n'y avait pas d'arrêt aussi pratique au-dessus. Il n'avait vu aucun Indien passer, et cela n'arrivait pas souvent à son insu. Il pensait que ses chiens avertissaient parfois l'approche des Indiens une demi-heure avant leur arrivée.

McCauslin était un homme de Kennebec, d'origine écossaise, qui avait été batelier pendant vingt-deux ans et avait parcouru les lacs et les cours supérieurs du Penobscot cinq ou six sources de suite, mais il était maintenant installé ici pour approvisionner les bûcherons et pour lui-même. Il nous reçut un jour ou deux avec la véritable hospitalité écossaise et n'accepta aucune récompense pour cela. Un homme d'un esprit sec et astucieux, et d'une intelligence générale que je n'avais pas recherchée dans les bois. En effet, plus on s'enfonce dans les bois, plus on y trouve des habitants intelligents et, en un sens, moins campagnards ; car le pionnier a toujours été un voyageur et, dans une certaine mesure, un homme du monde ; et, comme les distances avec lesquelles il est familier sont plus grandes, ses informations sont plus générales et plus vastes que celles du villageois. Si je devais chercher un esprit étroit, mal informé et campagnard, par opposition à l'intelligence et au raffinement que l'on croit émaner des villes, ce serait parmi les habitants rouillés d'un pays anciennement peuplé, dans des fermes épuisées et porté en graine avec la vie éternelle, dans les villes autour de Boston, même sur les grandes routes de Concord, et non dans les forêts du Maine.

Le souper était servi sous nos yeux dans la grande cuisine, près d'un feu qui eût rôti un bœuf ; de nombreuses bûches entières, longues de quatre pieds, étaient consommées pour faire bouillir notre bouilloire , bouleau, ou hêtre, ou érable, le même été et le même hiver ; et les plats fumèrent bientôt sur la table, derrière le fauteuil, contre le mur, d'où l'un des convives fut expulsé. Les accoudoirs de la chaise formaient le cadre sur lequel reposait la table ; et, lorsque le plateau rond était retourné contre le mur, il formait le dossier de la chaise et ne gênait pas plus que le mur lui-même. C'était, nous l'avons remarqué, la mode qui régnait dans ces maisons en rondins, afin d'économiser de l'espace. Il y avait des gâteaux de blé très chauds, dont la farine avait été transportée par la rivière en batteaux, — aucun pain indien, car la partie supérieure du Maine, on s'en souvient, est un pays à blé, — et du jambon, des œufs et des pommes de terre. et le lait et le fromage, produits de la ferme ; et aussi l'alose et le saumon, le thé sucré à la mélasse, et les gâteaux sucrés , par opposition aux petits pains chauds non sucrés, l'un blanc, l'autre jaune, pour finir. Tel fut le tarif courant, ordinaire et extraordinaire, le long de cette rivière. Les canneberges de montagne (*Vaccinium Vitis- Idœa*), cuites et sucrées, étaient le dessert courant. Ici, tout était à profusion et le meilleur du genre. Le beurre était si abondant qu'il était couramment utilisé, avant d'être salé, pour graisser les bottes.

La nuit, nous étions divertis par le bruit des gouttes de pluie sur les attelles de cèdre qui recouvraient le toit, et nous nous réveillions le lendemain matin avec une ou deux gouttes dans les yeux. Une tempête s'annonçait, et nous décidâmes de ne pas abandonner des quartiers aussi confortables à cette perspective, mais d'attendre les Indiens et le beau temps. Il pleuvait, il pleuvait et il brillait tour à tour tout au long de la journée. Ce que nous avons fait là-bas, comment nous avons tué le temps serait peut-être vain de le dire ; combien de fois nous avons beurré nos bottes, et combien de fois on a vu quelqu'un de somnolent se diriger vers la chambre à coucher. Quand cela résista, je me promenai le long de la berge et récoltais les campanules et les baies de cèdre qui y poussaient ; ou bien nous essayions tour à tour la hache à long manche sur les bûches devant la porte. Les supports de haches ici étaient faits pour couper debout sur le rondin, un rondin primitif bien sûr, et étaient donc plus longs de près d'un pied que chez nous. Pendant un moment, nous avons traversé la ferme et visité ses granges bien remplies avec McCauslin . Il n'y avait ici qu'un autre homme et deux femmes. Il élevait des chevaux, des vaches, des bœufs et des moutons. Je pense qu'il a dit qu'il était le premier à avoir amené jusqu'ici une charrue et une vache ; et il aurait pu ajouter le dernier, à deux exceptions près. La pourriture de la pomme de terre l'avait découvert ici aussi l'année précédente et lui avait arraché la moitié ou les deux tiers de sa récolte, bien que les graines provenaient de sa propre production. L'avoine, l'herbe et les pommes de terre étaient ses aliments de base ; mais il cultivait aussi quelques carottes et quelques navets, et « un peu de maïs pour les poules », car c'était tout ce qu'il osait risquer, de peur qu'il ne mûrisse pas. Les melons, les courges, le maïs sucré, les haricots, les tomates et bien d'autres légumes ne pouvaient y mûrir.

Les très rares colons le long de ce ruisseau étaient manifestement tentés principalement par le bon marché des terres. Quand j'ai demandé à McCauslin pourquoi davantage de colons ne sont pas venus, il a répondu que l'une des raisons était qu'ils ne pouvaient pas acheter les terres, qu'elles appartenaient à des individus ou à des entreprises qui craignaient que leurs terres sauvages ne soient colonisées et donc incorporées aux villes. et ils seront imposés pour eux ; mais il n'y avait aucun obstacle de ce genre à s'établir sur les terres de l'État. De son côté, il ne voulait pas de voisins, il ne voulait voir aucune route près de chez lui. Les voisins, même les meilleurs, étaient une source d'ennuis et de dépenses, surtout en ce qui concerne le bétail et les clôtures. Ils vivent peut-être de l'autre côté de la rivière, mais pas du même côté.

Les poules ici étaient protégées par les chiens. Comme l'a dit McCauslin : « L'ancienne a pris le relais en premier, et elle a enseigné au chiot, et maintenant ils s'étaient mis en tête qu'il ne servirait à rien d'avoir quoi que ce soit du genre oiseau dans les locaux. » Un faucon qui planait au-dessus n'était pas autorisé à se poser, mais il était aboyé par les chiens qui tournaient en dessous ; et un pigeon, ou un « marteau jaune », comme on appelait le pic pigeon, sur une branche ou une souche morte, était instantanément expulsé. C'était l'activité principale de leur journée et cela les faisait constamment aller et venir. L'un se précipitait hors de la maison à la moindre alarme donnée par l'autre.

Quand il pleuvait le plus fort, nous retournions à la maison et prenions un tract sur l'étagère. Il y avait le « Juif errant », une édition bon marché et en petits caractères, le « Calendrier criminel » et « La géographie de la paroisse », et deux ou trois romans flash. Sous la pression des circonstances, on y lit un peu. Avec une telle aide, la presse n'est pas un moteur si faible, après tout. Cette maison, qui était un bon spécimen de celles de cette rivière, était construite avec d'énormes rondins qui ressortaient partout et étaient rehaussés d'argile et de mousse. Il contenait quatre ou cinq pièces. Il n'y avait ni planches sciées, ni bardeaux, ni planches à clin autour ; et presque aucun outil autre que la hache n'avait été utilisé pour sa construction. Les cloisons étaient faites de longues éclisses en forme de planches à clin, en épicéa ou en cèdre, que la fumée prenait à une délicate couleur saumonée. Le toit et les côtés étaient recouverts de la même chose, au lieu de bardeaux et de planches à clin, et certains d'une taille beaucoup plus épaisse et plus grande étaient utilisés pour le sol. Ceux-ci étaient tous si droits et si lisses qu'ils répondaient admirablement à leur objectif, et un observateur négligent n'aurait pas soupçonné qu'ils n'étaient ni sciés ni rabotés. La cheminée et le foyer étaient de vastes dimensions et faits de pierre. Le balai était constitué de quelques brindilles d'arborvites attachées à un bâton ; et une perche était suspendue au-dessus de l'âtre, près du plafond, pour sécher les bas et les vêtements. J'ai remarqué que le sol était plein de petits trous sombres, comme s'ils étaient faits avec une vrille, mais qui étaient en fait faits par les pointes, longues de près d'un pouce, que les bûcherons portent dans leurs bottes pour les empêcher de glisser sur des sols mouillés. journaux. Juste au-dessus de McCauslin's , il y a un rapide rocheux, où les bûches se bloquent au printemps ; et de nombreux « chauffeurs » y sont rassemblés, qui fréquentent sa maison pour se ravitailler ; ce sont leurs traces que j'ai vues.

Au coucher du soleil, McCauslin montra, au-dessus de la forêt, de l'autre côté de la rivière, des signes de beau temps au milieu des nuages, quelques rougeurs du soir. Car même là, les points cardinaux tenaient bon ; et il y avait un quart du ciel réservé au lever du soleil et un autre au coucher du soleil.

Le lendemain matin, le temps s'avérant suffisamment clément pour notre objectif, nous nous préparâmes à partir et, les Indiens ayant échoué, persuada McCauslin , qui n'était pas réticent à revoir les scènes de sa conduite, de nous accompagner à leur place, avec l'intention de engagez un autre batelier en chemin. Une bande de tissu de coton pour une tente, quelques couvertures qui suffiraient pour toute la fête, quinze livres de pain dur, dix livres de porc « clair » et un peu de thé, composaient le paquet « d'Oncle George ». Les trois derniers articles étaient calculés pour suffire à nourrir six hommes pendant une semaine, avec ce que nous pourrions ramasser. Une bouilloire à thé, une poêle à frire et une hache, à se procurer à la dernière maison, compléteraient notre équipement.

Nous fûmes bientôt hors de la clairière de McCauslin et de nouveau dans les bois à feuilles persistantes. L'obscur sentier tracé par les deux colons au-dessus, que même le bûcheron est parfois perplexe à discerner, traversa bientôt une bande étroite et ouverte dans les bois envahie par les mauvaises herbes, appelée la Terre Brûlée, où un incendie avait fait rage autrefois, s'étendant vers le nord à neuf kilomètres. ou dix milles, jusqu'au lac Millinocket. Au bout de trois milles, nous atteignîmes Shad Pond, ou Noliseemack , un prolongement de la rivière. Hodge, le géologue adjoint de l'État, qui passa par là le 25 juin 1837, dit : « Nous avons poussé notre bateau à travers un acre ou plus de haricots blancs, qui avaient pris racine au fond et avaient fleuri au-dessus de la surface en 1837. la plus grande profusion et la plus grande beauté. La maison de Thomas Fowler est à quatre milles de celle de McCauslin , au bord de l'étang, à l'embouchure de la rivière Millinocket, et à huit milles du lac du même nom, sur cette dernière rivière. Ce lac offre un cours plus direct vers Ktaadn , mais nous avons préféré suivre les lacs Penobscot et Pamadumcook . Fowler était en train de terminer une nouvelle cabane en rondins et sciait une fenêtre à travers les rondins de près de deux pieds d'épaisseur lorsque nous sommes arrivés. Il avait commencé à tapisser sa maison avec de l'écorce d'épicéa retournée, ce qui produisit un bon effet et convenait aux circonstances. Au lieu de l'eau, nous recevions ici une bière à la pression, qui, c'était permis, serait meilleure ; clair et fin, mais fort et rigoureux comme la sève du cèdre. C'était comme si nous suçions jusqu'aux mamelles du sein recouvert de pins de la nature dans ces régions, - la sève de toute la botanique de Millinocket mélangée, - les gerbes les plus hautes, les plus fantastiques et les plus épicées du bois primitif, et toute gomme vivifiante et stricte. ou l'essence qu'elle fournissait trempée et dissoute en elle, — une boisson de bûcheron , qui acclimaterait et naturaliserait à la fois un homme, — qui lui ferait voir du vert, et, s'il dormait, rêverait qu'il entendait le vent souffler parmi les pins. Il y avait là un fifre, priant pour qu'on en joue, à travers lequel nous respirions quelques accords mélodieux, apportés ici pour apprivoiser les bêtes sauvages. Alors que nous nous trouvions sur la pile de chips près de la porte, des faucons poissons naviguaient au-dessus de nous ; et ici, au-dessus de Shad Pond, on pouvait quotidiennement être témoin de la tyrannie du pygargue à tête blanche sur cet oiseau. Tom désigna, au-dessus du lac, un nid de pygargue à tête blanche, clairement visible à plus d'un mile de distance, sur un pin, au-dessus de la forêt environnante, et fréquenté d'année en année par le même couple et tenu pour sacré par lui. Il n'y avait là que ces deux maisons, sa hutte basse et la charrette aérienne de fagots des aigles. Thomas Fowler fut également persuadé de se joindre à nous, car deux hommes étaient nécessaires pour diriger le batteau, qui allait bientôt être notre voiture, et ces hommes devaient être calmes et habiles pour la navigation du Penobscot. Le sac de Tom fut bientôt fait, car il n'avait pas loin pour chercher ses bottes de marin et une chemise de flanelle rouge. C'est la couleur préférée des bûcherons ; et la flanelle rouge est réputée posséder des vertus mystérieuses, comme étant très saine et très commode en ce qui concerne la transpiration. Dans chaque gang, il y aura une grande proportion d'oiseaux rouges. Nous avons pris ici un mauvais batteau qui fuyait, et avons commencé à élever le Millinocket à deux milles, jusqu'à celui du Fowler aîné, afin d'éviter les Grands-Saults du Penobscot, dans l'intention d'échanger là notre batteau contre un meilleur. Le Millinocket est un petit ruisseau sablonneux peu profond, plein de ce que j'ai pris pour des nids de lamproies ou de meuniers, et bordé de cabanes à courges, mais exempt de rapides, selon Fowler, sauf à sa sortie du lac. Il était alors occupé à couper l'herbe indigène — le jonc et le trèfle des prés, comme il l'appelait — sur les prairies et les petites îles basses de ce ruisseau. Nous avons remarqué des endroits aplatis dans l'herbe de chaque côté, où, dit-il, un élan s'était couché la nuit précédente, ajoutant qu'il y en avait des milliers dans ces prés.

Old Fowler's, sur le Millinocket, à six milles de McCauslin's et à vingt-quatre de Point, est la dernière maison. Gibson's, sur le Sowadnehunk , est la seule clairière au-dessus, mais cela s'est avéré un échec et était déserté depuis longtemps. Fowler est le plus ancien habitant de ces bois. Il vivait autrefois à quelques milles d'ici, du côté sud du West Branch, où il a construit sa maison il y a seize ans, la première maison construite au-dessus des Cinq-Îles. Ici, notre nouveau batteau devait être transporté sur le premier portage de deux milles, autour des Grands-Sauts du Penobscot, sur un traîneau à chevaux fait de jeunes arbres, pour sauter les nombreux rochers qui se trouvaient sur le chemin ; mais il fallut attendre deux heures pour qu'ils rattrapent les chevaux, qui paissaient au loin, au milieu des souches, et s'étaient égarés encore plus loin. Les derniers saumons de cette saison venaient d'être pêchés et étaient encore frais dans des cornichons, dont on en extrayait suffisamment pour remplir notre marmite vide et ainsi graduer notre initiation à des plats forestiers plus simples. La semaine précédente, ils avaient perdu ici neuf brebis de leur premier troupeau, à cause des loups. Les moutons survivants firent le tour de la maison et parurent effrayés, ce qui les poussa à aller chercher les autres, lorsqu'ils trouvèrent sept morts et lacérés, et deux encore en vie. Ils portèrent ces derniers à la maison et, comme le dit Mme Fowler, ils étaient simplement égratignés à la gorge et n'avaient pas de blessure plus visible que celle que produirait une piqûre d'épingle. Elle leur coupa la laine de la gorge, les lava, leur mit un peu de pommade et les renvoya, mais au bout de quelques instants ils avaient disparu et n'avaient plus été retrouvés depuis. En fait, ils furent tous empoisonnés, et ceux qu'on trouva gonflèrent aussitôt, de sorte qu'ils ne sauvèrent ni peau ni laine. Cela réalisait les vieilles fables des loups et des moutons et me convainquit que cette ancienne hostilité existait toujours. En vérité, cette fois, le berger n'eut pas besoin de donner une fausse alerte. Il y avait des pièges en acier près de la porte, de différentes tailles, pour les loups, les loutres et les ours, avec de grandes griffes au lieu de dents, pour attraper leurs tendons. Les loups sont fréquemment tués avec des appâts empoisonnés.

Enfin, après avoir dîné ici avec le tarif habituel de l'arrière-bois, les chevaux arrivèrent, et nous tirâmes notre batteau hors de l'eau, et l'attaquâmes à son chariot en osier, et, jetant nos sacs, nous marchâmes devant, laissant les bateliers. et chauffeur, qui était le frère de Tom, pour gérer l'entreprise. La route, qui traversait les pâturages sauvages où l'on tuait les moutons, était par endroits la plus rude jamais parcourue par des chevaux, sur des collines rocheuses, où le traîneau rebondissait et glissait, comme un navire tanguant dans une tempête ; et un homme était aussi nécessaire pour se tenir à l'arrière, afin d'empêcher le bateau de faire naufrage, qu'un timonier dans la mer la plus agitée. La philosophie de notre progression était à peu près la suivante : lorsque les coureurs heurtaient un rocher de trois ou quatre pieds de haut, le traîneau rebondissait en arrière et vers le haut en même temps ; mais comme les chevaux ne cessaient de tirer, il tomba sur le sommet du rocher, et nous nous en retirâmes. Ce portage suivait probablement la trace d'un ancien

Indien qui contournait ces chutes. Vers deux heures, nous, qui avions marché auparavant, atteignîmes la rivière en amont des chutes, non loin de l'embouchure du lac Quakish , et attendîmes l'arrivée du batteau. Nous étions là depuis peu de temps, lorsqu'un orage arriva de l'ouest sur les lacs encore invisibles et sur ce désert agréable que nous avions si désir de connaître ; et bientôt les lourdes gouttes commencèrent à crépiter sur les feuilles autour de nous. Je venais de sélectionner le tronc prostré d'un énorme pin de cinq ou six pieds de diamètre, et je rampais dessous, quand, heureusement, le bateau arriva. Il eût amusé un homme abrité d'être témoin de la manière dont il se déchaînait et se retournait, tandis que la première trombe éclatait sur nous. A peine fut-il entre les mains de la société enthousiaste qu'il fut abandonné au premier élan révolutionnaire et à la gravité pour l'ajuster ; et on aurait pu les voir tous penchés vers son abri et se tortillant comme autant d'anguilles, avant qu'il ne soit complètement déposé sur le sol. Quand tout le monde fut sous le vent, nous nous calâmes du côté sous le vent et nous y occupâmes à tailler des quilles pour ramer, lorsque nous devions atteindre les lacs ; et faisait résonner les bois, entre les coups de tonnerre, avec les chants de bateaux dont nous nous souvenions. Les chevaux se tenaient lisses et brillants sous la pluie, tous tombants et découragés, tandis que déluge après déluge nous submergeait ; mais on peut compter sur le fond d'un bateau pour obtenir un toit étanche. Enfin, après deux heures de retard à cet endroit, une traînée de beau temps apparut au nord-ouest, là où se trouvait maintenant notre cap, promettant une soirée sereine pour notre voyage ; et le cocher revint avec ses chevaux, tandis que nous nous hâtions de mettre à l'eau notre bateau et de commencer sérieusement notre voyage.

Nous étions six, dont les deux bateliers. Avec nos sacs entassés près de la proue, et nous-mêmes disposés comme bagages pour régler le bateau, avec l'ordre de ne pas bouger au cas où nous heurterions un rocher, plus que tant de barils de porc, nous nous enfonçâmes dans le premier rapide, un léger spécimen du ruisseau que nous avons dû parcourir. Avec Oncle George à l'arrière et Tom à l'avant, chacun utilisant une perche en épicéa d'environ douze pieds de long, pointue avec du fer, [2] et la perche du même côté, nous avons remonté les rapides comme un saumon, l'eau se précipitant et rugissant partout, de sorte que seul un œil exercé pouvait distinguer une route sûre, ou dire ce qui était une eau profonde et quels rochers, frôlant fréquemment ces derniers d'un ou des deux côtés, avec une centaine d'échappatoires aussi étroites que jamais l'Argo en traversant le Symplégades . Moi qui avais eu une certaine expérience en navigation de plaisance, je n'avais jamais connu de moitié aussi exaltante auparavant. Nous avons eu la chance d'avoir échangé nos Indiens, que nous ne connaissions pas, contre ces hommes qui, avec le frère de Tom, étaient réputés les meilleurs bateliers du fleuve, et étaient à la fois des pilotes indispensables et d'agréables compagnons. Le canot est plus petit, plus facilement renversé et plus tôt usé

; et on dit que l'Indien n'est pas aussi habile à diriger le batteau. Il est, pour la plupart, moins fiable et plus enclin aux bouderies et aux caprices. La plus grande familiarité avec les cours d'eau morts ou avec l'océan ne préparerait pas un homme à cette navigation particulière ; et le batelier le plus habile ailleurs serait ici obligé de sortir son bateau et de faire des tours cent fois, toujours avec de grands risques, ainsi que du retard, là où le batteauman expérimenté accoste avec une relative facilité et sécurité. Le robuste « voyageur » pousse avec une persévérance et un succès incroyables jusqu'au pied des chutes, puis contourne seulement quelque rebord perpendiculaire et se lance à nouveau dans

"La douceur du torrent, avant qu'il ne se précipite en bas,"

lutter contre les rapides bouillonnants au-dessus. Les Indiens disent que la rivière coulait autrefois dans les deux sens, une moitié vers le haut et l'autre vers le bas, mais que depuis l'arrivée de l'homme blanc, tout coule, et maintenant ils doivent laborieusement opposer leurs canots au courant et les transporter sur de nombreuses portages. L'été, tous les provisions, la meule et la charrue du pionnier, la farine, le porc et les ustensiles de l'explorateur, doivent être transportés sur le fleuve en batteaux ; et bien des marchandises et bien des bateliers se perdent dans ces eaux. Cependant, pendant l'hiver, qui est très régulier et long, la glace constitue la grande route, et l'équipe des bûcherons pénètre jusqu'au lac Chesuncook et encore plus haut, même à deux cents milles au-dessus de Bangor. Imaginez la piste de luge solitaire qui s'étend au loin dans la nature sauvage enneigée et verdoyante, étroitement encerclée sur cent milles par la forêt, et s'étendant à nouveau tout droit à travers les larges surfaces de lacs cachés !

Nous nous retrouvâmes bientôt dans les eaux douces du lac Quakish et le traversâmes à tour de rôle en ramant et en pagayant. C'est un petit lac irrégulier, mais beau, entouré de tous côtés par la forêt, et ne montrant aucune trace de l'homme mais un barrage bas dans une crique lointaine, réservée à l'usage printanier. Les épicéas et les cèdres de ses rives, tendus de lichens gris, ressemblaient au loin aux fantômes des arbres. Des canards naviguaient çà et là à sa surface, et un plongeon solitaire, comme une vague plus vivante, point vital de la surface du lac, riait et gambadait, et montrait sa patte droite, pour notre amusement. La montagne Joe Merry apparaissait au nord-ouest, comme si elle surplombait ce lac en particulier ; et nous avons eu notre première vue, mais partielle, de Ktaadn , son sommet voilé de nuages, comme un isthme sombre dans ce quartier, reliant le ciel à la terre. Après deux milles de navigation douce à travers ce lac, nous nous retrouvâmes de nouveau dans la rivière, qui était un rapide continu sur un mille, jusqu'au barrage, exigeant toute la force et l'habileté de nos bateliers pour le remonter.

Ce barrage est un ouvrage très important et très coûteux pour ce pays, où le bétail et les chevaux ne peuvent pénétrer en été, soulevant toute la rivière de dix pieds et inondant, comme on disait, environ soixante milles carrés au moyen des innombrables lacs avec lesquels le la rivière se connecte. C'est une structure élevée et solide, avec des piliers inclinés, à une certaine distance au-dessus, faits de charpentes de rondins remplies de pierres, pour briser la glace. [3] Ici, chaque rondin paie un péage lorsqu'il passe par les écluses.

Nous sommes entrés sans cérémonie dans le camp de bûcherons grossier à cet endroit, tel que je l'ai décrit, et le cuisinier, à ce moment-là le seul occupant, s'est immédiatement mis à préparer le thé pour ses visiteurs. Sa cheminée, que la pluie avait transformée en flaque de boue, s'alluma bientôt de nouveau, et nous nous assîmes sur les bancs de rondins tout autour pour nous sécher. Sur les parterres de feuilles d' arborvitae bien aplaties et un peu fanées , qui s'étendaient de chaque côté sous les avant-toits derrière nous, gisaient une étrange feuille de la Bible, quelque chapitre généalogique de l'Ancien Testament ; et, à moitié ensevelis sous les feuilles, nous trouvâmes le discours d'Emerson sur l'émancipation des Indes occidentales, qui avait été laissé ici autrefois par un membre de notre compagnie, et qui avait *fait ici deux convertis au parti Liberty* , comme on me l'a dit ; également, un numéro impair de la *Westminster Review* , de 1834, et une brochure intitulée « Histoire de l'érection du monument sur la tombe de Myron Holly ». C'était le sujet lisible ou à lire dans un camp de bûcherons dans les bois du Maine, à trente milles d'une route, qui serait livré aux ours dans quinze jours. Ces choses étaient bien foutues et sales. Ce gang était dirigé par un certain John Morrison, un bon spécimen de Yankee ; et était nécessairement composé d'hommes non élevés pour le métier de construction de barrages, mais qui étaient des touche-à-tout, habiles avec la hache et d'autres instruments simples, et bien habiles dans le travail du bois et des embarcations nautiques. Nous avions même ici pour notre souper des petits pains chauds, blancs comme des boules de neige, mais sans beurre, et des gâteaux sucrés qui ne manquaient jamais, dont nous remplissions nos poches, prévoyant que nous n'en retrouverions plus de sitôt. Des boules de lait aussi délicates semblaient un régime singulier pour les habitants des forêts. Il y avait aussi du thé sans lait, sucré avec de la mélasse. Aussi, échangeant un mot avec John Morrison et sa bande lorsque nous étions revenus à terre, et échangeant aussi notre batteau contre un meilleur encore, nous nous hâtâmes d'améliorer le peu de lumière du jour qui nous restait. Ce camp, situé à exactement vingt-neuf milles de Mattawamkeag Point par la route par laquelle nous étions venus, et à environ cent milles de Bangor par la rivière, était la dernière habitation humaine de quelque sorte que ce soit dans cette direction. Au-delà, il n'y avait aucun sentier, et la rivière et les lacs, en batteaux et en canoës, étaient considérés comme le seul itinéraire praticable. Nous étions à environ trente milles par la rivière du sommet de Ktaadn , qui était en vue, mais peut-être pas à plus de vingt en ligne droite.

Comme c'était environ la pleine lune et une soirée chaude et agréable, nous décidâmes de parcourir cinq milles au clair de lune jusqu'à la tête du lac North Twin, de peur que le vent ne se lève le lendemain. Après un mille de rivière, ou ce que les bateliers appellent « voie de passage », car la rivière ne devient finalement que le lien entre les lacs, et après un léger rapide qui avait été en grande partie rendu lisse par le barrage, nous entrâmes dans le Nord. Twin Lake juste après le coucher du soleil et nous nous sommes dirigés vers la « voie de passage » de la rivière, distante de quatre milles. C'est une noble nappe d'eau, où l'on peut avoir l'impression qu'un pays nouveau et un « lac des bois » sont aptes à créer. Il n'y avait pas de fumée de cabane en rondins ni de camp d'aucune sorte pour nous accueillir, et encore moins d'amoureux de la nature ou de voyageur rêveur observant notre batteau depuis les collines lointaines ; même le chasseur indien n'était pas là, car il les gravit rarement, mais longe la rivière comme nous. Aucun visage ne nous a accueillis à part les fines gerbes fantastiques d'arbres à feuilles persistantes libres et heureux, s'agitant les uns au-dessus des autres dans leur ancienne demeure. Au début, les nuages rouges flottaient au-dessus de la rive ouest aussi magnifiquement que s'ils surplombaient une ville, et le lac s'ouvrait à la lumière avec un aspect même civilisé, comme s'il s'attendait à des échanges commerciaux, à des villes et à des villas. Nous pouvions distinguer l'entrée du South Twin, qui est censé être le plus grand, où la rive était brumeuse et bleue, et cela valait la peine de regarder ainsi à travers une ouverture étroite à travers toute l'étendue d'un lac caché jusqu'au sien. un rivage encore plus sombre et plus lointain. Les rives s'élevaient doucement jusqu'à des chaînes de collines basses couvertes de forêts ; et même si, en fait, le bois de pin blanc le plus précieux, même autour de ce lac, avait été abattu, le voyageur n'aurait jamais pu s'en douter. L'impression, qui correspondait effectivement au fait, était comme si nous étions sur un haut plateau entre les États-Unis et le Canada, dont le côté nord est drainé par le Saint-Jean et la Chaudière, le sud par le Penobscot et le Kennebec. . Il n'y avait pas de rivage montagneux et audacieux, comme on aurait pu s'y attendre, mais seulement des collines et des montagnes isolées s'élevant ici et là du plateau. Le pays est un archipel de lacs, le pays des lacs de la Nouvelle-Angleterre. Leurs niveaux ne varient que de quelques pieds, et les bateliers, par de courts portages ou par aucun, passent facilement de l'un à l'autre. On dit qu'à marée très haute, le Penobscot et le Kennebec se jettent l'un dans l'autre, ou du moins, qu'on peut se coucher le visage dans l'un et les orteils dans l'autre. Même le Penobscot et le Saint-Jean ont été reliés par un canal, de sorte que le bois de l' Allegash , au lieu de descendre le Saint-Jean, descend le Penobscot ; et la tradition indienne, selon laquelle le Penobscot courait autrefois dans les deux sens pour sa commodité, est, dans un sens, partiellement réalisée aujourd'hui.

Aucun membre de notre groupe, à l'exception de McCauslin, n'avait été au-dessus de ce lac, nous lui avons donc fait confiance pour nous piloter, et nous ne pouvions qu'avouer l'importance d'un pilote sur ces eaux. Tant qu'il s'agit d'une rivière, vous n'oublierez pas facilement quel chemin se trouve en amont ; mais quand on entre dans un lac, la rivière est complètement perdue, et on scrute en vain les rives lointaines pour savoir où elle entre. Un étranger est, pour le moment du moins, perdu et doit d'abord entreprendre un voyage de découverte. tout pour trouver la rivière. Suivre les détours du rivage lorsque le lac a dix milles, ou même plus, de longueur, et une irrégularité qui ne sera pas bientôt cartographiée, est un voyage fastidieux et lui fera perdre son temps et ses provisions. Ils racontent l'histoire d'une bande de bûcherons expérimentés envoyés sur ce ruisseau, qui se sont ainsi perdus dans la nature sauvage des lacs. Ils se frayaient un chemin à travers les fourrés et transportaient leurs bagages et leurs bateaux de lac en lac, parfois sur plusieurs milles. Ils se rendirent au lac Millinocket, qui se trouve sur un autre cours d'eau, et a une superficie de dix milles carrés et contient une centaine d'îles. Ils en explorèrent à fond les rives, puis les transportèrent sur une autre, puis une autre, et ce fut une semaine de labeur et d'anxiété avant de retrouver la rivière Penobscot, puis leurs provisions furent épuisées et ils furent obligés de revenir.

Pendant que l'oncle George se dirigeait vers une petite île près de la tête du lac, maintenant à peine visible, comme un point sur l'eau, nous ramions tour à tour rapidement sur sa surface, chantant les chants de bateaux dont nous nous souvenions. Les rivages semblaient à une distance indéfinie au clair de lune. De temps en temps, nous nous arrêtions dans notre chant et nous reposions sur nos rames, pendant que nous écoutions si les loups hurlaient, car c'est une sérénade commune, et mes compagnons affirmaient que c'était le son le plus lugubre et le plus surnaturel ; mais nous n'en avons entendu aucun cette fois. Cependant, si nous n'avons pas *entendu*, nous avons *écouté*, non sans une attente raisonnable ; c'est au moins que je dois le dire, - seul un hibou à grande gorge absolument sauvage hululait fort et lamentablement dans le désert morne et boisé , visiblement pas nerveux au sujet de sa vie solitaire, ni effrayé d'y entendre les échos de sa voix. Nous nous sommes également souvenus que peut-être des élans nous observaient silencieusement depuis les criques lointaines, ou qu'un ours maussade ou un caribou timide avait été surpris par notre chant. C'est avec une nouvelle emphase que nous y avons chanté la chanson canadienne des bateaux,—

"Ramez, frères, ramez, le ruisseau coule vite,

Les rapides sont proches et le jour est passé !

qui décrit précisément notre propre aventure, et a été inspiré par l'expérience d'un genre de vie similaire, car les rapides étaient toujours proches et le jour passé depuis longtemps ; les bois sur le rivage semblaient sombres, et de nombreuses marées d' Utawas se vidaient ici dans le lac.

« Pourquoi devrions-nous encore déployer notre voile ?

Il n'y a pas un souffle à la vague bleue pour friser !

Mais quand le vent souffle du rivage,

Oh, doucement, nous reposerons notre rame fatiguée.

« La marée des Utawas ! cette lune tremblante

Nous nous verrons bientôt flotter sur tes vagues.

Enfin, nous avons longé « l'île verte », qui avait été notre point de repère, et nous avons tous rejoint le chœur ; comme si, par les liens aqueux des rivières et des lacs, nous allions flotter sur des zones terrestres incommensurables, liés à des aventures inimaginables, -

« Saint de cette île verte ! écoutez nos prières,

Oh, accorde-nous un ciel frais et des airs favorables !

Vers neuf heures, nous avons atteint la rivière, avons conduit notre bateau dans un havre naturel entre quelques rochers et l'avons tiré sur le sable. Ce terrain de camping que McCauslin avait connu du temps où il était bûcheron, il le frappa maintenant infailliblement au clair de lune, et nous entendîmes le bruit du ruisseau qui nous approvisionnerait en eau fraîche se déversant dans le lac. La première affaire fut de faire du feu, opération qui fut un peu retardée par l'humidité du combustible et du sol, du fait des fortes averses de l'après-midi. Le feu est le principal confort du camp, que ce soit en été ou en hiver, et il est à peu près aussi abondant à une saison qu'à une autre. C'est aussi bien pour la gaieté que pour la chaleur et la sécheresse. Il forme un côté du camp ; un bon côté en tout cas. Certains furent dispersés pour aller chercher des arbres et des branches morts, pendant que l'oncle George abattait les bouleaux et les hêtres qui convenaient, et bientôt nous allumâmes un feu d'environ dix pieds de long sur trois ou quatre de haut, qui sécha rapidement le sable devant lui. Cela a été calculé pour brûler toute la nuit. Nous avons ensuite monté notre tente ; laquelle opération a été effectuée en enfonçant nos deux piquets dans le sol dans une direction oblique, à environ dix pieds l'un de l'autre, pour les chevrons, puis en passant notre tissu de coton par-dessus et en l'attachant aux extrémités, en le laissant ouvert devant. mode hangar. Mais ce soir, le vent a transporté les étincelles jusqu'à la tente et l'a brûlée. Nous avons donc dressé en toute hâte le batteau juste à la lisière du bois, devant le feu, et, en soutenant un côté de trois ou quatre pieds de haut, nous avons étendu la tente sur le sol pour nous y coucher ; et avec le coin d'une couverture, ou ce que nous pouvions plus ou moins mettre sur nous, nous nous couchions la tête et le corps sous le bateau, et les pieds et les jambes sur le sable en direction du feu. Au début, nous restâmes éveillés, parlant de notre route, et nous trouvant dans une posture si commode pour étudier le ciel, avec la lune et les étoiles brillant sur nos visages, notre conversation tourna naturellement vers l'astronomie, et nous racontâmes tour à tour les découvertes les plus intéressantes . dans cette science. Mais enfin nous nous résolvâmes sérieusement à dormir. Il était intéressant, au réveil à minuit, d'observer les formes et les mouvements grotesques et diaboliques de quelqu'un du groupe, qui, ne pouvant dormir, s'était levé en silence pour allumer le feu et ajouter du combustible frais, car un changement; tantôt tirant furtivement un arbre mort hors de l'obscurité et le soulevant, tantôt attisant les braises avec sa fourchette, ou se promenant sur la pointe des pieds pour observer les étoiles, observé, par hasard, par la moitié du groupe prosterné dans un silence haletant ; d'autant plus intense qu'ils étaient éveillés, tandis que chacun croyait son voisin profondément endormi. Ainsi réveillé, j'apportai moi aussi du combustible neuf au feu, puis je me promenai le long du rivage sablonneux au clair de lune, dans l'espoir de rencontrer un élan descendu pour boire, ou bien un loup. Le petit ruisseau tintait plus fort et peuplait pour moi tout le désert ; et la douceur vitreuse du lac endormi, baignant les rives d'un nouveau monde, avec les rochers sombres et fantastiques s'élevant ici et là de sa surface, formait une scène difficile à décrire. Il a laissé dans ma mémoire une impression de sauvagerie à la fois sévère et douce qui ne s'effacera pas de sitôt. Peu loin de minuit, nous fûmes réveillés les uns après les autres par la pluie qui tombait sur nos extrémités ; et comme chacun s'en rendait compte par le froid ou l'humidité, il poussa un long soupir puis releva ses jambes, jusqu'à ce que peu à peu nous ayons tous contourné notre position à angle droit avec le bateau, jusqu'à ce que nos corps forment un angle aigu avec le bateau. et étaient entièrement protégés. Lorsque nous nous réveillâmes ensuite, la lune et les étoiles brillaient à nouveau, et il y avait des signes d'aube à l' est. J'ai donc été particulier afin de transmettre une idée d'une nuit dans les bois.

Nous avions bientôt mis à l'eau et chargé notre bateau, et, laissant notre feu allumé, nous repartirent avant le petit déjeuner. Les bûcherons se donnent rarement la peine d'éteindre leurs feux, tant est l'humidité de la forêt primitive ; et c'est sans doute une des causes des incendies fréquents dans le Maine, dont nous entendons tant parler les jours de fumée dans le Massachusetts. Les forêts sont considérées comme bon marché après l'abattage du pin blanc ; et les explorateurs et les chasseurs prient pour la pluie uniquement pour dissiper l'atmosphère de fumée. Mais les bois étaient si humides aujourd'hui qu'il n'y avait aucun danger que notre feu se propage. Après avoir remonté un demi-mile de rivière ou de route, nous avons ramé un mile au pied du lac Pamadumcook , qui est le nom donné sur la carte à toute cette chaîne de lacs, comme s'il n'y en avait qu'un, bien qu'ils soient, dans chaque cas, distinctement séparé par un bief de la rivière, avec son chenal étroit et rocheux et ses rapides. Ce lac, qui est l'un des plus grands, s'étendait au nord-ouest sur dix milles, jusqu'aux collines et aux montagnes au loin. McCauslin désigna des forêts de pins blancs lointaines et encore inaccessibles, sur les flancs d'une montagne dans cette direction. Les lacs Joe Merry, qui s'étendent entre nous et Moosehead, à l'ouest, étaient récemment, s'ils ne le sont pas encore, « entourés de certaines des terres les mieux boisées de l'État ». Par une autre route, nous sommes passés dans Deep Cove, une partie du même lac, qui fait deux milles, vers le nord-est, et en traversant cette route de deux milles à la rame, par une autre route courte, nous sommes entrés dans le lac Ambejijis .

A l'entrée d'un lac, nous observions parfois ce qu'on appelle techniquement des « éléments de clôture », ou les bois non taillés dont sont formés les barrages, soit fixés ensemble dans l'eau, soit posés sur les rochers et attachés aux arbres, pour une utilisation au printemps. . Mais il était toujours surprenant d'y découvrir une trace si évidente d'un homme civilisé. Je me souviens que j'ai été étrangement ému, à notre retour, par la vue d'un puits à anneau foré dans un rocher et fixé avec du plomb, à la tête de ce lac solitaire d' Ambejijis .

Il était facile de comprendre que les carnets de bord doivent être une activité passionnante, mais aussi ardue et dangereuse. Tout l'hiver, le bûcheron continue d'entasser les arbres qu'il a taillés et transportés dans quelque ravin sec au fond d'un ruisseau, puis au printemps il se tient sur la berge et siffle la pluie et le dégel, prêt à essorer la sueur. de sa chemise pour gonfler la marée, jusqu'à ce que soudain, avec un cri et un halloo de sa part, fermant les yeux, comme pour dire adieu à l'état actuel des choses, une bonne partie de son travail d'hiver parte à travers le pays, suivie par ses fidèles chiens, Thaw et Rain et Freshet et Wind, toute la meute en plein cri, vers les Orono Mills. Chaque rondin est marqué du nom du propriétaire, coupé dans l'aubier avec une hache ou percé avec une tarière, si profondément qu'il ne s'use pas au battage, et cependant qu'il ne endommage pas le bois ; et il faut une ingéniosité considérable pour inventer des marques nouvelles et simples là où il y a tant de propriétaires. Ils ont tout un alphabet qui leur est propre, que seuls les expérimentés peuvent lire. Un de mes compagnons a lu sur son carnet de notes quelques marques de ses propres journaux de bord, parmi lesquelles il y avait des croix, des ceintures, des pattes d'oie, des ceintures, etc., comme « Y… ceinture – patte d'oie », et divers autres symboles. Lorsque les grumes ont traversé d'innombrables rapides et chutes, chacune pour son compte, avec plus ou moins de coincements et de meurtrissures, celles portant les marques de divers propriétaires se mêlant, — puisqu'elles doivent toutes profiter de la même crue, — ils sont rassemblés à la tête des lacs et entourés d'une clôture en rondins flottants, pour empêcher qu'ils ne soient dispersés par le vent, et sont ainsi remorqués tous ensemble, comme un troupeau de moutons, à travers le lac, où il y a pas de courant, au moyen d'un guindeau ou d'une tête de bôme, comme on en voit parfois debout sur une île ou un promontoire, et, si les circonstances le permettent, à l'aide de voiles et de rames. Parfois, néanmoins, les billes sont dispersées sur plusieurs kilomètres de surface du lac en quelques heures par les vents et les crues crues, et rejetées sur des rives lointaines, où le conducteur ne peut en ramasser qu'une ou deux à la fois et les ramener avec elles au pays. rue; et avant de faire passer son troupeau à Ambejijis ou à Pamadumcook , il établit de nombreux campements humides et inconfortables sur le rivage. Il doit être capable de conduire une bûche comme s'il s'agissait d'un canot et être aussi indifférent au froid et à l'humidité qu'un rat musqué. Il utilise quelques outils efficaces,—un levier ordinairement en érable de roche, long de six ou sept pieds, avec une grosse pointe à l'intérieur, fortement ferrée, et un long poteau à pointe, avec une vis à l'extrémité de la pointe pour faire ça tient. Les garçons du rivage apprennent à marcher sur des rondins flottants comme les garçons de la ville sur les trottoirs. Parfois, les grumes sont projetées sur des rochers dans des positions telles qu'elles sont irrécupérables mais par une autre crue aussi haute, ou elles se coincent aux rapides et aux chutes, et s'accumulent en de vastes tas, que le conducteur doit démarrer au risque de sa vie. Tel est le commerce du bois, qui dépend de nombreux accidents, comme le gel précoce des rivières, que les équipes peuvent se lever en saison, une crue suffisante au printemps, pour aller chercher les grumes, et bien d'autres encore. [4] Je cite Michaux sur l'exploitation forestière sur le Kennebec, alors source du meilleur bois de pin blanc transporté en Angleterre. « Les personnes engagées dans cette branche d'industrie sont généralement des émigrés du New Hampshire... L'été, ils se réunissent en petites compagnies et parcourent ces vastes solitudes dans toutes les directions, pour connaître les endroits où les pins abondent. Après avoir coupé l'herbe et l'avoir transformée en foin pour la nourriture du bétail qui sera employé à leur travail, ils rentrent chez eux. Au commencement de l' hiver , ils rentrent dans les forêts, s'établissent dans des cabanes couvertes d'écorce de bouleau à canoë ou d' arborvitæ ; et, quoique le froid soit si intense que le mercure reste parfois pendant plusieurs semaines de 40° à 50° [Fahr .] au-dessous du point de congélation, ils persévèrent, avec un courage sans relâche, dans leur travail. Selon Springer, l'entreprise se compose d'hélicoptères, de swampers , qui construisent les routes, d'aboyeurs et de chargeurs, de chauffeurs et de cuisiniers. « Quand les arbres sont abattus, ils les coupent en rondins de quatorze à dix-huit pieds de long, et, au moyen de leurs troupeaux, qu'ils emploient avec une grande dextérité, les traînent jusqu'à la rivière, et, après y avoir apposé une marque de propriété. , roulez-les sur son sein gelé. A la débâcle, au printemps, ils descendent avec le courant... Les bûches qui ne sont pas tirées la première année, ajoute Michaux, sont attaquées par de gros vers, qui forent des trous d'environ deux lignes de diamètre. , dans toutes les directions ; mais, s'ils sont dépouillés de leur écorce, ils resteront indemnes pendant trente ans.

Ambejijis , ce dimanche matin tranquille, m'a semblé le plus beau lac que nous ayons vu. On dit que c'est l'un des plus profonds. Nous avions la plus belle vue de Joe Merry, Double Top et Ktaadn depuis sa surface. Le sommet de ce dernier avait une apparence de plateau singulièrement plat, comme une courte route, où un demi-dieu pourrait descendre faire un tour ou deux dans un après-midi, pour préparer son dîner. Nous avons ramé un mille et demi jusqu'à la tête du lac et, traversant un champ de nénuphars, nous avons débarqué pour préparer notre petit-déjeuner, au bord d'un gros rocher connu de McCauslin . Notre petit-déjeuner consistait en thé, avec du pain dur et du porc, et du saumon frit, que nous mangions avec des fourchettes soigneusement taillées dans des brindilles d'aulne qui poussaient là, avec des bandes d'écorce de bouleau pour les assiettes. Le thé était du thé noir, sans lait pour le colorer ni sucre pour le sucrer, et deux cuillères en étain étaient nos tasses à thé. Cette boisson est aussi indispensable aux bûcherons qu'à toutes les vieilles bavardes du pays, et ils en tirent sans aucun doute un grand réconfort. Ici se trouvait le site d'un ancien camp de bûcherons, dont se souvient McCauslin , maintenant envahi par les mauvaises herbes et les buissons. Au milieu d'un sous-bois dense , nous remarquâmes une brique entière, sur un rocher, en petit trait, propre et rouge et carrée comme dans une briqueterie, qui avait été amenée jusqu'alors autrefois pour être compactée. Certains d'entre nous ont ensuite regretté de ne pas avoir porté cela avec nous jusqu'au sommet de la montagne, pour y être laissés à notre marque. Il s'agirait certainement d' un simple témoignage d'un homme civilisé . McCauslin a déclaré que de grandes croix en bois, faites de chêne, encore saines, étaient parfois trouvées debout dans ce désert, et qu'elles avaient été érigées par les premiers missionnaires catholiques venus à Kennebec.

Au cours des neuf milles suivants, qui représentaient l'étendue de notre voyage, et qu'il nous fallut le reste de la journée pour parcourir, nous traversâmes à la rame plusieurs petits lacs, franchissâmes de nombreux rapides et passages et effectuâmes quatre portages. Je donnerai les noms et les distances, pour le bénéfice des futurs touristes. D'abord, après avoir quitté le lac Ambejijis , nous avions un quart de mille de rapides jusqu'au portage, soit un transport de quatre-vingt-dix cannes autour des chutes Ambejijis ; puis un mille et demi à travers le lac Passamagamet , qui est étroit et semblable à une rivière, jusqu'aux chutes du même nom, le ruisseau Ambejijis arrivant à droite ; puis deux milles à travers le lac Katepsskonegan jusqu'au portage de quatre-vingt-dix cannes autour des chutes Katepsskonegan , dont le nom signifie « lieu de transport », le ruisseau Passamagamet arrivant sur la gauche ; puis trois milles à travers le lac Pockwockomus , un léger élargissement de la rivière, jusqu'au portage de quarante cannes autour des chutes du même nom, le ruisseau Katepsskonegan arrivant à gauche ; puis trois quarts de mille à travers le lac Aboljacarmegus , pareil au dernier, jusqu'au portage de quarante cannes autour des chutes du même nom ; puis un demi-mile d'eau rapide jusqu'au Sowadnehunk eaux mortes et le ruisseau Aboljacknagesic .

C'est généralement l'ordre des noms à mesure que l'on remonte la rivière : d'abord le lac, ou, s'il n'y a pas d'expansion, les eaux mortes ; puis les chutes ; puis le ruisseau se jetant dans le lac, ou la rivière au-dessus, tous du même nom. Nous sommes d'abord arrivés au lac Passamagamet , puis aux chutes Passamagamet , puis au ruisseau Passamagamet , où nous nous déversons. Cet ordre et cette identité de noms, on le percevra, sont tout à fait philosophiques, puisque l' eau morte ou le lac est toujours au moins partiellement produit par le ruisseau. vidange par le haut ; et la première chute en bas, qui est l'issue de ce lac, et où l'eau de cet affluent fait son premier plongeon, porte aussi naturellement le même nom.

Au portage autour des chutes Ambejijis , j'ai observé sur le rivage un tonneau de porc, avec un trou de huit ou neuf pouces carrés coupé d'un côté, qui était appuyé contre un rocher dressé ; mais les ours, sans retourner ni renverser le tonneau, avaient rongé un trou du côté opposé, qui ressemblait exactement à un énorme trou à rat, assez grand pour y mettre la tête ; et au fond du tonneau restaient encore quelques tranches de porc mutilées et taillées. Il est habituel que les bûcherons laissent les fournitures qu'ils ne peuvent pas facilement emporter avec eux dans des camps ou des camps, où les prochains arrivants n'hésitent pas à se servir eux-mêmes, car ils sont généralement la propriété non d'un individu, mais d'une compagnie. , qui peut se permettre de traiter libéralement.

Je décrirai particulièrement comment nous avons franchi certains de ces portages et rapides, afin que le lecteur puisse se faire une idée de la vie du batelier. Aux chutes d'Ambejijis , par exemple, il y avait le chemin le plus accidenté qu'on puisse imaginer, creusé à travers les bois ; d'abord en montant une colline, à un angle de près de quarante-cinq degrés, sur des rochers et des rondins sans fin. C'était ainsi que se faisait le portage. Nous portâmes d'abord nos bagages et les déposâmes sur le rivage à l'autre bout ; puis, revenant au batteau, nous le traînâmes jusqu'au sommet de la colline par le peintre, et continuâmes, avec de fréquentes pauses, sur la moitié du portage. Mais c'était une manière maladroite et qui aurait vite épuisé le bateau. Communément, trois hommes se promènent avec un batteau pesant de trois à cinq ou six cents livres sur la tête et les épaules, le plus grand se tenant sous le milieu du bateau qui est retourné, et un à chaque extrémité, ou bien il y en a deux. aux arcs. Il est impossible d'en faire davantage d'un coup. Mais cela demande un peu de pratique, ainsi que de la force, et est en tout cas extrêmement laborieux et fatiguant pour la constitution. Nous étions, dans l'ensemble, un groupe plutôt invalide et ne pouvions rendre que peu d'aide à nos bateliers. Nos deux hommes prirent enfin le batteau sur leurs épaules, et, tandis que deux d'entre nous le stabilisaient, pour l'empêcher de basculer et de s'user sur leurs épaules, sur lesquelles ils posaient leurs chapeaux pliés, ils marchèrent courageusement sur la distance restante, avec deux ou trois pauses. De la même manière ils accomplirent les autres portages. Avec ce poids écrasant, ils devaient grimper et trébucher sur des arbres tombés et des rochers glissants de toutes tailles, où ceux qui marchaient sur les côtés étaient continuellement balayés, tant était l'étroitesse du sentier. Mais nous avons eu la chance de ne pas avoir à nous frayer un chemin en premier lieu. Avant de lancer notre bateau, nous avons gratté à nouveau, avec nos couteaux, le fond là où il avait frotté sur les rochers, pour éviter les frottements.

Pour éviter les difficultés du portage, nos hommes décidèrent de « déformer » les chutes Passamagamet ; ainsi , pendant que les autres traversaient le portage avec les bagages, je restai dans le batteau pour aider à se déformer. Nous étions bientôt au milieu des rapides, qui étaient plus rapides et plus tumultueux que tous ceux que nous avions rencontrés , et nous avions tourné vers le bord du ruisseau dans le but de se déformer, lorsque les bateliers, qui se sentaient fiers de leur habileté, et j'avais l'ambition de faire quelque chose de plus que d'habitude, pour mon bénéfice, comme je le devinais, j'ai pris une dernière vue des rapides, ou plutôt des chutes ; et, en réponse à notre question, si nous ne pouvions pas monter là-haut, l'autre a répondu qu'il devinait qu'il essaierait. Nous avons donc poussé de nouveau au milieu du ruisseau et avons commencé à lutter contre le courant. Je me suis assis au milieu du bateau pour l'ajuster, en me déplaçant légèrement vers la droite ou la gauche lorsqu'il frôlait un rocher. D'un mouvement incertain et hésitant, nous remontâmes et nous frayâmes un chemin jusqu'à ce que la proue soit effectivement élevée de deux pieds au-dessus de la poupe au pas le plus raide ; et puis, alors que tout dépendait de ses efforts, la perche de l'archer se brisa en deux ; mais avant d'avoir eu le temps de prendre celui de rechange que je lui parvins, il s'était sauvé avec le fragment sur un rocher ; et ainsi nous nous sommes levés d'un cheveu ; et l'oncle George s'est exclamé que cela n'avait jamais été fait auparavant, et qu'il ne l'avait pas essayé s'il ne savait pas qui il avait eu à la proue, ni lui à la proue, s'il ne l'avait pas connu à la poupe. A cet endroit, il y avait un portage régulier à travers les bois, et nos bateliers n'avaient jamais connu de batteau pour remonter les chutes. D'aussi loin que je me souvienne, il y a eu une chute perpendiculaire ici, au pire endroit de toute la rivière Penobscot, d'au moins deux ou trois pieds. Je ne pouvais pas suffisamment admirer l'habileté et le sang-froid avec lesquels ils accomplissaient cet exploit, sans jamais se parler. L'archer, ne regardant pas derrière lui, mais sachant exactement ce que fait l'autre, travaille comme s'il travaillait seul. Maintenant, on sonde en vain le fond dans quinze pieds d'eau, tandis que le bateau retombe plusieurs cannes, tenues droites seulement avec le plus grand art et le plus grand effort ; ou bien, tandis que l' homme à l'arrière tient obstinément sa position, comme une tortue, l'homme à l'avant s'élance d'un côté à l'autre avec une souplesse et une dextérité merveilleuses, scrutant les rapides et les rochers de mille yeux ; et maintenant, ayant enfin été mordu, d'un coup vigoureux qui fait plier et trembler sa perche, et faire trembler le bateau tout entier, il gagne quelques pieds sur la rivière. Pour ajouter au danger, les perches risquent à tout moment d'être prises entre les rochers et de leur arracher des mains, les laissant à la merci des rapides, les rochers, pour ainsi dire, à l'affût, comme ainsi. beaucoup d'alligators, pour les attraper entre leurs dents et les arracher de vos mains, avant que vous ayez volé une poussée efficace contre leur palais. La perche est placée près du bateau, et la proue est amenée à dépasser et à contourner les coins des rochers, dans les dents mêmes des rapides. Rien que la longueur, la légèreté et le léger tirant d'eau du bateau leur permettent d'avancer. L'archer doit rapidement choisir sa route ; il n'y a pas de temps pour délibérer. Souvent, le bateau est poussé entre des rochers où les deux côtés se touchent, et les eaux de chaque côté forment un parfait tourbillon.

Un demi-mille au-dessus de nous, nous avons essayé tous les deux de franchir un léger rapide ; et nous étions à peine en train de surmonter la dernière difficulté, lorsqu'un rocher malheureux confondit nos calculs ; et tandis que le batteau tournait irrémédiablement au milieu du tourbillon, nous fûmes obligés de confier les perches à des mains plus habiles.

Katepsskonegan est l'un des lacs les moins profonds et les plus envahis par les herbes, et il semblait qu'il regorgeait de brochets. Les chutes du même nom, où nous nous arrêtâmes pour dîner, sont considérables et assez pittoresques. Ici, l'oncle George avait vu des truites pêchées par baril ; mais ils ne voulurent pas mordre à l'hameçon à cette heure. À mi-chemin de ce transport, jusqu'ici dans le désert du Maine en route vers les provinces , nous avons remarqué un grand prospectus flamboyant d'Oak Hall, d'environ deux pieds de long, enroulé autour du tronc d'un pin dont l'écorce avait été enlevée. et auquel il était rapidement collé par le terrain. Parmi les avantages de ce mode de publicité, il convient de noter que même les ours et les loups, les élans, les cerfs, les loutres et les castors, sans parler des Indiens, peuvent apprendre où ils peuvent se placer selon les dernières nouvelles. mode, ou, du moins, récupérer certains de leurs propres vêtements perdus. Nous l'avons baptisé le porte-bagages Oak Hall.

La matinée était aussi sereine et placide sur ce ruisseau sauvage dans les bois, que nous avons tendance à imaginer que c'est habituellement le dimanche en été dans le Massachusetts. Nous étions parfois surpris par le cri d'un pygargue à tête blanche qui naviguait sur le ruisseau devant notre batteau ; ou des faucons poissons sur lesquels il prélève ses cotisations. Il y avait de temps en temps de petites prairies de quelques arpents sur les bords du ruisseau, ondulées d'herbes non coupées, qui attiraient l'attention de nos bateliers, qui regrettaient de ne pas être plus près de leurs clairières et calculaient combien de meules ils pourraient avoir. couper. Deux ou trois hommes passent parfois l'été seuls à couper l'herbe dans ces prés, pour la vendre aux bûcherons en hiver, car elle se vendra plus cher sur place que sur n'importe quel marché de l'État. Sur une petite île couverte de cette espèce de jonc ou d'herbe coupée, sur laquelle nous débarquâmes pour nous consulter sur notre route ultérieure, nous remarquâmes la trace récente d'un élan, un grand trou arrondi dans le sol meuble et humide, témoignant la grande taille et le poids de l'animal qui l'a fabriqué. Ils aiment l'eau et visitent toutes ces prairies insulaires, nageant aussi facilement d'île en île qu'ils se frayent un chemin à travers les fourrés terrestres. De temps en temps, nous passions devant ce que McCauslin appelait un pokelogan , un terme indien désignant ce que les conducteurs pourraient avoir des raisons d'appeler un poke-logs-in, une crique qui ne mène nulle part. Si vous entrez, vous devez ressortir de la même manière. Ces phénomènes, ainsi que les fréquents « ronds-points » qui reviennent dans la rivière, n'embarrasseraient pas peu un voyageur inexpérimenté.

Le transport autour des chutes Pockwockomus était extrêmement difficile et rocheux, le batteau devant être soulevé directement de l'eau jusqu'à quatre ou cinq pieds sur un rocher, puis relancé sur une berge similaire. Les rochers de ce portage étaient couverts des *bosses* faites par les pointes des bottes des bûcherons chancelants sous le poids de leurs batteaux ; et l'on pouvait voir où la surface de quelques gros rochers sur lesquels ils avaient posé leurs bateaux était devenue assez lisse par l'usage. En fait, nous n'avions effectué que la moitié du portage habituel à cet endroit pour ce niveau d'eau, et avions lancé notre bateau dans la vague douce qui se courbait vers la chute, prêts à lutter contre le rapide le plus violent que nous ayons eu à rencontrer. Le reste du groupe a parcouru le reste du portage à pied, tandis que je restais avec les bateliers pour les aider à se préparer. L'un d'entre eux devait retenir le bateau pendant que les autres montaient pour l'empêcher de franchir les chutes. Lorsque nous eûmes remonté les rapides le plus loin possible, en restant près du rivage, Tom saisit le peintre et sauta sur un rocher à peine visible dans l'eau, mais il perdit pied, malgré ses bottes à pointes, et se retrouva instantanément au milieu du courant . rapides; mais se rétablissant par bonheur, et atteignant un autre rocher, il me passa le peintre, qui l'avait suivi, et reprit sa place à l'avant. Sautant de rocher en rocher dans les hauts fonds, près du rivage, et de temps en temps me mordant avec la corde autour d'un bateau debout, je maintenais le bateau pendant que l'un d'eux réinitialisait sa perche, puis tous les trois le poussaient vers le haut contre n'importe quel rapide. . C'était une « déformation ». Lorsqu'une partie d'entre nous se promenait dans un tel endroit, nous prenions généralement la précaution de sortir la partie la plus précieuse du bagage, de peur d'être submergés.

Alors que nous gravissions un rapide rapide sur un demi-mile au-dessus des chutes d'Aboljacarmegus , certains membres du groupe lisaient leurs propres marques sur les énormes bûches qui gisaient en haut et à sec sur les rochers de chaque côté, les reliques probablement d'une confiture qui avait pris lieu ici dans la Grande Nuée d'eau au printemps. Beaucoup d'entre eux devraient peut-être attendre une autre grande crue, si elle durait aussi longtemps, avant de pouvoir être retirés. C'était assez singulier de rencontrer leur propriété qu'ils n'avaient jamais vue et où ils n'étaient jamais allés auparavant, ainsi retenus par les crues et les rochers alors qu'ils se dirigeaient vers eux. Je pense que c'est là que se trouvent tous mes biens, jetés sur les rochers d'un cours d'eau lointain et inexploré, et attendant une crue inouïe pour les récupérer. Dépêchez-vous, dieux, avec vos vents et vos pluies, et commencez la confiture avant qu'elle pourrisse !

Le dernier demi-mile nous a amenés au Sowadnehunk Deadwater , ainsi appelée à cause du ruisseau du même nom, signifiant « courir entre les montagnes », un affluent important qui arrive à un mile au-dessus. Ici, nous avons décidé de camper, à environ vingt milles du barrage, à l'embouchure du ruisseau Murch et de l' Aboljacknagesic , ruisseaux de montagne, au large de Ktaadn , et à environ une douzaine de milles de son sommet, après avoir parcouru quinze milles ce jour.

McCauslin nous avait dit que nous trouverions ici suffisamment de truites ; ainsi, pendant que certains préparaient le camp, les autres se mirent à la pêche. Saisissant les perches de bouleau qu'un groupe d'Indiens ou de chasseurs blancs avait laissées sur le rivage, et amorçant nos hameçons avec du porc et de la truite, aussitôt qu'ils furent pris, nous lançâmes nos lignes dans l'embouchure de l' Aboljacknagesic , un Cours d'eau clair, rapide et peu profond, qui venait de Ktaadn . Aussitôt un banc de chivins blancs (*Leuciscus pulchellus*), de gardons argentés, de truites cousines ou autres, grands et petits, rôdant par ici, tomba sur notre appât, et les uns après les autres furent débarqués au milieu des buissons. Bientôt, leurs cousines, les vraies truites, prirent leur tour, et tour à tour la truite mouchetée et les cafards argentés avalèrent l'appât aussi vite que nous pouvions le lancer ; et les plus beaux spécimens des deux que j'ai jamais vus, le plus gros pesant trois livres, furent hissés sur le rivage, quoique d'abord en vain, pour se tortiller de nouveau dans l'eau, car nous étions dans le bateau ; mais bientôt nous apprîmes à remédier à ce mal ; car l'un d'entre eux, qui avait perdu son hameçon, se tenait sur le rivage pour les attraper tandis qu'ils tombaient en une pluie parfaite autour de lui, parfois mouillés et glissants, plein le visage et la poitrine, tandis que ses bras étaient tendus pour les recevoir. De leur vivant, avant que leurs teintes ne se fanent, elles brillaient comme les plus belles fleurs, produites de rivières primitives ; et il pouvait à peine se fier à ses sens, alors qu'il se tenait au-dessus d'eux, que ces joyaux auraient dû nager dans cette eau aboljacknagesique pendant si longtemps, tant d' âges sombres ; - ces fleurs fluviatiles lumineuses, vues des Indiens seulement, rendues belles, le Seigneur on ne sait pourquoi, pour s'y baigner ! Je comprendrais mieux par là la vérité de la mythologie, les fables de Protée et tous ces beaux monstres marins, comment toute histoire, en effet, mise à un usage terrestre, n'est qu'histoire ; mais comparée à un céleste, c'est toujours la mythologie.

Mais il y a la voix rauque de l'oncle George, qui commande à la poêle à frire, d'envoyer ce que vous avez, et ensuite vous pourrez rester jusqu'au matin. Le porc grésille et réclame du poisson. Heureusement pour cette race insensée, et pour cette génération de truites particulièrement insensée, la nuit s'arrêta enfin, pas peu approfondie par le côté obscur de Ktaadn , qui, comme une ombre permanente, se dressait depuis la rive est. Lescarbot , écrivant en 1609, nous raconte que le sieur Champdoré , qui, avec un des gens du sieur de Monts , remonta une cinquantaine de lieues en amont du Saint-Jean en 1608, trouva le poisson si abondant, « qu'en mettre la chaudière sur le feu ils fr éviter de prendre suffisamment pour eux dîner avant que l'eau soit chaude . Leurs descendants ici ne sont pas moins nombreux. Nous avons donc accompagné Tom dans les bois pour couper des brindilles de cèdre pour notre lit. Pendant qu'il avançait avec la hache et coupait les moindres brindilles du cèdre à feuilles plates, les arborvites des jardins, nous les ramassions et retournions avec elles au bateau, jusqu'à ce qu'il soit chargé. Notre lit était fait avec autant de soin et d'adresse qu'un toit en bardeaux ; en commençant par le pied et en déposant l'extrémité des brindilles du cèdre vers le haut, nous avons avancé jusqu'à la tête, une rangée à la fois, couvrant ainsi successivement les extrémités des branches et produisant un lit moelleux et plat. Pour nous six, il mesurait environ dix pieds de long sur six de large. Cette fois, nous nous installâmes sous notre tente, l'ayant dressée plus prudemment en fonction du vent et des flammes, et l'habituel grand feu flambait devant. Le souper était mangé avec une grosse bûche rejetée par une crue crue. Cette nuit, nous avons mangé un plat d'arborvitæ ou de thé de cèdre, que le bûcheron utilise parfois lorsque les autres herbes font défaut.

« Un litre d' arborvitæ ,

Pour le rendre fort et puissant, »-

mais je n'avais aucune envie de répéter l'expérience. Cela avait un goût trop médicinal pour mon palais. Il y avait ici le squelette d'un élan, dont des chasseurs indiens avaient cueilli les os à cet endroit même.

La nuit, je rêvais de pêcher la truite ; et, quand enfin je me réveillai, il me sembla une fable que ce poisson peint nageait là, si près de mon lit, et atteignit nos hameçons le dernier soir, et je doutai d'avoir tout rêvé. Je me levai donc avant l'aube pour en vérifier la vérité, pendant que mes compagnons dormaient encore. Ktaadn se tenait là , avec une silhouette distincte et sans nuages au clair de lune ; et le clapotis des rapides était le seul bruit qui brisait le silence. Debout sur le rivage, j'ai jeté une fois de plus ma ligne dans le ruisseau et j'ai découvert que le rêve était réel et la fable vraie. La truite mouchetée et le gardon argenté, tels des poissons volants, filaient rapidement dans l'air clair de lune, décrivant des arcs lumineux sur le côté obscur de Ktaadn , jusqu'à ce que le clair de lune, maintenant en train de disparaître dans la lumière du jour, apporte la satiété à mon esprit, ainsi qu'à celui de mes compagnons. qui m'avait rejoint.

Vers six heures, après avoir monté nos sacs et une bonne couverture de truites, toutes prêtes, et balancé les bagages et les provisions que nous souhaitions laisser derrière nous sur la cime des jeunes arbres, pour être hors de portée des ours, nous avons commencé. car le sommet de la montagne, éloigné, comme l'oncle George disait que les bateliers l'appelaient, d'environ quatre milles, mais, comme je l'ai jugé, et comme cela s'est avéré, plus proche de quatorze milles. Il n'avait jamais été plus près de la montagne que celle-ci, et il n'y avait pas la moindre trace d'homme pour nous guider plus loin dans cette direction. Au début, poussant quelques tiges en amont de l' Aboljacknagesic , ou « ruisseau de pleine terre », nous attachâmes notre batteau à un arbre et remontâmes le côté nord, à travers des terres brûlées, maintenant partiellement envahies par de jeunes trembles et autres arbustes ; mais bientôt, repassant ce ruisseau, où il avait environ cinquante ou soixante pieds de large, sur un embâcle de rondins et de rochers, — et on pouvait le traverser par ce moyen presque n'importe où, — nous nous dirigeâmes immédiatement vers le plus haut sommet, sur plus d'un mille. ou plus de terres relativement ouvertes, remontant encore très progressivement pendant ce temps. Ici, c'est à moi, le plus ancien alpiniste, de prendre les devants. Ainsi, scrutant le versant boisé de la montagne, qui s'étendait encore à une distance indéfinie, s'étendant devant nous sur environ sept ou huit milles de longueur, nous décidâmes de nous diriger directement vers la base du plus haut sommet, laissant un grand toboggan par lequel , comme je l'ai appris depuis, certains de nos prédécesseurs sont montés à notre gauche. Cette route nous mènerait parallèlement à une sombre veine de la forêt, qui marquait le lit d'un torrent, et au-dessus d'un léger éperon qui s'étendait vers le sud à partir de la montagne principale, du sommet nu duquel nous pouvions avoir une vue sur le pays, et grimper directement au sommet, qui serait alors à portée de main. Vu de ce point, crête dénudée à l'extrémité de la terre découverte, Ktaadn présentait un aspect différent de toutes les montagnes que j'ai vues, car il y avait une plus grande proportion de roches nues s'élevant brusquement de la forêt ; et nous regardions cette barrière bleue comme s'il s'agissait d'un fragment d'un mur qui délimitait autrefois la terre dans cette direction. Ayant réglé la boussole sur une direction nord-est, qui était l'orientation de la base sud du plus haut sommet, nous fûmes bientôt ensevelis dans les bois.

Nous commençâmes bientôt à rencontrer des traces d'ours et d'orignaux, et celles de lapins étaient partout visibles. Les traces d'orignaux, plus ou moins récentes, pour parler littéralement, couvraient chaque carré des flancs de la montagne ; et ces animaux y sont probablement plus nombreux que jamais auparavant, poussés de tous côtés dans ce désert par les colonies. La trace d'un élan adulte est comme celle d'une vache, ou plus grande, et celle d'un jeune, comme celle d'un veau. Parfois nous nous retrouvions à parcourir des sentiers flous, qu'ils avaient tracés, comme des sentiers de vaches dans les bois, mais beaucoup plus indistincts, étant plutôt des ouvertures, offrant des vues imparfaites à travers les sous-bois denses, que des sentiers battus ; et partout les brindilles avaient été broutées par eux, coupées aussi doucement que par un couteau. L'écorce des arbres était arrachée par eux jusqu'à une hauteur de huit ou neuf pieds, en bandes longues et étroites, larges d'un pouce, montrant encore les marques distinctes de leurs dents. Nous n'espérions rien de moins que d'en rencontrer un troupeau à chaque instant, et notre Nimrod tenait son fer à tirer prêt ; mais nous n'avons pas fait de notre chemin pour les chercher, et, quoique nombreux, ils sont si méfiants que le chasseur maladroit pourrait parcourir la forêt longtemps avant d'en apercevoir un. Ils sont parfois dangereux à rencontrer et ne se révèlent pas pour le chasseur, mais se précipitent furieusement sur lui et le piétinent à mort, à moins qu'il n'ait la chance de les éviter en esquivant autour d'un arbre. Les plus gros sont presque aussi gros qu'un cheval et pèsent parfois mille livres ; et on dit qu'ils peuvent franchir une porte de cinq pieds au cours de leur marche ordinaire. Ils sont décrits comme des animaux extrêmement maladroits, avec leurs longues pattes et leur corps court, faisant une silhouette ridicule lorsqu'ils sont en pleine course, mais faisant néanmoins de grands progrès. Il nous semblait mystérieux de savoir comment ils parvenaient à enfiler ces bois, ce qu'il fallait pour accomplir avec toute notre souplesse , en grimpant, en se baissant et en serpentant alternativement. On dit qu'ils laissent tomber leurs longues cornes ramifiées, qui s'étendent généralement sur cinq ou six pieds, sur leur dos, et se frayent un chemin facilement grâce au poids de leur corps. Nos bateliers disaient, mais je ne sais avec quelle vérité, que leurs cornes étaient susceptibles d'être rongées par la vermine pendant leur sommeil. Leur chair, qui ressemble plus à du bœuf qu'à du venaison, est courante sur le marché de Bangor.

Nous avions parcouru ainsi sept ou huit milles, jusqu'à midi environ, avec de fréquentes pauses pour rafraîchir ceux qui étaient fatigués, traversant un ruisseau de montagne considérable, que nous conjecturâmes être le ruisseau Murch, à l'embouchure duquel nous avions campé, tout le temps dans les bois. sans avoir vu une seule fois le sommet, et s'élevant très peu à peu, lorsque les bateliers commencèrent à désespérer un peu, et craignant que nous laissions la montagne d'un côté de nous, car ils n'avaient pas toute confiance dans la boussole, McCauslin grimpa à un arbre , du haut duquel il pouvait voir le sommet, quand il apparut que nous n'avions pas dévié d'une ligne droite, la boussole en bas pointant toujours avec son bras, qui indiquait le sommet. Au bord d'un frais ruisseau de montagne, au milieu des bois, où l'eau commençait à partager la pureté et la transparence de l'air, nous nous arrêtâmes pour cuire quelques-uns de nos poissons, que nous avions apportés jusqu'ici pour sauver nos durs- du pain et du porc, pour l'usage desquels nous avions mis peu d'argent de côté. Bientôt nous allumâmes un feu, et nous nous plaçâmes autour, sous la forêt humide et sombre de sapins et de bouleaux, chacun avec un bâton aiguisé, long de trois ou quatre pieds, sur lequel il avait craché sa truite ou son gardon préalablement bien entaillé. et salés, nos bâtons rayonnant comme les rayons d'une roue depuis un centre , et chacun entassant son poisson particulier dans l'exposition la plus désirable, sans toujours avoir le plus grand respect pour les droits de son voisin. Nous nous régalâmes ainsi , buvant entre-temps à la source, jusqu'à ce que le sac d'un homme, au moins, soit considérablement allégé, lorsque nous reprenâmes notre marche.

Enfin nous atteignîmes une élévation suffisamment nue pour offrir une vue du sommet, encore lointain et bleu, presque comme s'il s'éloignait de nous. Un torrent, qui s'est avéré être le même que celui que nous avions traversé, a été vu dévaler devant nous, littéralement sorti des nuages. Mais cet aperçu de notre situation fut vite perdu et nous fûmes de nouveau enterrés dans les bois. Le bois était principalement du bouleau jaune, de l'épinette, du sapin, du sorbier ou du bois rond, comme l'appellent les habitants du Maine, et du bois d'orignal. C'était la pire forme de voyage ; parfois comme les parcelles de chênes broussailleuses les plus denses chez nous. Les cornouillers, ou baies en grappe, étaient très abondantes, ainsi que les baies de phoque de Salomon et d'orignal. Des myrtilles étaient distribuées tout au long de notre parcours ; et à un endroit, les buissons s'affaissaient sous le poids des fruits, toujours aussi frais. C'était le 7 septembre. De telles parcelles offraient un repas reconnaissant et servaient à inciter le groupe fatigué à avancer. Quand certains étaient à la traîne, le cri de « myrtilles » était le plus efficace pour les faire remonter. Même à cette altitude, nous traversâmes une cour à élans, formée par un gros rocher plat, carré de quatre ou cinq bâtons, où l'on foule la neige en hiver. Enfin, craignant que si nous maintenions notre route directe vers le sommet, nous ne trouvions d'eau près de notre terrain de camping, nous fîmes peu à peu un écart vers l'ouest, jusqu'à ce qu'à quatre heures nous heurtions de nouveau le torrent que j'ai indiqué. mentionné, et ici, en vue du sommet, le groupe fatigué a décidé de camper cette nuit-là.

Pendant que mes compagnons cherchaient un endroit convenable à cet effet, j'ai amélioré le peu de lumière du jour qui me restait en gravissant seul la montagne. Nous étions dans un ravin profond et étroit, en pente jusqu'aux nuages, à un angle de près de quarante-cinq degrés, et encerclé par des parois rocheuses, qui étaient d'abord couvertes d'arbres bas, puis de bosquets impénétrables de bouleaux maigres et de bouleaux. des épicéas et de la mousse, mais enfin dépourvus de toute végétation sauf des lichens, et presque continuellement drapés de nuages. En suivant le cours du torrent qui occupait cet endroit, - et je veux insister sur ce mot , - en me relevant au bord de chutes perpendiculaires de vingt ou trente pieds, par les racines des sapins et des bouleaux, et *puis* , peut-être, marchant une ou deux tiges de niveau dans le mince ruisseau, car il occupait toute la route, montant par d'énormes marches, pour ainsi dire, un escalier de géant, le long duquel coulait une rivière, j'avais bientôt dégagé les arbres et je m'arrêtai. sur les étagères successives, pour revenir sur le pays. Le torrent avait de quinze à trente pieds de large, sans affluent, et ne semblait pas diminuer en largeur à mesure que j'avançais ; mais elle descendait toujours en trombe et en rugissant, avec une marée abondante, sur et au milieu des masses de roches nues, depuis les nuages mêmes, comme si une trombe venait d'éclater sur la montagne. Quittant enfin cet endroit, je commençai à progresser, à peine moins ardu que celui de Satan autrefois à travers le Chaos, jusqu'au sommet le plus proche, mais non le plus haut. D'abord grimpant à quatre pattes sur les cimes d'épinettes noires anciennes (*Abies nigra*), vieilles comme le déluge, de deux à dix ou douze pieds de hauteur, leurs cimes plates et étalées, et leur feuillage bleu et pincé de froid, comme si depuis des siècles ils avaient cessé de croître sur fond de ciel sombre et de froid intense. J'ai promené quelques bonnes tiges dressées sur la cime de ces arbres, qui étaient envahis de mousse et de canneberges de montagne. Il semblait qu'avec le temps ils avaient comblé les espaces entre les énormes rochers et que le vent froid s'était uniformément aplani. Ici, le principe de la végétation a été mis à rude épreuve. Il y avait apparemment une ceinture de ce genre qui courait tout autour de la montagne, mais peut-être nulle part aussi remarquable qu'ici. Un jour, affalé, j'ai regardé en bas de dix pieds, dans une région sombre et caverneuse, et j'ai vu la tige d'un épicéa, au sommet de laquelle je me tenais, comme sur une masse de vannerie grossière, d'au moins neuf pouces de diamètre au sol . . Ces trous étaient des tanières d'ours, et les ours étaient déjà chez eux. C'est le genre de jardin que j'ai parcouru *pendant* un huitième de mille, au risque, il est vrai, de marcher sur quelques plantes, sans apercevoir aucun chemin qui le *traversait* . c'est certainement le pays le plus traître et le plus poreux que j'aie jamais parcouru.

« Il a failli sombrer ,

Foulant la consistance grossière, à moitié à pied,

À moitié volant, "

Mais rien ne pouvait dépasser la résistance des brindilles, aucune ne cassa sous mon poids, car elles avaient poussé lentement. Après m'être affalé, escaladé, roulé, rebondi et marché tour à tour à travers ce pays décharné, j'arrivai sur un flanc de colline, ou plutôt un flanc de montagne, où des rochers, des rochers gris et silencieux, étaient les troupeaux qui paissaient, mâcher un ruminant rocheux au coucher du soleil. Ils me regardaient avec des yeux gris durs, sans bêlement ni sourd. Cela m'a amené au bord d'un nuage et a limité ma promenade cette nuit-là. Mais j'avais déjà vu ce pays du Maine lorsque je me suis retourné, ondulant, coulant, ondulant, en contrebas.

Lorsque je revins vers mes compagnons, ils avaient choisi un camping au bord du torrent et se reposaient à terre ; l'un d'eux était malade, roulé dans une couverture, sur un rocher humide. C'était un paysage assez sauvage et morne, si sauvagement rude, qu'ils cherchèrent longtemps à trouver un espace plat et ouvert pour la tente. Nous ne pouvions pas camper plus haut, faute de combustible ; et les arbres ici semblaient si persistants et si séveux, que nous doutions presque qu'ils reconnaissent l'influence du feu ; mais le feu finit par prévaloir et flamba ici aussi, en bon citoyen du monde. Même à cette hauteur, nous rencontrons des traces fréquentes d'orignaux, ainsi que d'ours. Comme il n'y avait pas de cèdre ici, nous avons fait notre lit d'épicéa à plumes plus grossières ; mais en tout cas, les plumes étaient arrachées de l'arbre vivant. C'était peut-être un endroit encore plus grand et plus désolé pour passer la nuit que ne l'aurait été le sommet, étant donné le voisinage de ces arbres sauvages et du torrent. Des vents plus aériens et plus spirituels se sont précipités et ont rugi dans le ravin toute la nuit, attisant de temps en temps notre feu et dispersant les braises. C'était comme si nous étions au cœur même d'un jeune tourbillon. A minuit, un de mes compagnons de lit, effrayé dans ses rêves par l'embrasement soudain jusqu'à la cime d'un sapin dont les branches vertes étaient séchées par la chaleur, se leva en poussant un cri de son lit, pensant que le monde en feu, et il entraîna tout le camp après lui.

Le matin, après avoir mangé du porc cru, une galette de pain dur et une louche de nuage condensé ou de trombe marine, nous commençâmes tous ensemble à remonter les chutes que j'ai décrites ; cette fois en choisissant la main droite, ou le sommet le plus élevé, qui n'était pas celui que j'avais approché auparavant. Mais bientôt mes compagnons furent perdus de vue derrière la crête de la montagne derrière moi, qui semblait toujours reculer devant moi, et j'escaladai seul sur d'énormes rochers, en équilibre lâche, sur un mile ou plus, toujours en direction des nuages ; car, même si le temps était clair ailleurs, le sommet était caché par la brume. La montagne ressemblait à un vaste agrégat de rochers meubles, comme s'il avait plu quelque temps des rochers, et ils gisaient en tombant sur les flancs de la montagne, nulle part vraiment au repos, mais appuyés les uns sur les autres, tous des pierres basculantes, avec des cavités entre elles, mais presque pas de terre ou de plateau plus lisse. C'étaient les matières premières d'une planète larguées d'une carrière invisible, que la vaste chimie de la nature allait bientôt transformer ou transformer dans les plaines et vallées souriantes et verdoyantes de la terre. C'était une extrémité défaite du globe ; comme dans le lignite, nous voyons du charbon en train de se former.

Enfin, j'entrai dans les bords du nuage qui semblait dériver sans cesse au-dessus du sommet, et pourtant ne disparaissait jamais, mais était engendré par cet air pur aussi vite qu'il s'éloignait ; et quand, un quart de mille plus loin, j'atteignis le sommet de la crête, qui, selon ceux qui ont vu par temps plus clair, est longue d'environ cinq milles et contient mille acres de plateau, j'étais au plus profond des rangs hostiles. de nuages, et tous les objets en étaient obscurcis. Maintenant, le vent me soufflerait sur un mètre de clair soleil, là où je me tenais ; puis une lumière grise et naissante fut tout ce qu'elle put accomplir, la ligne des nuages s'élevant et s'abaissant toujours avec l'intensité du vent. Parfois, il semblait que le sommet allait être dégagé en quelques instants et sourire au soleil ; mais ce qui était gagné d'un côté était perdu de l'autre. C'était comme s'asseoir dans une cheminée et attendre que la fumée se dissipe. C'était, en fait, une usine à nuages : c'étaient les usines à nuages, et le vent les détournait des roches fraîches et nues. Parfois, lorsque les colonnes venteuses se brisaient sur moi, j'apercevais à droite ou à gauche un rocher sombre et humide ; la brume circulant sans cesse entre elle et moi. Cela m'a rappelé les créations des anciens poètes épiques et dramatiques, d'Atlas, de Vulcain, du Cyclope et de Prométhée. Tel était le Caucase et le rocher où Prométhée était lié. Eschyle avait sans doute visité de tels paysages. C'était vaste, Titanic, et tel que l'homme n'en habite jamais. Une partie du spectateur, même une partie vitale, semble s'échapper à travers les grilles lâches de ses côtes au fur et à mesure qu'il monte. Il est plus seul que vous ne pouvez l'imaginer. Il y a moins de pensée substantielle et de juste compréhension chez lui que dans les plaines où habitent les hommes. Sa raison est dispersée et obscure, plus fine et plus subtile , comme l'air. La vaste nature, titanesque et inhumaine l'a désavantagé, l'a attrapé seul et lui a volé une partie de ses facultés divines. Elle ne lui sourit pas comme dans la plaine. Elle semble dire sévèrement : Pourquoi êtes-vous venus ici avant votre heure. Ce terrain n'est pas préparé pour vous. Ne suffit-il pas que je sourie dans les vallées ? Je n'ai jamais fait ce sol pour tes pieds, cet air pour ta respiration, ces rochers pour tes voisins. Je ne peux pas te plaindre ni te caresser ici, mais te conduire pour toujours sans relâche là où je *suis* bon. Pourquoi me chercher là où je ne t'ai pas appelé, et te plaindre ensuite de ce que tu ne me trouves qu'une marâtre ? Si tu gelais, mourais de faim ou frémissais, il n'y a ici ni sanctuaire, ni autel, ni accès à mon oreille.

"Chaos et nuit ancienne, je ne suis pas un espion

Dans le but d'explorer ou de déranger

Les secrets de votre royaume, mais...

. . . . . . comme ma façon

Se trouve à travers votre vaste empire jusqu'à la lumière.

Les sommets des montagnes font partie des parties inachevées du globe, où c'est une légère insulte aux dieux que de grimper et de fouiller dans leurs secrets et de tester leur effet sur notre humanité. Seuls les hommes audacieux et insolents s'y rendent peut-être. Les races simples, comme les sauvages, ne gravissent pas les montagnes ; leurs sommets sont des étendues sacrées et mystérieuses qu'elles n'ont jamais visitées. Pomola est toujours en colère contre ceux qui grimpent au sommet du Ktaadn .

Selon Jackson, qui, en sa qualité d'arpenteur-géologue de l'État, l'a mesuré avec précision, l'altitude de Ktaadn est de 5 300 pieds, soit un peu plus d'un mile au-dessus du niveau de la mer, et il ajoute : « Il est c'est évidemment le point culminant de l'État du Maine et la montagne de granit la plus abrupte de la Nouvelle-Angleterre. Les particularités de ce vaste plateau sur lequel je me trouvais, ainsi que le remarquable précipice ou bassin semi-circulaire du côté est, étaient toutes cachées par la brume. J'avais amené toute ma meute au sommet, ne sachant pas si je devrais descendre vers la rivière, et peut-être vers la partie habitée de l'État seul, et par un autre itinéraire, et souhaitant avoir un équipement complet avec moi. . Mais enfin, craignant que mes compagnons ne fussent impatients d'atteindre la rivière avant la nuit, et sachant que les nuages pourraient rester sur la montagne pendant des jours, je fus obligé de descendre. De temps en temps, alors que je descendais, le vent m'ouvrait une vue dégagée, à travers laquelle je pouvais voir le pays vers l'est, des forêts sans limites, des lacs et des ruisseaux, brillant au soleil, certains d'entre eux se jetant dans la branche est. De nouvelles montagnes étaient également en vue dans cette direction. De temps en temps, un petit oiseau de la famille des moineaux s'envolait devant moi, incapable de contrôler sa course, comme un fragment de rocher gris emporté par le vent.

Je retrouvai mes compagnons là où je les avais laissés, sur le flanc du pic, ramassant les canneberges des montagnes, qui remplissaient toutes les fissures entre les rochers, ainsi que les myrtilles, qui avaient une saveur plus épicée à mesure qu'elles grandissaient, mais n'en étaient pas moins agréable à nos palais. Lorsque le pays sera colonisé et que les routes seront construites, ces canneberges deviendront peut-être un article de commerce. De cette altitude, juste à la lisière des nuages, nous pouvions dominer le pays, à l'ouest et au sud, sur une distance de cent milles. C'était là, l'État du Maine, que nous avions vu sur la carte, mais pas vraiment comme ça, une forêt incommensurable sur laquelle le soleil brille, cette *substance orientale* dont nous entendons parler dans le Massachusetts. Pas de clairière, pas de maison. Il ne semblait pas qu'un voyageur solitaire y ait coupé ne serait-ce qu'une canne. D'innombrables lacs, — Moosehead au sud-ouest, quarante milles de long sur dix de large, comme un plateau d'argent brillant au bout de la table ; Chesuncook , dix-huit de long sur trois de large, sans île ; Millinocket, au sud, avec ses cent îles ; et cent autres sans nom ; et des montagnes aussi, dont les noms, pour la plupart, ne sont connus que des Indiens. La forêt ressemblait à une pelouse ferme, et l'effet de ces lacs au milieu d'elle a été bien comparé, par quelqu'un qui a visité depuis ce même endroit, à celui d'un « miroir brisé en mille fragments et dispersé sauvagement sur la forêt ». herbe, reflétant l'éclat du soleil. C'était une grande ferme pour quelqu'un, une fois défrichée. D'après le Gazetteer, qui fut imprimé avant que la question des frontières ne soit réglée, le seul comté de Penobscot, dans lequel nous nous trouvions, était plus grand que l'État tout entier du Vermont, avec ses quatorze comtés ; et ce n'était qu'une partie des terres sauvages du Maine. Cependant, nous nous préoccupons désormais des limites naturelles et non politiques. Nous étions à environ quatre-vingts milles, à vol d'oiseau, de Bangor, ou cent quinze, si nous avions roulé, marché et pagayé. Nous dussions nous consoler en pensant que cette vue était probablement aussi bonne que celle du sommet, en ce qui concerne la distance ; et que serait une montagne sans les nuages et les brumes qui l'accompagnent ? Comme nous, ni Bailey ni Jackson n'avaient obtenu une vue dégagée depuis le sommet.

Partant pour notre retour à la rivière, toujours de bonne heure, nous décidâmes de suivre le cours du torrent, que nous supposions être le ruisseau Murch, à condition qu'il ne nous éloigne pas trop de notre chemin. . Nous parcourâmes ainsi environ quatre milles dans le torrent lui-même, le traversant et le retraversant continuellement, sautant de rocher en rocher et sautant avec le courant dans des chutes de sept ou huit pieds, ou glissant parfois sur le dos dans une mince nappe d'eau. . Ce ravin avait été le théâtre d'une crue extraordinaire au printemps, apparemment accompagnée d'un glissement de la montagne. Il devait être rempli d'un ruisseau de pierres et d'eau, à vingt pieds au moins au-dessus du niveau actuel du torrent. Pendant une tige ou deux, de chaque côté de son canal, les arbres étaient écorcés et éclatés jusqu'à leur cime, les bouleaux courbés, tordus et parfois finement fendus, comme un balai d'écurie ; certains, d'un pied de diamètre, se sont cassés et des bouquets entiers d'arbres se sont pliés sous le poids des roches empilées dessus. En un endroit, nous remarquâmes un rocher de deux ou trois pieds de diamètre, logé à près de vingt pieds de haut dans l'entrejambe d'un arbre. Sur les quatre milles, nous n'avons vu qu'un seul ruisseau se déverser, et le volume de l'eau ne semblait pas avoir augmenté par rapport au premier. Nous voyageâmes ainsi très rapidement avec une impulsion vers le bas, et devinrent remarquablement experts dans l'art de sauter de rocher en rocher, car nous devions sauter, et nous sautions, qu'il y ait ou non un rocher à la bonne distance. C'était une image agréable lorsque le premier se retournait et regardait le ravin sinueux, entouré de rochers et de forêt verte, pour apercevoir, à intervalles d'une tige ou deux, un alpiniste en chemise rouge ou en veste verte contre le torrent blanc. , sautant dans le canal avec son sac sur le dos, ou s'arrêtant sur un rocher commode au milieu du torrent pour réparer une déchirure de ses vêtements, ou détachant la louche à sa ceinture pour prendre une gorgée d'eau. À un endroit, nous fûmes surpris en voyant, sur une petite plate-forme sablonneuse au bord du ruisseau, l'empreinte fraîche du pied d'un homme, et nous comprîmes un instant ce que Robinson Crusoé ressentait dans un cas similaire ; mais enfin nous nous rappelâmes que nous avions heurté ce ruisseau en remontant, sans que nous puissions dire où, et que l'un d'entre eux était descendu dans le ravin pour boire un verre. L'air frais au-dessus et le bain continu de notre corps dans l'eau de la montagne, alternant les bains de pieds, de siège, de douche et de plongée, rendaient cette promenade extrêmement rafraîchissante, et nous n'avions parcouru qu'un mile ou deux, après avoir quitté le torrent, avant chaque fil. de nos vêtements était aussi sec que d'habitude, peut-être à cause d'une qualité particulière de l'atmosphère.

Après avoir quitté le torrent, ayant des doutes sur notre cap, Tom jeta son sac au pied de l'épicéa le plus élevé à portée de main, gravit le tronc nu d'une vingtaine de pieds, puis grimpa à travers la tour verte, perdu de vue. , jusqu'à ce qu'il tienne le spray le plus haut dans sa main. [5] McCauslin , dans sa jeunesse, avait marché à travers le désert avec un corps de troupes, sous les ordres du général Somebody, et avec un autre homme, il effectuait tout le service de reconnaissance et d'espionnage. La parole du général était : « Jetez la cime de cet arbre », et il n'y avait aucun arbre dans les bois du Maine si haut qu'il ne perde sa cime dans un tel cas. J'ai entendu l'histoire de deux hommes perdus une fois dans ces bois, plus proches des colonies que celui-ci, qui ont grimpé sur le pin le plus haut qu'ils ont pu trouver, d'environ six pieds de diamètre au sol, du sommet duquel ils ont découvert une clairière solitaire et son fumée. Arrivé à cette hauteur, à environ deux cents pieds du sol, l'un d'eux eut le vertige et s'évanouit dans les bras de son compagnon, et celui-ci dut accomplir la descente avec lui, alternativement s'évanouissant et se ranimant, tant qu'il put. Nous avons crié à Tom : « Où mène le sommet ? où sont les terres brûlées ? Le dernier, il ne pouvait que le conjecturer ; il aperçut cependant une petite prairie et un étang, probablement situés sur notre route, vers lesquels nous décidâmes de mettre le cap. En arrivant dans cette prairie isolée, nous trouvâmes de nouvelles traces d'orignaux au bord de l'étang, et l'eau était encore instable comme s'ils s'étaient enfuis devant nous. Un peu plus loin, dans un fourré dense, nous semblions toujours sur leur trace. C'était une petite prairie de quelques acres, à flanc de montagne, cachée par la forêt, et peut-être jamais vue par un homme blanc auparavant, où l'on croirait que l'orignal pourrait brouter, se baigner et reposer en paix. En poursuivant cette route, nous atteignîmes bientôt la terre découverte, qui descendait en pente de quelques milles vers le Penobscot.

en descendant cette partie de la montagne que j'ai pleinement réalisé qu'il s'agissait d'une *nature primitive, indomptée et à jamais indomptable, ou peu importe comment les hommes l'appellent.* Nous traversions des « Terres Brûlées », peut-être brûlées par la foudre, bien qu'elles ne présentaient aucune trace récente d'incendie, à peine une souche carbonisée, mais ressemblaient plutôt à un pâturage naturel pour les élans et les cerfs, extrêmement sauvage et désolé. avec des bandes de bois occasionnelles qui les traversent, des peupliers bas qui poussent et des parcelles de bleuets ici et là. Je me surprenais à les parcourir familièrement, comme quelque pâturage abandonné ou en partie récupéré par l'homme ; mais quand je réfléchissais à quel homme, quel frère, quelle sœur ou quel parent de notre race l'avait fait et le réclamais, je m'attendais à ce que le propriétaire se lève et conteste mon passage. Il est difficile de concevoir une région inhabitée par l'homme. Nous présumons habituellement sa présence et son influence partout. Et pourtant, nous n'avons pas vu la nature pure, à moins de l'avoir vue si vaste, si triste et si inhumaine, bien qu'au milieu des villes. La nature était ici quelque chose de sauvage et d'horrible, quoique belle. J'ai regardé avec admiration le sol sur lequel je marchais, pour voir ce que les puissances y avaient fait, la forme, la mode et le matériau de leur travail. C'était cette Terre dont nous avons entendu parler, faite de Chaos et de Vieille Nuit. Il n'y avait ici aucun jardin d'homme, mais le globe sans main . Ce n'était ni pelouse, ni pâturage, ni hydromel, ni forêt, ni limon, ni terre arable, ni terre en friche. C'était la surface fraîche et naturelle de la planète Terre, telle qu'elle a été créée pour toujours et à jamais, pour être la demeure de l'homme, disons-nous, ainsi la Nature l'a créée, et l'homme peut l'utiliser s'il le peut. L'homme ne devait pas y être associé. C'était la Matière, vaste, formidable, – pas sa Terre Mère dont nous avons entendu parler, pas pour qu'il puisse y marcher ou y être enterré, – non, c'était trop familier même pour y laisser ses os, – la maison. , ceci, de la Nécessité et du Destin. On sentait clairement la présence d'une force qui n'était pas forcément bonne envers l'homme. C'était un lieu de paganisme et de rites superstitieux, habité par des hommes plus proches des rochers et des animaux sauvages que nous. Nous l'avons parcouru avec une certaine crainte, nous arrêtant de temps en temps pour cueillir les myrtilles qui poussaient là et avaient un goût élégant et épicé. Peut-être que là où se trouvent *nos* pins sauvages et où les feuilles reposent sur le sol de la forêt, à Concord, il y avait autrefois des faucheurs et des laboureurs plantaient du grain ; mais ici, même la surface n'avait pas été marquée par l'homme, mais c'était un spécimen de ce que Dieu jugeait bon de créer ce monde. Qu'est-ce que d'être admis dans un musée, de voir une myriade de choses particulières, comparé à voir la surface d'une étoile, une matière dure dans sa demeure ! Je suis en admiration devant mon corps, cette matière à laquelle je suis lié m'est devenue si étrange. Je ne crains pas les esprits, les fantômes dont je fais partie, — *afin que* mon corps le puisse — mais j'ai peur des corps, je tremble à leur rencontre. Quel est ce Titan qui me possède ? Parlons de mystères ! Pensez à notre vie dans la nature, à voir quotidiennement la matière, à entrer en contact avec elle, aux rochers, aux arbres, au vent sur nos joues ! la terre *solide* ! le monde *réel* ! le *bon sens ! Contact! Contact! Qui* sommes-nous ? *où* sommes-nous ?

Bientôt nous reconnus quelques rochers et autres éléments du paysage que nous avions volontairement imprimés dans nos souvenirs, et, accélérant le pas, à deux heures nous atteignîmes le batteau. [6] Ici, nous avions prévu de dîner de truites, mais sous ce soleil éclatant, elles tardèrent à mordre à l'hameçon, et nous fûmes obligés de profiter des miettes de notre pain dur et de notre porc, qui étaient tous deux presque épuisés. . Pendant ce temps, nous délibérions si nous devions remonter la rivière un mile plus loin, jusqu'à la clairière de Gibson, sur le Sowadnehunk , où se trouvait une cabane en rondins déserte, afin d'obtenir une tarière d'un demi-pouce avec laquelle réparer l'un de nos poteaux à pointes. Il y avait suffisamment de jeunes épicéas autour de nous, et nous avions un pic de rechange, mais rien pour faire un trou. Mais comme il n'était pas sûr que nous y trouvions des outils, nous réparâmes du mieux que nous pouvâmes la perche cassée pour la descente, où elle ne servirait que peu. De plus, nous ne voulions pas perdre de temps dans cette expédition, de peur que le vent ne se lève avant que nous atteignions les plus grands lacs et ne nous retienne ; car un vent modéré produit toute une mer sur ces eaux, dans laquelle un batteau ne vivra pas un instant ; et à une occasion, McCauslin avait été retardé d'une semaine à la tête du North Twin, qui n'a qu'une largeur de quatre milles. Nous étions presque à court de provisions et mal préparés à cet égard pour ce qui pourrait éventuellement représenter un voyage d'une semaine par le rivage, traversant d'innombrables ruisseaux et traversant une forêt sans piste, si un accident arrivait à notre bateau.

C'est avec regret que nous avons tourné le dos à Chesuncook , sur lequel McCauslin s'était autrefois connecté, et aux lacs Allegash . Il y avait encore des rapides et des portages plus longs au-dessus ; parmi les derniers, le portage Ripogenus , qu'il décrit comme le plus difficile de la rivière et long de trois milles. La longueur totale du Penobscot est de deux cent soixante-quinze milles, et nous sommes encore à près de cent milles de sa source. Hodge, le géologue adjoint de l'État, remonta cette rivière en 1837 et, par un portage de seulement un mille et trois quarts, traversa l'Allegash et descendit ainsi dans le Saint-Jean et remonta le Madawaska jusqu'au Grand Portage. jusqu'au Saint-Laurent. C'est le seul récit que je connaisse d'une expédition au Canada dans cette direction. Il décrit ainsi sa première vue de ce dernier fleuve, qui, pour comparer les petites choses aux grandes, est comme la première vue de Balboa du Pacifique depuis les montagnes de l'isthme de Darien. « Lorsque nous avons aperçu pour la première fois le Saint-Laurent, dit-il, du haut d'une haute colline, la vue était des plus frappantes et beaucoup plus intéressante pour moi après avoir été enfermé dans les bois pendant les deux années précédentes. mois. Directement devant nous s'étendait le large fleuve, s'étendant sur neuf ou dix milles, sa surface étant interrompue par quelques îles et récifs, et par deux navires ancrés près du rivage. Au-delà, de vastes chaînes de collines incultes, parallèles au fleuve. Le soleil venait juste de se coucher derrière eux et dorait toute la scène de ses rayons d'adieu.

Vers quatre heures, le même après-midi, nous commençâmes notre voyage de retour, qui ne nécessiterait que peu ou pas de perche. Lorsqu'ils tirent sur des rapides , les bateliers utilisent de grandes et larges pagaies, au lieu de perches, pour guider le bateau. Bien que nous ayons glissé si rapidement et souvent sans à-coups vers le bas, là où il ne nous avait pas coûté un léger effort pour nous relever, notre voyage actuel était accompagné de bien plus de dangers ; car si nous heurtions une fois l'un des mille rochers qui nous entouraient, le bateau serait submergé en un instant. Lorsqu'un bateau est submergé dans de telles circonstances, les bateliers n'ont généralement aucune difficulté à se maintenir à flot au début, car le courant les maintient, eux et leur chargement, sur une longue distance en aval du fleuve ; et s'ils savent nager, ils n'ont qu'à se frayer un chemin progressivement jusqu'au rivage. Le plus grand danger est d'être pris dans un tourbillon derrière quelque rocher plus gros, où l'eau monte plus vite en amont qu'ailleurs elle ne descend, et d'être entraînée en rond sous la surface jusqu'à ce qu'ils soient noyés. McCauslin montra quelques rochers qui avaient été le théâtre d'un accident mortel de ce genre. Parfois, le corps n'est pas jeté avant plusieurs heures. Lui-même avait déjà fait un tel circuit, seules ses jambes étant visibles pour ses compagnons ; mais il fut heureusement jeté dehors à temps pour reprendre son souffle. [7] En tirant sur les rapides, le batelier a ce problème à résoudre : choisir une route détournée et sûre au milieu d'un millier de rochers engloutis, disséminés sur un quart ou un demi-mille, en même temps qu'il se dirige régulièrement vers l'eau. vitesse de quinze milles à l'heure. Arrêtez-vous, il ne peut pas ; la seule question est : où ira-t-il ? Le archer choisit la route avec tous ses yeux autour de lui, frappant au large avec sa pagaie et entraînant le bateau de toutes ses forces dans sa route. L' homme de poupe suit fidèlement la proue.

Nous arrivâmes bientôt aux chutes d'Aboljacarmegus . Soucieux d'éviter le retard, ainsi que le travail, du portage ici, nos bateliers s'avancèrent d'abord pour faire une reconnaissance , et décidèrent de laisser le batteau descendre les chutes, ne portant les bagages que sur le portage. Sautant de rocher en rocher jusqu'au milieu du ruisseau, nous étions prêts à recevoir le bateau et à le laisser descendre sur la première chute, à environ six ou sept pieds perpendiculaires. Les bateliers se tiennent au bord d'un plateau rocheux, où la chute est peut-être de neuf ou dix pieds perpendiculaires, dans un à deux pieds d'eau rapide, un de chaque côté du bateau, et le laissent glisser doucement jusqu'à ce que le l'arc est sorti à dix ou douze pieds en l'air ; puis, le laissant tomber carrément, tandis que l'un tient le peintre, l'autre saute dedans, et son compagnon le suit, ils sont entraînés dans les rapides vers une nouvelle chute ou pour aplanir l'eau. En très peu de minutes, ils avaient accompli un passage en toute sécurité, ce qui serait aussi téméraire à tenter pour des malhabiles que la descente du Niagara elle-même. Il semblait qu'il suffisait d'un peu de familiarité et d'un peu plus d'habileté pour descendre en toute sécurité des chutes telles que Niagara elle-même. En tout cas, je ne désespérerais pas de tels hommes dans les rapides au-dessus de Table Rock, jusqu'à ce que je les voie réellement franchir les chutes, tant ils sont frais, si rassemblés et si fertiles en ressources. On aurait pu penser qu'il s'agissait de chutes et qu'il ne fallait pas les parcourir impunément, comme une flaque de boue. Il y avait vraiment un danger qu'ils perdent leur sublimité en perdant leur pouvoir de nous faire du mal. La familiarité engendre le mépris. Le batelier s'arrête, par hasard, sur une étagère sous une table rocheuse sous la chute, debout dans une crique de marigot de deux pieds de profondeur, et vous entendez sa voix rauque s'élever à travers les embruns, donnant froidement des instructions sur la façon de mettre le bateau à l'eau cette fois.
.

Après avoir contourné les chutes Pockwockomus , nos rames nous amenèrent bientôt au Katepsskonegan , ou Oak Hall carry, où nous décidâmes de camper à mi-chemin, laissant notre batteau être transporté le matin sur des épaules fraîches. Une épaule de chacun des bateliers présentait une tache rouge aussi grande que la main, portée par le batteau de cette expédition ; et cette épaule, comme elle faisait tout le travail, était sensiblement plus basse que son homologue, à cause d'un long service. Un tel labeur épuise bientôt la constitution la plus solide. Les chauffeurs sont habitués à travailler dans l'eau froide du printemps, rarement sèche ; et si quelqu'un tombe de partout, il change rarement de vêtements jusqu'au soir, voire même alors. Celui qui prend cette précaution est appelé par un surnom particulier, ou est éteint. Nul ne peut mener cette vie s'il n'est presque amphibie. McCauslin a dit sobrement, ce qui est en tout cas une bonne histoire à raconter, qu'il avait vu six hommes entièrement sous l'eau à la fois, dans un embouteillage, les épaules contre les pointes des mains. Si la bûche ne démarrait pas, ils devaient alors sortir la tête pour respirer. Le conducteur travaille aussi longtemps qu'il peut voir, de nuit en nuit, et la nuit n'a pas le temps de souper et de sécher convenablement ses vêtements avant de s'endormir sur son lit de cèdre. Nous nous couchâmes cette nuit-là sur le lit même fait par un tel groupe, étendant notre tente sur les poteaux encore debout, mais recouvrant le lit humide et fané de feuilles fraîches.

Le matin, nous transportâmes notre bateau et le lançons à l'eau, en nous hâtant de peur que le vent ne se lève. Les bateliers descendirent Passamagamet et peu après les chutes d'Ambejijis , pendant que nous nous promenions avec les bagages. Nous préparâmes un petit-déjeuner hâtif à la tête du lac Ambejijis avec le reste de notre porc, et nous recommençâmes bientôt à ramer sur sa surface lisse, sous un ciel agréable, la montagne étant désormais dégagée de nuages au nord-est. Tour à tour aux rames, nous traversâmes rapidement Deep Cove, le pied de Pamadumcook et le North Twin, à une vitesse de six milles à l'heure, le vent n'étant pas assez fort pour nous déranger, et atteignîmes le barrage à midi. Les bateliers passèrent par une des écluses en rondins du batteau, où la chute était à dix pieds au fond, et nous conduisirent en contrebas. C'était ici le rapide le plus long de notre voyage, et peut-être que le franchir était une tâche aussi dangereuse et ardue que n'importe quelle autre. En tirant quelquefois à la vitesse, comme nous le jugeions, de quinze milles à l'heure, si nous heurtions un rocher , nous étions fendus d'un bout à l'autre en un instant. Tantôt comme un appât flottant pour quelque monstre de rivière, au milieu des tourbillons, tantôt s'élançant d'un côté du ruisseau, tantôt de là, glissant rapidement et doucement près de notre destruction, ou frappant large avec la pagaie et tirant le bateau vers la droite ou vers la droite. sommes partis de toutes nos forces, afin d'éviter un rocher. Je suppose que c'était comme courir les rapides du Sault Sainte-Marie, à l'embouchure du lac Supérieur, et nos bateliers n'ont probablement pas fait preuve de moins de dextérité que les Indiens de là-bas. Nous avons bientôt parcouru ce mile et flotté dans le lac Quakish .

Après un tel voyage, les eaux troubles et irritées, qui semblaient autrefois terribles et avec lesquelles il ne fallait pas prendre à la légère, semblaient apprivoisées et maîtrisées ; ils avaient été barbus et inquiets dans leurs canaux, piqués et fouettés pour se soumettre avec le piquet et la pagaie, parcourus de part en part en toute impunité, et tout leur esprit et tout leur danger leur avaient été retirés, et les rivières les plus gonflées et les plus impétueuses semblaient mais des jouets désormais. Je commençai enfin à comprendre la familiarité et le mépris du batelier avec les rapides. "Ces garçons Fowler", a déclaré Mme McCauslin , "sont des canards parfaits pour l'eau." Ils avaient couru jusqu'à Lincoln, selon elle, sur trente ou quarante milles, en batteau, la nuit, pour un médecin, alors qu'il faisait si sombre qu'ils ne pouvaient voir une verge devant eux, et que la rivière était si grossie qu'ils ne pouvaient pas voir un seul bâton devant eux. c'était presque un rapide continu, de sorte que le médecin *s'écria*, lorsqu'ils l'amenèrent à la lumière du jour : « Pourquoi, Tom, comment avez-vous veillé à diriger ? "Nous n'avons pas beaucoup dirigé, nous l'avons seulement gardé droit." Et pourtant, ils n'ont rencontré aucun accident. Il est vrai que les rapides les plus difficiles se trouvent plus haut.

Lorsque nous atteignîmes le Millinocket en face de la maison de Tom, et que nous attendions que ses gens nous y installent , car nous avions laissé notre batteau au-dessus des Grands-Saults, nous découvrîmes deux canots, avec deux hommes chacun, remontant ce ruisseau depuis Shad Pond, l'un gardant le côté opposé d'une petite île devant nous, tandis que l'autre s'approchait du côté où nous nous trouvions, examinant attentivement les rives à la recherche de rats musqués à mesure qu'ils arrivaient. Le dernier s'est avéré être Louis Neptune et son compagnon, enfin en route vers Chesuncook après l'orignal, mais ils étaient tellement déguisés que nous les connaissions à peine. A peu de distance, on aurait pu les prendre pour des Quakers, avec leurs chapeaux à larges bords et leurs pardessus à larges capes, dépouilles de Bangor, cherchant un établissement dans cette Sylvanie, ou, plus près, pour des gentlemen à la mode le matin après un voyage. fête. Rencontrés face à face, ces Indiens dans leurs forêts natales ressemblaient à ces gaillards sinistres et voûtés qu'on rencontre en train de ramasser des ficelles et du papier dans les rues d'une ville. Il existe en effet une ressemblance remarquable et inattendue entre le sauvage dégradé et les classes les plus basses d'une grande ville. L'un n'est pas plus enfant de la nature que l'autre. Au fur et à mesure de la dégradation, la distinction des races se perd bientôt. Neptune était d'abord impatient de savoir ce que nous "tuions", voyant quelques perdrix dans les mains d'un des convives , mais nous avions pris trop de colère pour permettre une réponse. Nous pensions que les Indiens avaient un certain honneur auparavant. Mais ... " J'ai été malade. Oh, je ne me sens pas bien maintenant. Vous faites un marché, puis je pars. En fait, ils avaient été retardés si longtemps par une ébats ivres aux Cinq-Îles, et ils ne s'étaient pas encore remis de ses effets. Ils avaient dans leurs canots quelques jeunes courges qu'ils extrayaient des berges avec une houe, pour se nourrir et non pour leur peau, car les courges sont leur principale nourriture dans ces expéditions. Ils remontèrent donc le Millinocket, et nous descendîmes la rive du Penobscot, après nous être recrutés avec une bière de Tom, laissant Tom chez lui.

Ainsi, un homme mènera sa vie ici, à la lisière du désert, sur le ruisseau indien Millinocket, dans un nouveau monde, loin dans l'obscurité d'un continent, et jouera ici une flûte le soir, tandis que ses accords résonneront au les étoiles, au milieu des hurlements des loups ; vivra, pour ainsi dire, à l'âge primitif du monde, un homme primitif. Pourtant il passera une journée ensoleillée et, dans ce siècle, sera mon contemporain ; je lirai peut-être quelques feuilles éparses de littérature et parlerai parfois avec moi. Pourquoi lire l'histoire, alors, si les âges et les générations le sont maintenant ? Il vit trois mille ans dans le temps, une époque que les poètes n'ont pas encore décrite. Pouvez-vous remonter plus loin dans l'histoire ? Ouais ! oui ! — car il apparaît maintenant dans l'embouchure du Millinocket Stream un homme encore plus ancien et primitif, dont l'histoire n'est même pas ramenée au premier. Dans un récipient en écorce cousu avec des racines d'épicéa et muni de pagaies en bois de charme, il avance. Il n'est pour moi qu'obscur et brumeux, obscurci par les éons qui s'étendent entre le canot d'écorce et le batteau. Il ne construit pas de maison en rondins, mais un wigwam de peaux. Il ne mange ni pain chaud ni gâteau sucré, mais de la courge, de la viande d'orignal et de la graisse d'ours. Il glisse jusqu'au Millinocket et est perdu de vue, alors qu'un nuage plus lointain et brumeux apparaît passer derrière un nuage plus proche et se perd dans l'espace. Alors il vaque à son destin, le visage rouge de l'homme.

Après avoir passé la nuit et beurré nos bottes une dernière fois chez l'oncle George, dont les chiens faillirent le dévorer de joie à son retour, nous continuâmes à descendre la rivière le lendemain, environ huit milles à pied, puis fîmes une Batteau, avec un homme pour le percher, à Mattawamkeag , dix de plus. Au milieu de cette même nuit, pour conclure rapidement une longue histoire, nous avons laissé notre buggy sur le pont à moitié terminé d'Oldtown, où nous avons entendu le vacarme et le tintement confus d'une centaine de scies qui ne s'arrêtent jamais, et à Le lendemain, à six heures du matin, l'un des membres du groupe se dirigeait vers le Massachusetts.

Ce qui est le plus frappant dans la nature sauvage du Maine, c'est la continuité de la forêt, avec moins d'intervalles ouverts ou de clairières que vous ne l'auriez imaginé. À l'exception des quelques terres brûlées, des intervalles étroits des rivières, des sommets dénudés des hautes montagnes et des lacs et ruisseaux, la forêt est ininterrompue. C'est encore plus sinistre et sauvage que vous l'aviez imaginé, une nature sauvage humide et complexe, au printemps partout humide et boueuse. L'aspect du pays, en effet, est universellement sévère et sauvage, à l'exception des vues lointaines de la forêt depuis les collines et des perspectives du lac, qui sont douces et civilisatrices dans une certaine mesure. Les lacs sont une chose à laquelle vous n'êtes pas préparé ; ils sont si hauts, exposés à la lumière, et la forêt se réduit à une fine frange sur leurs bords, avec çà et là une montagne bleue, comme des joyaux d'améthyste enchâssés autour de quelque joyau de première eau, si antérieur, si supérieur . , à tous les changements qui doivent avoir lieu sur leurs côtes, même maintenant civils et raffinés, et justes comme ils pourront jamais l'être. Ce ne sont pas les forêts artificielles d'un roi anglais, mais simplement une réserve royale. Ici ne prévalent aucune loi forestière mais celle de la nature. Les aborigènes n'ont jamais été dépossédés, ni la nature déboisée.

Désert du Maine

C'est un pays plein d'arbres à feuilles persistantes, de bouleaux argentés moussus et d'érables aqueux, le sol parsemé de petites baies rouges insipides et parsemé de roches humides et moussues, un pays diversifié d'innombrables lacs et de ruisseaux rapides, peuplé de la truite et diverses espèces de *leucisques*, avec le saumon, l'alose, le brochet et d'autres poissons ; la forêt résonnant à de rares intervalles du chant de la mésange, du geai bleu et du pic, du cri de l'épervier et de l'aigle, du rire du huard et du sifflement des canards le long des ruisseaux solitaires ; la nuit, avec les hululements des hiboux et les hurlements des loups ; en été, grouillant de myriades de mouches noires et de moustiques, plus redoutables que les loups pour l'homme blanc. Telle est la demeure de l'orignal, de l'ours, du caribou, du loup, du castor et de l'Indien. Qui décrira la tendresse inexprimable et la vie immortelle de la sombre forêt, où la nature, même si c'est le plein hiver, est toujours au printemps, où les arbres moussus et en décomposition ne sont pas vieux, mais semblent jouir d'une perpétuelle jeunesse ; et la nature bienheureuse et innocente, comme un enfant serein, est trop heureuse pour faire du bruit, sauf par quelques tintements et zézaiements d'oiseaux et de ruisseaux ruisselants ?

Quel endroit pour vivre, quel endroit pour mourir et être enterré ! Là, certainement, les hommes vivraient éternellement et se moqueraient de la mort et du tombeau. Là, ils ne pouvaient avoir aucune pensée semblable à celle associée au cimetière du village, qui fait une tombe avec un de ces monticules humides et toujours verts !

Meurs et sois enterré qui le voudra,

Je veux vivre encore ici ;

Ma nature devient de plus en plus jeune

Parmi les pins primitifs.

Mon voyage me rappelle à quel point ce pays est encore extrêmement nouveau. Il suffit de voyager quelques jours à l'intérieur et même à l'arrière de nombreux anciens États pour arriver dans cette Amérique même que visitèrent les Hommes du Nord, Cabot, Gosnold, Smith et Raleigh. Si Colomb fut le premier à découvrir les îles, Americus Vespucius et Cabot, ainsi que les Puritains et nous leurs descendants, n'avons découvert que les rivages de l'Amérique. Alors que la République a déjà acquis une histoire mondiale, l'Amérique reste encore instable et inexplorée. Comme les Anglais de la Nouvelle-Hollande, nous ne vivons encore que sur les rivages d'un continent, et nous savons à peine d'où viennent les rivières d'où flotte notre marine. Le bois, les planches et les bardeaux dont nos maisons sont faites ne poussaient qu'hier dans un désert où les Indiens chassent encore et où l'orignal est sauvage. New York a sa nature sauvage à l'intérieur de ses propres frontières ; et bien que les marins européens soient familiers avec les sondes de son Hudson, et que Fulton ait inventé depuis longtemps le bateau à vapeur sur ses eaux, un Indien est encore nécessaire pour guider ses hommes scientifiques jusqu'à ses sources dans le pays des Adirondacks.

Avons-nous seulement découvert et colonisé les rivages ? Qu'un homme voyage à pied le long de la côte, depuis le Passamaquoddy jusqu'à la Sabine, ou jusqu'au Rio Bravo, ou partout où se trouve maintenant la fin, s'il est assez rapide pour la rattraper, en suivant fidèlement les détours de chaque crique et de chaque cap, et marchant au son de la musique des vagues, – avec un village de pêcheurs désolé une fois par semaine, et le port d'une ville une fois par mois pour l'encourager, et s'installer aux phares, quand il y en a, – et me dire si c'est le cas. ressemble à un pays découvert et habité, et non plutôt, pour la plupart, à une île désolée et à un No Man's Land.

Nous avons progressé à pas de géant vers le Pacifique et avons laissé derrière nous de nombreux territoires inexplorés de l'Oregon et de la Californie. Bien que le chemin de fer et le télégraphe aient été établis sur les côtes du Maine, l'Indien regarde toujours vers la mer depuis ses montagnes intérieures. Là se trouve la ville de Bangor, à cinquante milles en amont du Penobscot, à la tête de la navigation des navires de la plus grande classe, le principal dépôt de bois de ce continent, avec une population de douze mille habitants, comme une étoile au bord de la nuit, toujours détruisant les forêts dont il est construit, déjà regorgeant du luxe et du raffinement de l'Europe, et envoyant ses navires en Espagne, en Angleterre et aux Antilles pour ses épiceries, - et pourtant seuls quelques hommes à la hache sont montés « jusqu'en haut » . rivière », dans le désert hurlant qui la nourrit. L'ours et le cerf se trouvent encore dans ses limites ; et l'orignal, alors qu'il nage dans le Penobscot, est empêtré au milieu de ses navires et capturé par des marins étrangers dans son port. Douze milles en arrière, douze milles de chemin de fer, se trouvent Orono et l'île Indienne, demeure de la tribu Penobscot, puis commencent le batteau, le canot et la route militaire ; et soixante milles au-dessus, le pays est pratiquement inexploré et inexploré, et là ondule encore la forêt vierge du Nouveau Monde.

CHESUNCOOK

A cinq heures du soir , le 13 septembre 1853, je quittai Boston, sur le bateau à vapeur, pour Bangor, par le cours extérieur. C'était une nuit chaude et calme, probablement plus chaude sur l'eau que sur terre, et la mer était aussi lisse qu'un petit lac en été, à peine ondulée. Les passagers allèrent chanter sur le pont, comme dans un salon, jusqu'à dix heures. Nous avons croisé un navire aux extrémités de sa poutre sur un rocher juste à l'extérieur des îles, et certains d'entre nous ont pensé qu'il s'agissait du « navire à rapt » qui naviguait

> " de son côté si bas

Qu'elle buvait de l'eau et que sa quille labourait l'air.

sans compter qu'il n'y avait pas de vent et qu'elle était sous des poteaux nus. Nous avons désormais laissé les îles derrière nous et sommes au large de Nahant. Nous voyons les caractéristiques vues par les découvreurs, apparemment inchangées. Nous voyons maintenant les lumières de Cape Ann, et passons maintenant près d'une petite flotte de pêcheurs de maquereau aux allures de village, au mouillage, probablement au large de Gloucester. Ils nous saluent d'un cri depuis leurs ponts bas ; mais je comprends que leur « bonsoir » signifie : « Ne vous présentez pas contre moi, monsieur. Des merveilles des profondeurs, nous descendons vers un sommeil encore plus profond. Et puis l'absurdité d'être réveillé la nuit par un homme qui veut se charger de cirer vos bottes ! C'est plus inévitable que le mal de mer, et cela pourrait y être pour quelque chose. C'est comme si vous esquiviez en franchissant la ligne du premier coup. J'avais confiance que ces vieilles coutumes étaient abolies. Ils pourraient, avec la même convenance, insister pour vous noircir le visage. J'ai entendu parler d'un homme qui s'est plaint que quelqu'un lui avait volé ses bottes pendant la nuit ; et quand il les a trouvés, il a voulu savoir ce qu'ils leur avaient fait , ils les avaient gâtés, il ne leur a jamais mis ça ; et le cireur a échappé de peu à payer des dommages et intérêts.

Désireux de sortir du ventre de la baleine, je me levai de bonne heure et rejoignis quelques vieux sels qui fumaient par une faible lumière sur une partie abritée du pont. Nous venions juste d'entrer dans la rivière. Bien sûr, ils savaient tout. J'étais fier de constater que j'avais si bien supporté le voyage et que je n'étais pas du tout digéré. Nous nous sommes rafraîchis et avons observé les premiers signes de l'aube à travers un port ouvert ; mais la journée semblait pendre le feu. Nous demandâmes l'heure ; aucun de mes compagnons n'avait de chronomètre. Enfin un prince africain se précipita et dit : « Douze heures, messieurs ! et j'ai éteint la lumière. C'était le lever de la lune. Alors je me suis de nouveau faufilé dans les entrailles du monstre.

La première terre que nous atteignons est l'île Monhegan , avant l'aube, et ensuite les îles Saint-Georges, voyant deux ou trois lumières. Whitehead, avec ses rochers nus et sa cloche funéraire, est intéressant. Je me souviens ensuite que les collines de Camden attiraient mes regards, puis les collines autour de Francfort. Nous arrivâmes à Bangor vers midi.

Quand je suis arrivé, mon futur compagnon avait remonté la rivière et avait engagé un Indien, Joe Aitteon , fils du gouverneur, pour nous accompagner jusqu'au lac Chesuncook . Joe avait mené une chasse à l'orignal à deux hommes blancs dans la même direction l'année précédente. Il est arrivé en voiture à Bangor ce soir-là, avec son canot et un compagnon, Sabattis Solomon, qui allait quitter Bangor le lundi suivant avec le père de Joe, en passant par le Penobscot, et rejoindre Joe à la chasse à l'orignal à Chesuncook lorsque nous avions fini avec lui. Ils soupèrent chez mon ami et logèrent dans sa grange, disant qu'ils seraient moins bien lotis que dans les bois. Ils ont seulement fait aboyer un peu Watch, quand ils venaient à la porte la nuit pour chercher de l'eau, car il n'aime pas les Indiens.

Le lendemain matin, Joe et son canot furent mis à bord de l'étape pour le lac Moosehead, distant d'une soixantaine de milles, une heure avant notre départ dans un chariot découvert. Nous transportions du pain dur, du porc, du bœuf fumé, du thé, du sucre, etc., apparemment assez pour un régiment ; cette vue réunie me rappela par quels moyens ignobles nous avions maintenu notre position jusqu'ici. Nous suivions l'Avenue Road, qui est assez droite et très bonne, vers le nord-ouest, vers le lac Moosehead, à travers plus d'une douzaine de villes florissantes, avec presque chacune son académie , dont aucune cependant ne figure sur mon Atlas général, publié , hélas ! en 1824 ; tant ils sont avant l'âge, ou moi derrière ! La terre devait alors être considérablement plus légère pour les épaules du général Atlas.

Il a plu toute la journée et jusqu'au milieu de la matinée suivante, cachant presque entièrement le paysage ; mais nous étions à peine sortis des rues de Bangor que je commençais à être exalté par la vue des cimes des sapins et des épicéas sauvages, ainsi que d'autres arbres à feuilles persistantes primitifs, scrutant à travers la brume à l'horizon. C'était comme la vue et l'odeur d'un gâteau pour un écolier. Celui qui roule et suit les sentiers battus étudie principalement les obstacles. Près de Bangor, les poteaux de clôture, en raison du gel qui les soulevait dans le sol argileux, n'étaient pas plantés dans le sol, mais étaient mortaisés en une poutre transversale horizontale posée à la surface. Par la suite, les clôtures prédominantes furent celles en rondins, avec parfois une clôture de Virginie, ou bien des rails inclinés sur des piquets croisés ; et ceux-ci zigzaguaient ou jouaient à saute-mouton jusqu'au lac, en restant juste devant nous. Après avoir quitté la vallée de Penobscot, le pays était étonnamment plat, ou consistait en des houles très régulières et égales, sur vingt ou trente milles, ne s'élevant jamais au-dessus du niveau général, mais offrant, dit-on, une très bonne perspective par temps clair. , avec des vues fréquentes sur Ktaadn , des routes droites et de longues collines. Les maisons étaient éloignées les unes des autres, généralement petites et d'un seul étage, mais à charpente. Il y avait très peu de terres cultivées, mais la forêt bordait rarement la route. Les souches atteignaient souvent la hauteur de la tête, témoignant de l'épaisseur de la neige. Les chapeaux de foin blancs, tirés sur de petits tas de haricots ou de maïs dans les champs à cause de la pluie, étaient pour moi un spectacle nouveau. Nous vîmes de grands troupeaux de pigeons, et plusieurs fois nous trouvâmes sur la route une ou deux verges de perdrix. Mon compagnon a déclaré qu'au cours d'un voyage hors de Bangor, lui et son fils avaient abattu soixante perdrix depuis son buggy. Le sorbier était maintenant très beau, ainsi que l'arbre du voyageur ou l'arbuste à entraves, avec ses baies violettes mûres mêlées de rouge. Le chardon des champs, une plante introduite, était la mauvaise herbe dominante jusqu'au lac, au bord des routes en de nombreux endroits et dans les champs peu de temps défrichés, en étant densément remplis comme d'une récolte, à l'exclusion de tout le reste. Il y avait aussi des champs entiers remplis de fougères, maintenant rouillées et fanées, qui, dans les pays plus anciens, étaient généralement confinées aux sols humides. Il y avait très peu de fleurs, même en tenant compte de la saison tardive. Il se trouve que je n'ai vu aucun aster en fleurs le long de la route sur cinquante milles, bien qu'ils fussent alors si abondants dans le Massachusetts, — sauf en un endroit un ou deux Aster *acuminatus* , — et aucune verge d'or jusqu'à moins de vingt milles de Monson. , où j'en ai vu un à trois côtes. Il y avait cependant beaucoup de renoncules tardives et les deux herbes à feu, l'éréchthite et l'épilobium , généralement là où il y avait eu un brûlage, et enfin l'éternelle nacrée. J'ai remarqué de temps en temps de très longues auges qui alimentaient la route en eau, et mon compagnon a dit que trois dollars par an étaient accordés par l'État à un homme dans chaque district scolaire, qui fournissait et entretenait une abreuvoir convenable au bord de la route, pour les enfants. l'usage des voyageurs, — un élément d'intelligence aussi rafraîchissant pour moi que l'eau elle-même. Cette législature n'a pas siégé en vain. C'était une loi orientale, qui me faisait souhaiter d'être encore plus loin à l'Est, une autre loi du Maine, que j'espère que nous pourrons adopter dans le Massachusetts. Cet État bannit les bars de ses routes et y conduit les sources des montagnes.

Le pays était d'abord résolument montagneux à Garland, Sangerville et au-delà, à vingt-cinq ou trente milles de Bangor. A Sangerville, où nous nous sommes arrêtés en milieu d'après-midi pour nous réchauffer et nous sécher, le propriétaire nous a dit qu'il avait trouvé un désert où nous l'avions trouvé. À une bifurcation de la route entre Abbot et Monson, à environ vingt milles du lac Moosehead, j'ai vu un poteau de guidage surmonté d'une paire de cornes d'orignal, s'étendant sur quatre ou cinq pieds, avec le mot « Monson

» peint sur une lame, et le nom d'une autre ville sur l'autre. Ils sont parfois utilisés pour les arbres à chapeaux ornementaux, avec des cornes de cerf, devant les entrées ; mais, après l'expérience que je vais raconter, j'espère avoir une meilleure excuse pour tuer un élan que d'accrocher mon chapeau à ses cornes. Nous avons atteint Monson, à cinquante milles de Bangor et à treize milles du lac, après la tombée de la nuit.

Le lendemain, à quatre heures du matin, dans l'obscurité et toujours sous la pluie, nous poursuivions notre route. Dans cette ville, près de l'académie, on a érigé une sorte de potence sur laquelle les élèves peuvent s'exercer. J'ai pensé qu'il valait mieux pendre immédiatement tous ceux qui ont besoin de faire de tels exercices dans un pays si nouveau, où rien ne les empêche de vivre une vie en plein air. Mieux vaut omettre Blair et prendre l'air. Le pays situé à l'extrémité sud du lac est assez montagneux et la route a commencé à en ressentir les effets. Il y a une colline dont on calcule qu'il faut vingt-cinq minutes pour la gravir. En de nombreux endroits, la route était dans cet état appelé *réparé*, après avoir été taillée à la pelle et au grattoir pour lui donner la forme semi-cylindrique requise, avec toutes les inégalités les plus douces au milieu, comme un dos de porc avec les poils relevés, et Jéhu était censé le faire. rester à califourchon sur la colonne vertébrale. Tandis que l'on regardait l'horizon de chaque côté de la sphère nue, les fossés étaient affreux à voir, un vaste creux, comme celui entre Saturne et son anneau. Dans une taverne des environs, le valet accueillit notre cheval comme une vieille connaissance, bien qu'il ne se souvienne pas du conducteur. Il a dit qu'il avait pris soin de cette petite jument pendant une courte période, un an ou deux auparavant, à la Maison du Mont Kineo, et qu'il pensait qu'elle n'était pas en aussi bon état qu'à ce moment-là. Chacun à son métier. Je ne connais pas un seul cheval au monde, pas même celui qui m'a donné un coup de pied.

Nous pensions déjà voir le lac Moosehead depuis le sommet d'une colline, où un vaste brouillard remplissait les basses terres lointaines, mais nous nous trompions. Ce n'est que lorsque nous étions à moins d'un mile ou deux de son extrémité sud que nous en avons eu notre première vue , une nappe d'eau d'apparence sauvage, parsemée de petites îles basses, couvertes d'épinettes hirsutes et d'autres espèces sauvages. bois, — vu au-dessus du port naissant de Greenville avec des montagnes de chaque côté et loin au nord, et le conduit de fumée d'un bateau à vapeur s'élevant au-dessus d'un toit. Une paire de cornes d'orignal ornait un coin du pub où nous laissâmes notre cheval, et à quelques verges de là se trouvait le petit vapeur Moosehead, Captain King. Il n'y avait pas de village, ni de route d'été plus loin dans cette direction, mais une route d'hiver, c'est-à-dire praticable seulement lorsque la neige épaisse recouvre ses inégalités, depuis Greenville jusqu'à la rive est du lac jusqu'à Lily Bay, environ douze milles.

J'ai été ici pour la première fois présenté à Joe. Il avait roulé tout le trajet à l'extérieur de la scène, la veille, sous la pluie, laissant la place aux dames, et était bien mouillé. Comme il pleuvait encore, il a demandé si nous allions « passer à travers ». C'était un bel Indien, âgé de vingt-quatre ans, apparemment de sang pur, petit et gros, avec un visage large et un teint rougeâtre, et des yeux, me semble-t-il, plus étroits et plus retroussés aux coins extérieurs que les nôtres, répondant à la description de sa race. Outre ses sous-vêtements, il portait une chemise de flanelle rouge, un pantalon de laine et un chapeau noir Kossuth, la tenue ordinaire des bûcherons et, dans une large mesure, des Indiens Penobscot. Lorsque, plus tard, il eut l'occasion d'ôter ses chaussures et ses bas, je fus frappé de la petitesse de ses pieds. Il avait beaucoup travaillé comme bûcheron et semblait s'identifier à cette classe. Il était le seul du groupe à posséder une veste en caoutchouc . La bande supérieure ou le bord de son canot était presque usé par le frottement sur la scène.

A huit heures, le paquebot, avec sa cloche et son sifflet, effrayant l'orignal, nous fit monter à bord. C'était un petit bateau bien équipé, commandé par un capitaine aimable, avec des sièges de sauvetage brevetés et un canot de sauvetage métallique, et un dîner à bord, si vous le souhaitez. Il est principalement utilisé par les bûcherons pour le transport d'eux-mêmes, de leurs bateaux et de leurs fournitures, mais aussi par les chasseurs et les touristes. Il y avait un autre bateau à vapeur, nommé Amphitrite, amarré à proximité ; mais, apparemment, son nom n'était pas plus banal que sa coque. Il y avait aussi deux ou trois gros voiliers au port. Ces débuts de commerce sur un lac sauvage sont très intéressants, ces plus gros oiseaux blancs qui viennent tenir compagnie aux mouettes. Il n'y avait que peu de passagers, et pas une seule femme parmi eux : un Indien de Saint-François, avec son canot et ses peaux d'orignal ; deux explorateurs du bois; trois hommes qui ont débarqué à l'île Sandbar, et un gentleman qui habite sur l'île Deer, à onze milles en amont du lac, et qui possède également l'île Sugar, entre laquelle et la première passe le vapeur ; ceux-là, je pense, étaient tous hors de nous. Dans le salon se trouvait une sorte d'instrument de musique – des chérubins ou des séraphins – pour apaiser les vagues en colère ; et là, très proprement, était punaise la carte des terres publiques du Maine et du Massachusetts, dont j'avais une copie dans ma poche.

La forte pluie nous confinant au saloon pendant un moment, j'ai discuté avec le propriétaire de Sugar Island de la condition du monde à l'époque de l'Ancien Testament. Mais enfin, laissant ce sujet aussi frais que nous le trouvions, il me dit qu'il avait vécu autour de ce lac vingt ou trente ans, et qu'il n'en avait pas été à la tête depuis vingt et un ans. Il fait face dans l'autre sens. Les explorateurs avaient à bord un beau bouleau nouveau, plus gros que le nôtre, dans lequel ils avaient remonté le Piscataquis depuis Howland, et ils avaient déjà eu plusieurs gâchis de truites. Ils se rendaient dans le voisinage des lacs Eagle et Chamberlain, ou vers les sources du Saint-Jean, et offraient de nous tenir compagnie tout au long de notre voyage. Aujourd'hui, le lac était plus agité que je n'avais trouvé l'océan, que ce soit à l'aller ou au retour, et Joe remarqua que cela inonderait son bouleau. Au large de Lily Bay, elle a une douzaine de milles de largeur, mais elle est en grande partie interrompue par des îles. Le paysage n'est pas seulement sauvage, mais varié et intéressant ; on voyait des montagnes, plus ou moins proches, de tous côtés sauf au nord-ouest, leurs sommets maintenant perdus dans les nuages ; mais le mont Kineo est l'élément principal du lac et lui appartient plus exclusivement. Après avoir quitté Greenville, au pied, qui est le noyau d'une ville vieille de huit ou dix ans, vous ne voyez que trois ou quatre maisons sur toute la longueur du lac, soit environ quarante milles, dont trois sont des pubs où le bateau à vapeur est annoncé pour s'arrêter, et le rivage est un désert ininterrompu. Les bois dominants semblaient être l'épicéa, le sapin, le bouleau et l'érable rocheux. Vous pourriez facilement distinguer le bois dur du bois tendre, ou «croissance noire», comme on l'appelle, à une grande distance, le premier étant lisse, au sommet arrondi et vert clair, avec un aspect arboré et cultivé.

Le mont Kineo, auquel le bateau a touché, est une péninsule au col étroit, située à peu près à mi-chemin du lac, du côté est. Le célèbre précipice se trouve du côté est ou côté terre de celui-ci, et est si haut et si perpendiculaire que vous pouvez sauter du haut, à plusieurs centaines de pieds, dans l'eau qui se trouve derrière la pointe. Un homme à bord nous a dit qu'une ancre avait été coulée à quatre-vingt-dix brasses à sa base avant d'atteindre le fond ! On découvrira probablement bientôt qu'une jeune fille indienne en a sauté par amour, car le véritable amour n'aurait jamais pu trouver un chemin plus proche à son esprit. Nous passâmes ici tout près du rocher, car c'est un rivage très audacieux, et j'y remarquai des marques d'une élévation de quatre ou cinq pieds. L'Indien de Saint-François s'attendait à accueillir son garçon ici, mais il n'était pas au débarcadère. Les yeux perçants du père, cependant, détectèrent un canot avec son fils à bord, au loin, sous la montagne, même si personne d'autre ne pouvait le voir. « Où est le canoë ? demanda le capitaine, je ne le vois pas ; mais il tint néanmoins bon, et peu à peu il fut en vue.

Nous atteignons la tête du lac vers midi. Entre-temps, le temps s'était éclairci, même si les montagnes étaient encore couvertes de nuages. Vu de ce point, le mont Kineo et les deux autres montagnes alliées qui s'étendent avec lui vers le nord-est présentaient un très fort air de famille, comme s'ils étaient tous moulés dans un seul moule . Le bateau à vapeur s'approchait ici d'une longue jetée faisant saillie dans le désert du nord, et construisait avec quelques-uns de ses rondins, et sifflait, là où pas une cabane ni un mortel n'étaient visibles. Le rivage était assez bas, avec des rochers plats surplombés de frênes noirs, d'arborvites , etc., qui semblaient d'abord se moquer de nous. Il n'y avait pas un seul cocher pour crier « Coach ! » ou emmenez-nous à l'hôtel des États-Unis. Enfin, un M. Hinckley, qui a un camp à l'autre bout du « carry », apparut avec un camion tiré par un bœuf et un cheval sur un chemin de fer grossier à travers les bois. La prochaine étape consistait à faire transporter notre canot et nos effets depuis ce lac, l'un des chefs de la Kennebec, jusqu'à la rivière Penobscot. Ce chemin de fer du lac à la rivière occupait le milieu d'une clairière large de deux ou trois verges et parfaitement droite à travers la forêt. Nous avons traversé pendant que nos bagages étaient tirés derrière. Mon compagnon s'avançait pour se préparer aux perdrix, tandis que je le suivais en regardant les plantes.

C'était d'abord une localité botanique intéressante pour quelqu'un venant du sud ; car de nombreuses plantes plutôt rares, et une ou deux qu'on ne trouve pas du tout, dans la partie orientale du Massachusetts, poussaient en abondance entre les rails, comme le thé du Labrador, *le Kalmia glauca* , le bleuet du Canada (qui était encore en fruit, et une seconde fois en fleur), *Clintonia* et *Linnæa borealis* , qui durent un bûcheron appelé *moxon* , symphorine rampante , trille peint, campanule à grandes fleurs, etc. Je croyais que l'*Aster Radula* , *Diplopappus umbellatus* , *Solidago lanceolata* , trompette rouge et bien d'autres qui fleurissaient ostensiblement sur les rives du lac et sur le port, y avaient un aspect particulièrement sauvage et primitif. Les épicéas et les sapins se pressaient de chaque côté du chemin pour nous accueillir, les arborvites , avec leurs feuilles changeantes, nous incitaient à nous hâter, et la vue du canot de bouleau nous donnait l'envie de le faire. Parfois, un feuillage persistant qui venait de tomber gisait en travers du chemin avec son riche fardeau de cônes, semblant encore plus plein de vie que nos arbres dans les positions les plus favorables. On ne s'attendait pas à trouver de tels *épicéas* dans les bois sauvages, mais il est évident qu'ils font leurs toilettes chaque matin, même là-bas. C'est par une telle cour que nous sommes entrés dans ce désert.

Il y eut une très légère élévation au-dessus du lac, le pays ressemblant à un marécage et étant peut-être en partie un marécage, et enfin une descente graduelle vers le Penobscot, que je fus surpris de trouver ici un grand ruisseau, de douze à quinze verges. de large, coulant d'ouest en est, ou à angle droit avec le lac, et à pas plus de deux milles et demi de celui-ci. La distance est presque deux fois trop grande sur la carte des terres publiques et sur la carte du Maine de Colton, et Russell Stream est placé trop bas. Jackson fait en sorte que le lac Moosehead se trouve à neuf cent soixante pieds au-dessus des hautes eaux dans le port de Portland. Il est plus haut que Chesuncook , car les bûcherons considèrent le Penobscot, là où nous l'avons heurté, vingt-cinq pieds plus bas que Moosehead, bien que huit milles au-dessus soient dits être le plus haut, de sorte que l'eau peut couler d'un côté ou de l'autre. et la rivière baisse beaucoup entre ici et Chesuncook . Le porteur a appelé cela à environ cent quarante milles au-dessus de Bangor par la rivière, ou à deux cents de l'océan, et à cinquante-cinq milles en dessous de Hilton's, sur la route du Canada, la première clairière au-dessus, qui est à quatre milles et demi. de la source du Penobscot.

À l'extrémité nord du carry, au milieu d'une clairière de soixante acres ou plus, il y avait un camp de rondins de construction habituelle, avec quelque chose qui ressemblait plutôt à une maison attenante, pour le logement de la famille du porteur et des bûcherons de passage . . Le lit de brindilles de sapin flétries sentait très bon, bien qu'en réalité très sale. Il y avait aussi un entrepôt au bord de la rivière, contenant du porc, de la farine, du fer, des battes et des bouleaux, enfermés sous clé.

Nous commençâmes alors à prendre notre dîner, qui se révélait toujours être du thé, et à lancer des canoës, pour lesquels une grande marmite en fer était posée en permanence sur la berge. Nous l'avons fait en compagnie des explorateurs. Les Indiens et les Blancs utilisent un mélange de colophane et de graisse à cet effet, c'est-à-dire pour le pitch et non pour le dîner. Joe prit un petit tison du feu et souffla la chaleur et la flamme contre la poix de son bouleau, puis le fit fondre et l'étala. Parfois, il mettait sa bouche sur l'endroit suspect et suçait pour voir si l'air y était admis ; et à un endroit où nous nous arrêtâmes, il plaça son canot sur des pieux croisés et y versa de l'eau. J'observais attentivement ses mouvements et écoutais attentivement ses observations, car nous avions employé un Indien principalement pour que j'aie l'occasion d'étudier ses habitudes. Je l'ai entendu jurer une fois, avec douceur, au cours de cette opération, que son couteau était aussi émoussé qu'une houe, ce qu'il devait à ses relations avec les blancs ; et il remarqua : « Nous devrions prendre du thé avant de commencer ; nous aurons faim avant de tuer cet élan.

En milieu d'après-midi, nous embarquâmes sur le Penobscot. Notre bouleau mesurait dix-neuf pieds et demi de long sur deux et demi dans la partie la plus large, et quatorze pouces de profondeur à l'intérieur, les deux extrémités identiques, et peint en vert, ce qui, selon Joe, affectait la poix et la faisait fuir. Celui-ci, je pense, était de taille moyenne. Celui des explorateurs était beaucoup plus grand, mais probablement pas beaucoup plus long. Celui-ci nous transportait trois avec nos bagages, pesant en tout entre cinq cent cinquante et six cents livres. Nous avions deux pagaies lourdes, quoique fines, en érable de roche, dont une en érable piqué. Joe a placé de l'écorce de bouleau sur le fond pour que nous puissions nous asseoir et a incliné des attelles de cèdre contre les barres transversales pour protéger notre dos, tandis que lui-même était assis sur une barre transversale à l'arrière. Les bagages occupaient la partie médiane ou la plus large du canot. Nous pagayions aussi tour à tour dans les avants, tantôt assis les jambes étendues, tantôt assis sur nos jambes, tantôt debout sur nos genoux ; mais je ne trouvais aucune de ces positions supportable, et cela me rappela les plaintes des vieux missionnaires jésuites au sujet des tortures qu'ils enduraient après une longue détention dans des positions contraintes sur des canots, au cours de leurs longs voyages de Québec au pays huron ; mais ensuite je m'assis sur les barres transversales ou me levai, et je n'éprouvais aucun inconvénient.

C'était une eau morte sur quelques kilomètres. La rivière avait été élevée d'environ deux pieds par la pluie, et les bûcherons espéraient une crue suffisante pour faire tomber les bûches restées au printemps. Ses rives avaient sept ou huit pieds de haut et étaient densément couvertes d' épinettes blanches et noires, qui, je pense, doivent être les arbres les plus communs des environs, de sapins, d'arbres vitæ , de canot, de bouleaux jaunes et noirs, de rochers, de montagnes et d'arbres. quelques érables rouges, des hêtres, des sorbiers noirs et des sorbiers, des peupliers à grandes dents, de nombreux ormes d'aspect civil, maintenant imbruns , le long du ruisseau, et d'abord quelques pruches aussi. Nous n'étions pas allés bien loin lorsque j'ai été surpris en voyant ce que je pensais être un campement indien, couvert d'un drapeau rouge, sur la rive, et je me suis exclamé : « Camp ! à mes camarades. J'ai mis du temps à découvrir qu'il s'agissait d'un érable rouge altéré par le gel. Les rives immédiates étaient également densément couvertes d'aulnes mouchetés, d'osiers rouges, de saules arbustifs ou de saules , etc. Il restait encore quelques nénuphars jaunes, à moitié noyés, sur les côtés, et parfois un blanc. De nombreuses traces fraîches d'orignaux étaient visibles là où l'eau était peu profonde, et sur le rivage, les tiges de lys étaient fraîchement arrachées par eux.

Après avoir parcouru environ trois kilomètres, nous nous séparâmes des explorateurs et remontâmes le Lobster Stream, qui arrive sur la droite, en provenance du sud-est. C'était six ou huit tiges de large et semblait être presque parallèle au Penobscot. Joe a dit qu'on l'appelait ainsi à cause des petits homards d'eau douce qu'on y trouvait. C'est le Matahumkeag des cartes. Mon compagnon désirait rechercher des signes d'orignal et avait l'intention, si cela en valait la peine, de camper de cette façon, puisque l'Indien le lui avait conseillé. En raison de la montée du Penobscot, l'eau remontait ce ruisseau jusqu'à l'étang du même nom, sur un ou deux milles. Les montagnes Spencer, à l'est de l'extrémité nord du lac Moosehead, étaient maintenant bien en vue devant nous. Le martin-pêcheur volait devant nous, le pic pigeon était vu et entendu, et les sittelles et les mésanges à portée de main. Joe a dit qu'ils appelaient la mésange *kecunnilessu* dans sa langue. Je ne me porterai pas garant de l'orthographe de ce qui n'a peut-être jamais été orthographié auparavant, mais j'ai prononcé après lui jusqu'à ce qu'il dise que cela ferait l'affaire. Nous passâmes près d'une bécasse, parfaitement immobile sur le rivage, les plumes gonflées, comme malade. Ce Joe a dit qu'ils l'appelaient *nipsquecohossus* . Le martin-pêcheur était *skuscumonsuck* ; l'ours était *wassus* ; Diable indien, *lunxus* ; le sorbier, *upahsis* . C'était très abondant et beau. Les traces d'orignaux n'étaient pas aussi fraîches le long de ce ruisseau, sauf dans un petit ruisseau situé à environ un mille en amont, où s'était logé au printemps un gros rondin marqué « W-cross-girdle-crow-foot ». Nous avons vu une paire de cornes d'orignal sur le rivage, et j'ai demandé à Joe si un orignal les avait perdues ; mais il a dit qu'ils avaient une tête attachée à eux, et je savais qu'ils ne perdaient pas la tête plus d'une fois dans leur vie.

Après avoir gravi environ un mille et demi, jusqu'à une courte distance du lac Lobster, nous retournâmes au Penobscot. Juste au-dessous de l'embouchure du Lobster, nous trouvâmes de l'eau vive et la rivière s'étendit jusqu'à atteindre vingt ou trente cannes de largeur. Les traces d'orignaux étaient ici assez nombreuses et fraîches. Nous remarquâmes en beaucoup d'endroits les sentiers étroits et très fréquentés par lesquels ils étaient descendus jusqu'à la rivière, et où ils avaient glissé sur la berge escarpée et argileuse. Leurs traces étaient soit près du bord du ruisseau, celles des veaux se distinguant des autres, soit dans des eaux peu profondes ; les trous faits par leurs pieds dans le fond mou étant visibles longtemps. Ils étaient particulièrement nombreux là où il y avait une petite baie, ou pokelogan , comme on l'appelle, bordée par une bande de prairie, ou séparée de la rivière par une péninsule basse couverte d'herbes grossières, d'herbes à laine, etc., dans laquelle ils avaient pataugeait d'avant en arrière et mangeait les coussinets. Nous en avons détecté les restes à cet endroit. À un endroit où nous avons débarqué pour ramasser un canard d'été que mon compagnon avait abattu, Joe a épluché un canot de bouleau pour en extraire l'écorce de son cor de chasse. Il nous demanda alors si nous n'allions pas récupérer l'autre canard, car ses yeux perçants en avaient vu une autre tomber dans les buissons un peu plus loin, et mon compagnon l'obtint. Je commençai alors à remarquer les baies rouge vif de la canneberge, qui atteint huit ou dix pieds de haut, mêlées aux aulnes et aux cornouillers le long du rivage. Il y avait moins de bois dur qu'au début.

Après avoir parcouru un mille et trois quarts au-dessous de l'embouchure du Lobster, nous atteignîmes, vers le coucher du soleil, une petite île à la tête de ce que Joe appelait le Moosehorn . Deadwater (le Moosehorn , dans lequel il allait chasser cette nuit-là, arrivant à environ trois milles en contrebas), et à l'extrémité supérieure de celle-ci, nous avons décidé de camper. Sur un point situé à l'extrémité inférieure gisait la carcasse d'un élan tué un mois ou plus auparavant. Nous décidâmes simplement de préparer notre camp et de laisser nos bagages ici, afin que tout soit prêt à notre retour de la chasse à l'orignal. Même si je n'étais pas venu chasser et que j'éprouvais quelques regrets à l'idée d'accompagner les chasseurs, je souhaitais voir un élan à portée de main et je ne fus pas fâché d'apprendre comment l'Indien parvenait à en tuer un. J'étais journaliste ou aumônier auprès des chasseurs, et on sait que l'aumônier porte lui-même un fusil. Après avoir dégagé un petit espace au milieu des épicéas et des sapins denses, nous couvrîmes le sol humide d'un bardeau de brindilles de sapin, et, pendant que Joe préparait sa corne de bouleau et lançait son canot, car il fallait le faire chaque fois que nous nous arrêtions longtemps. assez pour allumer un feu, et c'était le principal travail qu'il assumait dans de telles heures : nous rassemblions du combustible pour la nuit, de grosses bûches mouillées et pourries, qui s'étaient logées à la tête de l'île, car notre hache était trop petit pour un hachage efficace ; mais nous n'avons pas allumé de feu, de peur que les élans ne le sentent. Joe a installé quelques piquets fourchus et préparé une demi-douzaine de perches, prêtes à recouvrir une de nos couvertures au cas où il pleuvrait dans la nuit, précaution qui, cependant, fut omise la nuit suivante. Nous avons également plumé les canards tués pour le petit-déjeuner.

Pendant que nous étions ainsi occupés dans le crépuscule, nous entendîmes faiblement, de loin en aval du ruisseau, ce qui ressemblait à deux coups de hache de bûcheron, résonnant sourdement dans la sinistre solitude. Nous avons coutume de comparer beaucoup de bruits entendus à distance dans la forêt à un coup de hache, parce qu'ils se ressemblent dans ces circonstances, et c'est celui-là qu'on y entend communément. Lorsque nous en avons parlé à Joe, il s'est exclamé : « Par George, je parie que c'était un élan ! Ils font un bruit comme ça. Ces sons nous affectaient étrangement, et par leur ressemblance même avec un son familier, où ils avaient probablement une origine si différente , renforçaient l'impression de solitude et de sauvagerie.

À la lumière des étoiles, nous descendîmes le ruisseau, qui était une eau morte sur trois milles, ou jusqu'au Moosehorn ; Joe nous disait qu'il fallait être très silencieux, et lui-même ne faisait aucun bruit avec sa pagaie, tandis qu'il poussait le canot avec des impulsions efficaces. C'était une nuit calme et propice à cet usage, car s'il y a du vent, l'orignal vous sentira, et Joe était très sûr qu'il en prendrait. La Lune des Moissons venait de se lever, et ses rayons horizontaux commençaient à éclairer la forêt à notre droite, tandis que nous glissions vers le bas, à l'ombre, du même côté, contre la petite brise qui s'agitait. Les hautes cimes spirées des épicéas et des sapins étaient très noires sur le ciel et plus distinctes que de jour, bordant de chaque côté cette large avenue ; et la beauté de la scène, alors que la lune se levait au-dessus de la forêt, ne serait pas facile à décrire. Une chauve-souris volait au-dessus de nos têtes, et nous entendions de temps en temps quelques faibles notes d'oiseaux, peut-être l'oiseau myrte par exemple, ou le plongeon soudain d'une courge musulmane, ou en voyions un traverser le ruisseau devant nous, ou entendions le bruit. d'un ruisseau qui se déverse, gonflé par les pluies récentes. A environ un mille au-dessous de l'île, alors que la solitude semblait devenir de plus en plus complète à chaque instant, nous aperçumes soudain la lumière et entendîmes le crépitement d'un feu sur la rive, et découvrîmes le camp des deux explorateurs ; ils se tiennent devant lui, vêtus de leurs chemises rouges, et parlent à haute voix des aventures et des profits de la journée. Ils parlaient alors d'un marché dans lequel, d'après ce que j'ai compris, quelqu'un avait obtenu vingt-cinq dollars. Nous passâmes sans parler, tout près sous la berge, à quelques mètres d'eux ; et Joe, prenant sa corne, imita le cri de l'orignal, jusqu'à ce que nous suggérions qu'ils pourraient tirer sur nous. C'est la dernière fois que nous les avons vus, et nous n'avons jamais su s'ils nous avaient détectés ou soupçonnés.

Depuis, j'ai souvent souhaité être avec eux. Ils recherchent du bois sur une section donnée, escaladant les collines et souvent les grands arbres pour observer ; explorez les courants par lesquels il doit être conduit, etc. ; passent cinq ou six semaines dans les bois, eux deux seuls, à cent milles ou plus de toute ville, errant et dormant par terre là où la nuit les surprend, dépendant principalement des provisions qu'ils transportent avec eux, bien qu'ils ne refusent pas à quel jeu ils sont confrontés ; puis, à l'automne, ils reviennent et font rapport à leurs employeurs, déterminant le nombre d'équipes qui seront nécessaires l'hiver suivant. Les hommes expérimentés reçoivent trois ou quatre dollars par jour pour ce travail. C'est une vie solitaire et aventureuse, et peut-être la plus proche de celle du trappeur de l'Ouest. Ils travaillent toujours avec un fusil aussi bien qu'avec une hache, laissent pousser leur barbe et vivent sans voisins, non pas dans une plaine, mais au fond d'un désert.

Cette découverte expliquait les bruits que nous avions entendus et détruisait la perspective de voir des élans encore pendant un certain temps. Enfin, lorsque nous eûmes laissé les explorateurs loin derrière nous, Joe posa sa pagaie, sortit sa corne de bouleau, une corne droite, longue d'environ quinze pouces et large de trois ou quatre à l'embouchure, nouée autour de bandes de la même écorce. ,—et, se levant, imita le cri de l'orignal,— *ugh-ugh-ugh* , ou *00-00-00-00* , puis un *00- 00000000 prolongé* , et écouta attentivement pendant plusieurs minutes. Nous lui avons demandé quel genre de bruit il s'attendait à entendre. Il a dit que si un orignal l'entendait, il devinait que nous devrions le découvrir ; nous devrions l'entendre arriver à un demi-mille de là ; il s'approchait de l'eau, peut-être dans l'eau, et mon compagnon devait attendre d'avoir une bonne vue, puis viser juste derrière l'épaule.

Les orignaux s'aventurent au bord de la rivière pour se nourrir et boire la nuit. Plus tôt dans la saison, les chasseurs n'utilisent pas de corne pour les appeler, mais les volent pendant qu'ils se nourrissent le long des rives du ruisseau, et souvent le premier avis qu'ils en ont est le bruit de l'eau tombant de son museau. . Un Indien que j'entendis imiter la voix de l'orignal, et aussi celle du caribou et du cerf, en utilisant une corne beaucoup plus longue que celle de Joe, me dit que la première pouvait être entendue à huit ou dix milles, parfois ; c'était une sorte de beuglement fort, plus clair et plus sonore que le mugissement du bétail, celui du caribou une sorte de reniflement, et celui du petit cerf celui d'un agneau.

Enfin, nous atteignîmes le Moosehorn , où les Indiens du port nous avaient dit qu'ils avaient tué un orignal la nuit précédente. C'est un ruisseau très sinueux, seulement d'une tige ou deux de largeur, mais relativement profond, arrivant par la droite, nommé à juste titre Moosehorn , soit à cause de ses détours, soit à cause de ses habitants. Elle était bordée çà et là par d'étroites prairies entre le ruisseau et la forêt sans fin, offrant des endroits propices aux élans pour se nourrir et les accueillir . Nous avons remonté un demi-mille comme à travers un canal étroit et sinueux, où les grands épicéas sombres, les sapins et les arborvitæ se dressaient des deux côtés au clair de lune, formant une lisière de forêt perpendiculaire d'une grande hauteur, comme les flèches d'un Venise dans la forêt. À deux endroits se trouvait sur la berge une petite botte de foin, prête à être utilisée par le bûcheron en hiver, et qui paraissait là assez étrange. Nous pensions au jour où cela pourrait être un ruisseau serpentant à travers des prairies rasées sur le terrain d'un gentleman ; et vu alors au clair de lune, à l'exception de la forêt qui l'entoure maintenant, comme il semblerait peu changé !

À maintes reprises , Joe appelait l'orignal, plaçant le canot à proximité d'un point de prairie favorable pour qu'ils puissent sortir, mais il écoutait en vain quelqu'un venir se précipiter à travers les bois, et concluait qu'ils avaient été trop chassés dans les environs. Nous avons vu à plusieurs reprises ce qui, selon notre imagination, ressemblait à un élan gigantesque, avec ses cornes dépassant de la lisière de la forêt ; mais nous n'avons vu que la forêt, et non ses habitants, cette nuit-là. Alors finalement nous nous sommes retournés. Il y avait maintenant un peu de brouillard sur l'eau, même si la nuit était belle et claire au-dessus. Il y avait très peu de bruits pour briser le calme de la forêt. Plusieurs fois, nous avons entendu le hululement d'un grand-duc d'Amérique, comme à la maison, et nous avons dit à Joe qu'il appellerait l'orignal pour lui, car il faisait un son qui ressemblait beaucoup à celui du cor ; mais Joe répondit que l'orignal avait entendu ce bruit mille fois et qu'il le savait mieux ; et plus souvent encore nous étions surpris par le plongeon d'une courge. Un jour, alors que Joe avait rappelé et que nous attendions un élan, nous avons entendu venir, en écho léger, ou rampant de loin à travers les allées couvertes de mousse, un son sourd, sec et précipité, avec un noyau solide, mais comme si à moitié étouffé sous l'emprise de la forêt luxuriante et semblable à des champignons, comme la fermeture d'une porte dans quelque entrée lointaine du désert humide et hirsute. Si nous n'avions pas été là, aucun mortel ne l'aurait entendu. Lorsque nous avons demandé à Joe à voix basse ce que c'était, il a répondu : « Chute d'un arbre ». Il y a quelque chose de singulièrement grand et impressionnant dans le bruit d'un arbre qui tombe dans une nuit parfaitement calme comme celle-ci, comme si les agences qui l'ont renversé n'avaient pas besoin d'être excitées, mais travaillaient avec une force subtile, délibérée et consciente, comme un boa-constricteur, et plus efficacement que même par temps venteux. S'il y a une telle différence, c'est peut-être parce que les arbres recouverts de rosée nocturne sont plus lourds que ceux de jour.

Arrivés au camp, vers dix heures, nous allumâmes notre feu et nous nous couchâmes. Chacun de nous avait une couverture dans laquelle il se couchait sur les brindilles de sapin, les extrémités tournées vers le feu, mais rien au-dessus de sa tête. Cela valait la peine de s'allonger dans un pays où l'on pouvait se permettre de si grands incendies ; c'était tout un côté, et le bon côté, de notre monde. Nous avions d'abord enroulé une grosse bûche d'environ dix-huit pouces de diamètre et dix pieds de long, pour constituer une réserve, pour durer toute la nuit, puis nous l'avions empilée sur les arbres jusqu'à une hauteur de trois ou quatre pieds, peu importe qu'ils soient verts ou humides. En fait, nous avons brûlé autant de bois cette nuit-là que, avec des économies et un poêle hermétique, une famille pauvre de l'une de nos villes pourrait en consommer tout l'hiver. C'était très agréable et indépendant, ainsi couché en plein air, et le feu gardait assez chaud nos extrémités découvertes. Les missionnaires jésuites disaient que, dans leurs voyages avec les Indiens au Canada, ils reposaient sur un lit qui n'avait jamais été ébranlé depuis la création, sauf par les tremblements de terre. Il est surprenant avec quelle impunité et quel confort celui qui a toujours couché dans un lit chaud dans un appartement proche et soigneusement évité les courants d'air, peut s'allonger par terre sans abri, se rouler dans une couverture et dormir devant un feu. , dans une nuit glaciale d'automne, juste après une longue tempête de pluie, et même venir bientôt profiter et apprécier l'air frais.

Je restai un moment éveillé, observant la montée des étincelles à travers les sapins, et parfois leur descente en cendres à moitié éteintes sur ma couverture. Ils étaient aussi intéressants que des feux d'artifice, s'élevant en foules infinies et successives, chacun après une explosion, dans une course avide et serpentine, certains jusqu'à cinq ou six tiges au-dessus de la cime des arbres avant de s'éteindre. Nous ne soupçonnons pas tout ce que nos cheminées ont caché ; et maintenant, des poêles hermétiques en sont venus à cacher tout le reste. Au cours de la nuit, je me levais une ou deux fois et mettais des bûches fraîches sur le feu, obligeant mes compagnons à retrousser leurs jambes.

Au réveil le matin (samedi 17 septembre), le gel était important et blanchissait les feuilles. Nous entendîmes le bruit de la mésange et de quelques oiseaux qui zozotaient faiblement, ainsi que celui des canards dans l'eau autour de l'île. J'ai fait un relevé botanique des stocks de nos domaines avant la disparition de la rosée, et j'ai découvert que la pruche terrestre, ou if d'Amérique, était le sous-arbrisseau dominant. Nous avons déjeuné avec du thé, du pain dur et des canards.

Avant que le brouillard ne se soit complètement dissipé , nous avons de nouveau descendu le ruisseau et avons bientôt dépassé l'embouchure du Moosehorn . Ces vingt milles du Penobscot, entre les lacs Moosehead et Chesuncook , sont relativement lisses et en grande partie d'eau morte ; mais de temps en temps, il est peu profond et rapide, avec des rochers ou des lits de gravier que l'on peut traverser à gué. Il n'y a aucune étendue d'eau, aucune interruption dans la forêt, et la prairie n'est qu'une simple lisière ici et là. Il n'y a pas de collines près de la rivière ni à portée de vue, à l'exception d'une ou deux montagnes éloignées visibles à quelques endroits. Les berges ont de six à dix pieds de hauteur, mais une ou deux fois s'élèvent doucement vers un terrain plus élevé. En de nombreux endroits, la forêt sur la rive n'était qu'une mince bande, laissant passer la lumière d'un marécage d'aulnes ou d'une prairie située derrière. Les buissons et les arbres à baies les plus remarquables le long du rivage étaient l'osier rouge, avec ses fruits blanchâtres, le buisson entravé, le sorbier, la canneberge, le cerisier de Virginie, maintenant mûrs, le cornouiller alterné et la viorne nue. Suivant l'exemple de Joe, je mangeai les fruits de ces derniers, ainsi que ceux du buisson-entrave, mais je les trouvai plutôt insipides et miteux. Je regardais très attentivement la végétation, pendant que nous glissions près du rivage, et je faisais souvent détourner Joe pour que je cueille une plante, afin que je puisse voir par comparaison ce qu'il y avait de primitif dans ma rivière natale. Le marrube, la menthe à cheval et la fougère sensible poussaient près de la lisière, sous les saules et les aulnes, et l'herbe à laine sur les îles, comme le long de la rivière Assabet à Concord. Il était trop tard pour les fleurs, sauf quelques asters, verges d'or, etc. En plusieurs endroits, nous remarquâmes la légère charpente d'un camp, tel que nous nous préparions à établir, au milieu de la forêt au bord de la rivière, où quelques bûcherons ou chasseurs avaient on passait une nuit, et parfois des marches taillées dans la berge boueuse ou argileuse qui se trouvait devant lui.

Nous nous arrêtâmes pour pêcher la truite à l'embouchure d'un petit ruisseau appelé Ragmuff , qui venait de l'ouest, à environ deux milles en aval du Moosehorn . Ici se trouvaient les ruines d'un ancien camp de bûcherons, et un petit espace, autrefois défriché et incendié, était maintenant densément envahi par les cerises rouges et les framboises. Pendant que nous essayions de pêcher la truite, Joe, à l'image d'un Indien, s'est promené sur le Ragmuff pour faire ses propres courses, et le moment où nous étions prêts à partir était bien incertain. Nous avons donc été obligés de faire un feu et de dîner ici, pour ne pas perdre de temps. Quelques oiseaux rougeâtres foncés, avec des femelles plus grises (peut-être des pinsons pourpres), et des oiseaux myrtes dans leur robe d'été, sautaient à moins de six ou huit pieds de nous et de notre fumée. Peut-être qu'ils sentaient le porc frit. Ce dernier oiseau, ou les deux, émit les zézaiements que j'avais entendus dans la forêt. Ils ont suggéré que les quelques petits oiseaux trouvés dans la nature sauvage entretiennent des relations plus familières avec le bûcheron et le chasseur que ceux du verger et de la clairière avec l'agriculteur. J'y ai retrouvé depuis le geai du Canada et les perdrix noires et communes, également apprivoisées, comme si elles n'avaient pas encore appris à se méfier entièrement de l'homme. La mésange, qui habite aussi bien les bois primitifs que nos boisés, conserve encore une confiance remarquable dans les villes.

Joe revint enfin, après une heure et demie, et dit qu'il avait parcouru deux milles en amont du ruisseau pour explorer et qu'il avait vu un élan, mais que, n'ayant pas le fusil, il ne l'avait pas attrapé. Nous n'avons déposé aucune plainte, mais avons décidé de veiller sur Joe la prochaine fois. Mais peut-être s'agissait-il d'une simple erreur, car nous n'avions aucune raison de nous plaindre de lui par la suite. Alors que nous continuions à descendre le ruisseau, j'ai été surpris de l'entendre siffler « O Susanna » et plusieurs autres airs similaires, tandis que sa pagaie nous poussait. Une fois, il a dit : « Oui, monsieur . » Son mot courant était « Sartain ». Il pagayait, comme d'habitude, d'un seul côté, donnant une impulsion au bouleau en utilisant le côté comme point d'appui. Je lui ai demandé comment les baleines étaient fixées aux barrières latérales. Il a répondu : « Je ne sais pas, je ne l'ai jamais remarqué. » En discutant avec lui de la nécessité de subsister entièrement de ce que rapportaient les bois , c'est-à- dire du gibier, du poisson, des baies, etc., je suggérai que c'était ce que faisaient ses ancêtres ; mais il répondit qu'il avait été élevé de telle manière qu'il ne pouvait pas le faire. « Oui, dit-il, c'est comme ça qu'ils gagnaient leur vie, comme des sauvages, sauvages comme des ours. Par Georges ! Je n'irai pas dans les bois sans provisions, pain dur, porc, etc. Il avait emporté un tonneau de pain dur et l'avait rangé à portée de main pour sa chasse. Cependant, bien qu'il soit le fils d'un gouverneur, il n'avait pas appris à lire.

À un endroit plus bas, du côté est, là où la berge était plus haute et plus sèche que d'habitude, s'élevant doucement du rivage jusqu'à une légère élévation, quelqu'un avait abattu les arbres sur vingt ou trente acres et les avait laissés sécher afin de les laisser sécher. brûler. C'était la seule préparation pour une maison entre Moosehead Carry et Chesuncook , mais il n'y avait encore ni cabane ni habitants. Le pionnier choisit ainsi un emplacement pour sa maison, qui sera peut-être le germe d'une ville.

Mes yeux étaient constamment fixés sur les arbres, distinguant les épicéas noirs et blancs des sapins. Vous pagayez dans un canal étroit à travers une forêt sans fin, et la vision que j'ai toujours dans mon esprit est celle des cimes petites, sombres et pointues de grands sapins et d'épicéas, et des arborescences en forme de pagode, bondées de monde . ensemble de chaque côté, avec divers bois durs mélangés. Quelques-unes des arborvites mesuraient au moins soixante pieds de haut. Les bois durs, parfois exclusivement présents, étaient à mes yeux moins sauvages. Je les imaginais comme des terrains ornementaux, avec des fermes à l'arrière. Le canot et le bouleau jaune, le hêtre, l'érable et l'orme sont saxons et normands, mais l'épinette, le sapin et les pins en général sont indiens. Les douces gravures qui ornent les annuelles ne donnent aucune idée d'un ruisseau dans un désert aussi sauvage que celui-ci. Les esquisses des Rapports de Jackson sur la géologie du Maine répondent bien mieux. À un endroit, nous avons vu un petit bosquet de pins blancs élancés, la seule collection de pins que j'ai vue au cours de ce voyage. Çà et là, cependant, il y en avait un adulte, grand et élancé, mais défectueux, ce que les bûcherons appellent un arbre *konchus* , qu'ils identifient avec leurs haches ou par les nœuds. Je n'ai pas appris si ce mot était indien ou anglais. Cela me rappelait le grec κ ό γχη , conque ou coquille, et je m'amusais à imaginer que cela pouvait signifier le bruit mort que produisent les arbres lorsqu'ils sont frappés. Tous les autres pins avaient été chassés.

Jusqu'où vont les hommes pour les matériaux de leur maison ! Les habitants des villes les plus civilisées, de tous âges, envoient dans les forêts lointaines et primitives, au-delà des limites de leur civilisation, où vivent les élans, les ours et les sauvages, chercher leurs planches de pin pour leur usage ordinaire. Et, d'un autre côté, le sauvage reçoit bientôt des villes des pointes de flèches en fer, des hachettes et des fusils pour exprimer sa sauvagerie.

à la forêt un aspect particulier, sombre et sombre . Les tables en épicéa ont un contour similaire mais plus irrégulier, leurs manches étant également simplement plumeux en dessous. Les sapins étaient un peu plus souvent des pyramides régulières et denses. J'ai été frappé par cette ascension universelle des conifères forestiers. La tendance est aux sommets élancés et spirés, tandis qu'ils sont plus étroits en dessous. Non seulement l'épicéa et le sapin, mais même les arborvitæ et le pin blanc, contrairement aux secondes pousses molles et étalées, dont je n'ai vu aucune, tous s'élèvent vers le haut, soulevant un fer de lance dense de cônes vers la lumière et l'air, à tout moment. taux, tandis que leurs branches traînent après comme elles peuvent ; alors que les Indiens soulèvent le ballon au-dessus de la tête de la foule dans leur jeu désespéré. En cela, ils ressemblent à des herbes, ainsi qu'à des palmiers. La pruche est généralement une pyramide en forme de tente allant du sol à son sommet.

Après avoir traversé quelques longues déchirures et passé près d'une grande île, nous atteignîmes une partie intéressante de la rivière appelée Pine Stream Deadwater , à environ six milles en aval de Ragmuff , où la rivière s'étendait jusqu'à trente mètres de largeur et contenait de nombreuses îles, avec des ormes et des bouleaux à canoë, maintenant jaunissants, le long du rivage, et nous avons eu notre première vue de Ktaadn .

Ici, vers deux heures, nous avons relevé une petite branche de trois ou quatre bâtons de largeur, qui vient par la droite du sud, appelée Pine Stream, pour chercher des signes d'orignaux. Nous n'avions fait que quelques cannes avant d'apercevoir des panneaux très récents au bord de l'eau, la boue soulevée par leurs pieds étant bien fraîche, et Joe déclara qu'ils y étaient allés peu de temps auparavant. Nous atteignîmes bientôt une petite prairie du côté est, à un angle du ruisseau, qui était en grande partie couverte d'aulnes. Alors que nous avancions au bord de ce ruisseau, un peu plus tranquillement que d'habitude, peut-être à cause de la fraîcheur des signes, — le dessein étant de camper en amont de ce ruisseau, s'il promettait du bien, — j'entendis un léger crépitement de brindilles. au fond des aulnes, et il y tourna l'attention de Joe ; sur quoi il commença à repousser rapidement le canot ; et nous avions ainsi reculé d'une demi-douzaine de verges, lorsque nous aperçûmes soudain deux élans debout juste au bord de la partie ouverte du pré que nous avions dépassé, à pas plus de six ou sept verges de distance, regardant vers nous autour des aulnes. Ils me faisaient penser à de grands lapins effrayés, avec leurs longues oreilles et leurs regards mi-inquisiteurs, mi-effrayés ; les vrais habitants de la forêt (je les vis immédiatement), comblant un vide que je découvris pour la première fois qui n'avait pas été comblé pour moi, *des hommes* -orignaux, *des mangeurs de bois* , ce mot veut dire, vêtus d'une sorte de Gris Vermont, ou filé à la maison. Notre Nimrod, en raison du mouvement rétrograde, était maintenant le plus éloigné du jeu ; mais étant averti de son voisinage, il se leva précipitamment et, pendant que nous nous baissions, tira au-dessus de nos têtes un canon en direction du premier, qu'il vit seul, bien qu'il ne sache pas de quel genre de créature il s'agissait ; sur quoi celui-ci se précipita à travers la prairie et remonta une haute rive au nord-est, si rapidement qu'il ne me laissa qu'une impression indistincte de ses contours. Au même instant, l'autre, jeune, mais aussi grand qu'un cheval, sauta dans le ruisseau, bien en vue, et resta là un moment recroquevillé, ou plutôt sa faiblesse disproportionnée derrière lui donnait cette apparence, et poussant deux ou trois cris clairvoyants. J'ai le souvenir indistinct d'avoir vu le vieux s'arrêter un instant au sommet du talus dans les bois, regarder vers ses petits frissonnants, puis s'enfuir à nouveau. Le deuxième tonneau était dirigé vers le veau, et alors que nous nous attendions à le voir tomber dans l'eau, après une petite hésitation, il sortit lui aussi de l'eau et se précipita vers le haut de la colline, quoique dans une direction quelque peu différente. Tout cela était l'œuvre de quelques secondes, et notre chasseur, n'ayant jamais vu d'orignal auparavant, ne savait pas si c'étaient des cerfs, car ils se trouvaient en partie dans l'eau, ni s'il avait tiré deux fois sur le même ou non. À la façon dont ils partaient et au fait qu'il n'était pas habitué à se lever et à tirer depuis une pirogue, j'ai jugé que nous ne devions plus en voir. L'Indien dit qu'il s'agissait d'une vache et de son veau, âgés d'un an ou peut-être de deux ans, car ils accompagnent leur mère si longtemps ; mais, pour ma part, je n'avais pas remarqué beaucoup de différence dans leur taille. Il n'y avait que deux ou trois verges à travers la prairie jusqu'au pied de la berge, qui, comme tout le monde à proximité, était densément boisée ; mais j'ai été surpris de remarquer que, dès que l'orignal avait passé derrière le voile des bois, on n'entendait aucun bruit de pas provenant de la mousse douce et humide qui tapisse cette forêt, et bien avant que nous débarquions, parfait le silence régnait. Joe a dit: "Si vous les blessez à l'orignal, je les attraperai certainement ."

Nous avons tous atterri en même temps. Mon compagnon a rechargé ; l'Indien attacha son bouleau, jeta son chapeau, ajusta sa ceinture, saisit la hachette et partit. Il m'a raconté ensuite, avec désinvolture, qu'avant notre atterrissage , il avait vu une goutte de sang sur la berge, alors qu'elle était à deux ou trois bâtonnets. Il remonta rapidement la berge et à travers les bois, d'un pas particulier, élastique, silencieux et furtif, regardant à droite et à gauche sur le sol, et marchant dans les faibles traces de l'orignal blessé, désignant de temps en temps en silence vers une seule goutte de sang sur les belles feuilles brillantes du *Clintonia borealis* qui, de toutes parts, couvraient le sol, ou sur une tige de fougère sèche fraîchement cassée, tout en mâchant quelque feuille ou bien la gomme d'épicéa. Je le suivis, observant ses mouvements plus que la trace de l'orignal. Après avoir suivi la piste d'une quarantaine de cannes dans un parcours assez direct, enjambant des arbres tombés et serpentant entre des arbres debout, il finit par la perdre, car il y avait là bien d'autres traces d'orignaux, et, revenant une fois de plus à la dernière tache de sang. , je l'ai suivi un peu et je l'ai perdu à nouveau, et, trop tôt, j'ai pensé que, pour un bon chasseur, je l'avais complètement abandonné. Il traça aussi à quelques pas les traces du veau ; mais, ne voyant pas de sang, il abandonna bientôt les recherches.

J'ai observé, pendant qu'il traquait l'orignal, une certaine réticence ou modération chez lui. Il n'a pas communiqué plusieurs observations intéressantes qu'il avait faites, comme l'aurait fait un homme blanc, même si elles ont pu être divulguées par la suite. Une autre fois, lorsque nous entendîmes un léger crépitement de brindilles et qu'il atterrit pour faire une reconnaissance , il marcha d'un pas léger et gracieux, se faufilant à travers les buissons avec le moins de bruit possible, comme aucun homme blanc ne le fait, - pour ainsi dire, trouvant une place pour son pied à chaque fois.

Environ une demi-heure après avoir vu l'orignal, nous avons continué notre voyage en remontant Pine Stream, et bientôt, arrivant à une partie très peu profonde et également rapide, nous avons sorti les bagages et avons commencé à les transporter, tandis que Joe se levait avec le canoë seul. Nous venions de terminer notre portage et j'étais absorbé par les plantes, admirant les feuilles de l' *Aster macrophyllus*, larges de dix pouces, et cueillant les graines du grand orchis à feuilles rondes, lorsque Joe s'écria du ruisseau qu'il avait tué un élan. . Il avait trouvé l'orignal femelle couché mort, mais bien chaud, au milieu du ruisseau, si peu profond qu'il reposait sur le fond, avec à peine un tiers de son corps hors de l'eau. C'était environ une heure après le tir et il était gonflé d'eau. Il avait parcouru une centaine de tiges et avait de nouveau cherché le ruisseau, coupant un léger coude. Nul doute qu'un meilleur chasseur l'aurait immédiatement suivi jusqu'à cet endroit. J'ai été surpris par sa grande taille, semblable à celle d'un cheval, mais Joe a dit que ce n'était pas une grosse femelle orignal. Mon compagnon est reparti à la recherche du veau. Je saisis les oreilles de l'orignal, tandis que Joe poussait son canot vers l'aval vers un rivage favorable, et ainsi nous distinguâmes, bien qu'avec quelque difficulté, son long nez s'enfonçant fréquemment dans le fond, pour le traîner dans des eaux encore moins profondes. . C'était un noir brunâtre, ou peut-être un gris fer foncé, sur le dos et les côtés, mais plus clair en dessous et devant. Je pris la corde qui servait au peintre du canot et, avec l'aide de Joe, la mesurai soigneusement, les plus grandes distances d'abord, en faisant un nœud à chaque fois. Le peintre étant recherché, je réduisis cette nuit-là ces mesures avec un égal soin aux longueurs et aux fractions de mon parapluie, en commençant par les plus petites mesures, et en dénouant les nœuds au fur et à mesure ; et quand nous sommes arrivés à Chesuncook le lendemain, y trouvant une règle de deux pieds, j'ai réduit cette dernière à des pieds et des pouces ; et, de plus, je me fabriquai une règle de deux pieds faite d'une fine et étroite bande de frêne noir, qui se repliait commodément jusqu'à six pouces. J'ai pris tout cela parce que je ne voulais pas être obligé de dire simplement que l'orignal était très gros. Parmi les différentes dimensions que j'ai obtenues, je n'en citerai que deux. La distance entre le bout des sabots des pieds antérieurs, étendus, jusqu'au sommet du dos, entre les épaules, était de sept pieds et cinq pouces. J'ai peine à croire ma propre mesure, car elle est environ deux pieds plus grande que la hauteur d'un grand cheval. (En effet, je suis maintenant convaincu que cette mesure était incorrecte, mais je peux garantir que les autres mesures données ici sont exactes, les ayant prouvées lors d'une visite plus récente dans ces bois.) La longueur extrême était de huit pieds et deux pouces. Une autre femelle orignal, que j'ai depuis mesurée dans ces bois avec un ruban adhésif, mesurait seulement six pieds de la pointe du sabot jusqu'aux épaules, et huit pieds de long lorsqu'elle gisait.

Quand ensuite j'ai demandé à un Indien au portage combien le mâle était plus grand, il a répondu : « dix-huit pouces », et m'a fait observer la hauteur d'un piquet croisé au-dessus du feu, à plus de quatre pieds du sol, pour me donner une idée de la profondeur de sa poitrine. Un autre Indien, à Oldtown, m'a dit qu'ils mesuraient neuf pieds de haut jusqu'au sommet du dos, et que celui qu'il avait essayé pesait huit cents livres. La longueur des projections vertébrales entre les épaules est très grande. Un chasseur blanc, qui était la meilleure autorité que je puisse avoir parmi les chasseurs, m'a dit que le mâle ne mesurait pas dix-huit pouces de plus que la femelle ; pourtant il convenait qu'il mesurait parfois neuf pieds de haut jusqu'au sommet du dos et pesait mille livres. Seul le mâle a des cornes, et elles s'élèvent à deux pieds ou plus au-dessus des épaules, — s'étendant sur trois ou quatre, et parfois six pieds, — ce qui le ferait au total, parfois, onze pieds de haut ! Selon ce calcul, l'orignal est aussi grand, bien qu'il ne soit peut-être pas aussi grand, que le grand wapiti irlandais, *Megaceros* . *Hibernicus* , d'une époque antérieure, dont Mantell dit qu'il "dépassait de très loin en grandeur toute espèce vivante, le squelette" mesurant "plus de dix pieds de haut depuis le sol jusqu'au point le plus élevé des bois". Joe a dit que, bien que l'orignal perde toute sa corne chaque année, chaque nouvelle corne a une pointe supplémentaire ; mais j'ai remarqué qu'ils ont parfois plus de dents d'un côté que de l'autre. J'ai été frappé par la délicatesse et la tendresse des sabots, qui se divisent très haut, et dont une moitié pouvait être pressée très derrière l'autre, ce qui donnait probablement à l'animal un pied plus sûr sur le sol inégal et les bûches glissantes couvertes de mousse. la forêt primitive. Ils étaient très différents des pieds raides et battus de nos chevaux et de nos bœufs. La partie nue et cornée du pied avant ne mesurait que six pouces de long, et les deux parties pouvaient être séparées de quatre pouces aux extrémités.

L'orignal est singulièrement grotesque et gênant à regarder. Pourquoi devrait-il être si haut au niveau des épaules ? Pourquoi avoir une tête si longue ? Pourquoi n'avoir pas de queue à proprement parler ? car lors de mon examen, je l'ai complètement négligé. Les naturalistes disent qu'il mesure un pouce et demi de long. Cela m'a tout de suite rappelé le camelopard, haut devant et bas derrière, et ce n'est pas étonnant, car, comme lui, il est apte à brouter les arbres. La lèvre supérieure dépassait de deux pouces la lèvre inférieure à cet effet. C'était le genre d'homme qui était chez lui là-bas ; car, autant que je sache, cela n'a jamais été la résidence, mais plutôt le terrain de chasse de l'Indien. L'orignal disparaîtra peut-être un jour ; mais comment naturellement alors, quand il n'existe que comme une relique fossile et aussi invisible que cela, le poète ou le sculpteur peut-il inventer un animal fabuleux avec des cornes ramifiées et feuillues similaires, une sorte de fucus ou de lichen en os, pour en être l'habitant. d'une telle forêt!

Ici, juste à la tête des rapides murmurants, Joe commençait maintenant à écorcher l'orignal avec un canif, sous mes yeux ; et c'était une affaire tragique , — de voir ce corps encore chaud et palpitant percé d'un couteau, de voir le lait chaud couler du pis déchiré, et l'horrible carcasse rouge nue surgir de sa robe convenable, qui était faite pour cacher. il. Le ballon avait traversé l'omoplate en diagonale et s'était logé sous la peau du côté opposé et était partiellement aplati. Mon compagnon le garde pour le montrer à ses petits-enfants. Il possède les jarrets d'un autre élan qu'il a depuis abattu, écorché et empaillé, prêt à être transformé en bottes en y posant une épaisse semelle de cuir. Joe a dit que si un élan se tenait devant vous, vous ne devez pas tirer, mais avancer vers lui, car il se retournera lentement et vous donnera un bon coup. Dans le lit de ce ruisseau étroit, sauvage et rocheux, entre deux hautes murailles d'épicéas et de sapins, simple fente dans la forêt qu'avait creusée le ruisseau, ce travail se poursuivait. Finalement, Joe avait ôté la peau et l'avait traînée jusqu'au rivage, déclarant qu'elle pesait cent livres, même si cinquante auraient probablement été plus proches de la vérité. Il coupa une grande quantité de viande pour l'emporter, et une autre, avec la langue et le nez, il la plaça avec la peau sur le rivage pour y rester toute la nuit ou jusqu'à notre retour. Je fus surpris qu'il songeait à laisser cette viande ainsi exposée à côté de la carcasse, comme le moyen le plus simple, sans craindre qu'aucune créature n'y touche ; mais rien n'y fit. Cela aurait difficilement pu se produire sur la rive d'une de nos rivières dans la partie orientale du Massachusetts ; mais je soupçonne qu'il y a moins de petits animaux sauvages qui rôdent là-bas que chez nous. A deux reprises cependant, au cours de cette excursion, j'ai aperçu une espèce de grosse souris.

Ce ruisseau était si retiré et les traces d'orignaux si fraîches, que mes compagnons, toujours occupés à chasser, décidèrent de monter plus haut et de camper, puis de chasser vers le haut ou vers le bas la nuit. À un demi-mille au-dessus, à un endroit où j'ai vu l' *Aster puniceus* et le noisetier à bec, tandis que nous pagayions, Joe, entendant un léger bruissement au milieu des aulnes et voyant quelque chose de noir à environ deux tiges, se leva d'un bond et murmura : « Ours!" mais avant que le chasseur ait tiré son coup, il se corrigea en disant : « Castor ! — « Hérisson ! » La balle a tué un gros hérisson de plus de deux pieds et huit pouces de long. Les piquants étaient rayonnés et aplatis sur la partie postérieure de son dos, comme s'il reposait sur cette partie, mais étaient dressés et longs entre celle-ci et la queue. Leurs pointes, examinées de près, paraissaient finement barbus ou barbelés, et en forme de poinçon, c'est-à-dire un peu concaves, pour donner l'effet des barbes. Après environ un mille d'eau calme, nous préparâmes notre camp du côté droit, juste au pied d'une chute considérable. Peu de coupes ont été faites cette nuit-là, de peur d'effrayer l'orignal. Nous avons fait frire de la viande d'orignal pour le souper. Il avait le goût de bœuf tendre, avec peut-être plus de saveur, parfois de veau.

Après le souper, la lune s'étant levée, nous avons commencé à chasser un mile en amont de ce ruisseau, en « transportant » d'abord les chutes. Nous avons fait un spectacle pittoresque, longeant en file indienne le long du rivage, escaladant les rochers et les rondins, Joe, qui fermait la marche, faisant tournoyer son canot dans ses mains comme s'il s'agissait d'une plume, dans des endroits où il était difficile de se passer de un fardeau. Nous relançâmes le canot depuis le rebord sur lequel le ruisseau tombait, mais après un demi-mille d'eau calme, propice à la chasse, il redevint rapide, et nous fûmes obligés de longer le rivage, pendant que Joe essayait de se relever. seul dans le bouleau, même s'il lui était encore très difficile de se frayer un chemin au milieu des rochers pendant la nuit. Sur le rivage, nous trouvâmes le pire de la marche, un chaos parfait d'arbres tombés et transportés à la dérive, et de buissons s'avançant loin au-dessus de l'eau, et de temps en temps nous traversâmes l'embouchure d'un petit affluent sur une sorte de réseau d'aulnes. . Nous avons donc continué à dégringoler dans le noir, étant du côté de l'ombre, effrayant efficacement tous les élans et ours qui pouvaient se trouver à proximité. Enfin nous arrivâmes à un arrêt, et Joe partit en reconnaissance ; mais il rapporta que c'était toujours un rapide continu tout au long de son parcours, soit un demi-mille, sans perspective d'amélioration, comme s'il descendait d'une montagne. Nous avons donc fait demi-tour et sommes retournés au camp à travers les eaux calmes. C'était une magnifique nuit au clair de lune, et moi, m'endormant à mesure qu'il se faisait tard, car je n'avais rien à faire, j'avais du mal à réaliser où j'étais. Ce cours d'eau était beaucoup moins fréquenté que le principal, les opérations forestières ne se faisant plus dans ce quartier. Il n'avait que trois ou quatre tiges de large, mais les sapins et les épicéas à travers lesquels il coulait semblaient encore plus hauts par contraste. Etant dans cet état de rêve, que le clair de lune rehaussait, je ne distinguais pas clairement le rivage, mais il me semblait, la plupart du temps, flotter à travers des terrains ornementaux, car j'associais les cimes des sapins à de telles scènes ; très haut. certains Broadway, et sous ou entre leurs sommets, je crus voir une succession infinie de portiques et de colonnes, de corniches et de façades, de vérandas et d'églises. Ce n'était pas seulement mon imagination, mais dans mon état de somnolence, telle était l'illusion. Je me suis endormi plusieurs fois, rêvant encore de cette architecture et de la noblesse qui habitait derrière et qui pourrait en sortir : mais tout à coup j'étais réveillé et ramené à une idée de ma position actuelle par le bruit du bouleau de Joe . klaxonnant au milieu de tout ce silence appelant l'orignal, *pouah* , *pouah* , *oo-oo-oo-oo-oo-oo* , et je me préparais à entendre un élan furieux venir se précipiter et s'écraser à travers la forêt, et le voir éclater sur jusqu'à la petite bande de prairie à nos côtés.

Mais, à plus d'un titre, j'en avais assez de la chasse à l'orignal. Je n'étais pas venu dans les bois dans ce but, et je ne l'avais pas prévu, bien que j'eusse voulu apprendre comment manœuvraient les Indiens ; mais un orignal tué était aussi bon, sinon aussi mauvais, qu'une douzaine. La tragédie de l'après-midi et ma participation, dans la mesure où elle affectait l'innocence, détruisirent le plaisir de mon aventure. C'est vrai, j'ai failli devenir chasseur et ne pas y parvenir moi-même ; et dans l'état actuel des choses, je crois que je pourrais passer une année dans les bois, à pêcher et à chasser juste assez pour subvenir à mes besoins, avec satisfaction. Ce serait à côté de vivre en philosophe sur les fruits de la terre que tu as récoltés, ce qui m'attire aussi. Mais cette chasse à l'orignal uniquement pour la satisfaction de le tuer, — pas même pour sa peau, — sans faire aucun effort extraordinaire ni courir aucun risque soi-même, ressemble trop à une sortie de nuit dans quelque pâturage au bord d'un bois. et tirer sur les chevaux de votre voisin. Ce sont les chevaux de Dieu, de pauvres créatures timides, qui courent assez vite dès qu'ils vous sentent, bien qu'ils mesurent neuf pieds de haut. Joe nous a parlé de chasseurs qui, un an ou deux auparavant, avaient abattu plusieurs bœufs la nuit, quelque part dans les bois du Maine, les prenant pour des élans. Et n'importe lequel des chasseurs pourrait le faire aussi ; et quelle est la différence dans le sport, sinon le nom ? Dans le premier cas, après avoir tué l'un des bœufs de Dieu et *le vôtre*, vous lui enlevez la peau, parce que c'est le trophée commun, et de plus vous avez entendu dire qu'il peut être vendu comme mocassins, vous coupez un steak de son hanches, et laisse l'énorme carcasse sentir le ciel pour toi. Ce n'est pas mieux, au moins, que d'assister à un abattoir.

L'expérience de cet après-midi m'a fait comprendre à quel point les motivations qui poussent généralement les hommes dans le désert sont basses ou grossières. Les explorateurs et les bûcherons sont généralement tous des mercenaires, payés une somme par jour pour leur travail, et en tant que tels, ils n'aiment pas plus la nature sauvage que les scieurs de bois n'en ont pour les forêts. Les autres hommes blancs et les Indiens qui viennent ici sont pour la plupart des chasseurs dont le but est de tuer le plus grand nombre possible d'orignaux et d'autres animaux sauvages. Mais, je vous prie, ne pourrait-on pas passer quelques semaines ou quelques années dans la solitude de ce vaste désert avec d'autres occupations que celles-ci, des occupations parfaitement douces, innocentes et ennoblissantes ? Celui qui vient avec un crayon pour dessiner ou chanter, mille viennent avec une hache ou un fusil. Quel usage grossier et imparfait de la nature chez les Indiens et les chasseurs ! Il n'est pas étonnant que leur race soit si vite exterminée. Déjà, et pendant des semaines après, je sentais ma nature plus grossière pour cette partie de mon expérience forestière, et je me rappelais que notre vie devait être vécue avec autant de tendresse et de délicatesse que l'on cueille une fleur.

C'est avec ces pensées que, lorsque nous atteignîmes notre terrain de camping, je décidai de laisser mes compagnons continuer la chasse à l'orignal le long du ruisseau, pendant que je préparais le camp, bien qu'ils me demandèrent de ne pas trop hacher ni de faire un grand feu, de peur de me voir . devrait effrayer leur jeu. Au milieu du bois de sapin humide, au sommet de la berge moussue, vers neuf heures de cette nuit au clair de lune, j'allumai un feu, quand ils furent partis, et, assis sur les brindilles de sapin, au bruit des chutes, j'ai examiné à sa lumière les spécimens botaniques que j'avais rassemblés cet après-midi-là, et j'ai noté quelques-unes des réflexions que j'ai développées ici ; ou bien je marchais le long du rivage et regardais le ruisseau, où tout l'espace au-dessus des chutes était rempli d'une lumière douce. Alors que j'étais assis devant le feu sur mon siège en brindilles de sapin, sans murs au-dessus ou autour de moi, je me suis rappelé jusqu'où s'étendait ce désert, avant que vous arriviez aux champs défrichés ou cultivés, et je me demandais si un ours ou un élan observait le lumière de mon feu; car la nature me regardait sévèrement à cause du meurtre de l'élan.

Il est étrange que si peu de gens viennent dans les bois pour voir comment le pin vit, grandit et se dresse, levant ses bras toujours verts vers la lumière, pour voir son parfait succès ; mais la plupart se contentent de le voir sous la forme de nombreuses planches larges mises sur le marché et considèrent *que* c'est son véritable succès ! Mais le pin n'est pas plus du bois de construction que l'homme, et être transformé en planches et en maisons n'est pas plus sa véritable et plus haute utilisation que la véritable utilisation d'un homme n'est d'être coupé et transformé en fumier. Il existe une loi supérieure qui affecte notre relation aux pins ainsi qu'aux hommes. Un pin abattu, un pin mort, n'est pas plus un pin qu'une carcasse humaine morte n'est un homme. Celui qui n'a découvert que quelques-unes des valeurs des os et de l'huile de baleine peut-il dire qu'il a découvert la véritable utilité de la baleine ? Peut-on dire que celui qui tue l'éléphant pour son ivoire a « vu l'éléphant » ? Ce sont des usages mesquins et accidentels ; comme si une race plus forte nous tuait pour faire de nos os des boutons et des flageolets ; car tout peut servir à un usage inférieur comme à un usage supérieur. Chaque créature vaut mieux être vivante que morte, les hommes, les élans et les pins, et celui qui la comprend bien préférera préserver sa vie plutôt que de la détruire.

Pin, Montagne du Sanglier

Est-ce donc le bûcheron qui est l'ami et l'amant du pin, qui en est le plus proche et qui comprend le mieux sa nature ? Est-ce le tanneur qui l'a écorcé, ou celui qui l'a mis en caisse pour la térébenthine, dont la postérité racontera qu'il a été enfin changé en pin ? Non! Non! c'est le poète ; C'est lui qui fait le meilleur usage du pin, qui ne le caresse pas avec une hache, ni ne le chatouille avec une scie, ni ne le frappe avec un rabot, qui sait si son cœur est faux sans le couper, qui n'a pas a acheté le bois sur pied du canton sur lequel il se trouve. Tous les pins frémissent et poussent un soupir quand cet homme marche sur le sol de la forêt. Non, c'est le poète qui les aime comme sa propre ombre dans l'air et les laisse subsister. J'ai été dans le parc à bois, dans l'atelier de menuiserie, dans la tannerie, dans l'usine de noir de fumée et dans la clairière de térébenthine ; mais quand enfin je vis les cimes des pins onduler et réfléchir la lumière à une distance élevée sur tout le reste de la forêt, je réalisai que les premiers n'étaient pas l'usage le plus élevé du pin. Ce ne sont pas leurs os, ni leur peau, ni leur suif que j'aime le plus. C'est l'esprit vivant de l'arbre, et non son esprit de térébenthine, avec lequel je sympathise et qui guérit mes coupures. Il est aussi immortel que moi, et peut-être ira-t-il vers un ciel aussi haut pour y demeurer au-dessus de moi.

Bientôt, les chasseurs revinrent, n'ayant pas vu d'orignal, mais, à la suite de mes suggestions, rapportant un quart de l'orignal mort, ce qui, avec nous, faisait une sacrée charge pour le canot.

Après avoir déjeuné de viande d'orignal, nous sommes retournés sur Pine Stream en direction du lac Chesuncook , distant d'environ cinq milles. Nous pouvions voir la carcasse rouge de l'orignal gisant dans Pine Stream à près d'un demi-mile de nous. Juste au-dessous de l'embouchure de ce ruisseau se trouvaient les rapides les plus considérables entre les deux lacs, appelés Pine Stream Falls, où se trouvaient de gros rochers plats lavés et lisses, et à cette époque, vous pouviez facilement traverser à gué au-dessus d'eux. Joe a couru seul pendant que nous traversions le portage, mon compagnon ramassant de la gomme d'épinette pour ses amis à la maison et moi à la recherche de fleurs. Près du lac, dont nous approchions avec autant d'attente que s'il eût été une université, car il n'est pas fréquent que le cours de notre vie s'ouvre sur de telles expansions, il y avait des îles et une rive basse et herbeuse avec des arbres épars. , des bouleaux blancs et jaunes, inclinés au-dessus de l'eau, et des érables, — plusieurs bouleaux blancs ont été tués, apparemment par les inondations. Il y avait beaucoup d'herbe indigène ; et même quelques bovins, dont nous entendions les mouvements, sans les voir, les prenant d'abord pour des élans, y paissaient.

En entrant dans le lac, là où le ruisseau coule vers le sud-est, et depuis quelque temps auparavant, nous avions une vue sur les montagnes autour de Ktaadn (*Katahdinauquoh* , dit-on, on dit qu'elles s'appellent), comme un groupe de champignons bleus de croissance rangée, apparemment vingt-cinq ou distants de trente milles, en direction sud-est, leurs sommets cachés par les nuages. Joe a appelé certaines d'entre elles les montagnes Sowadnehunk . C'est le nom d'un ruisseau qui, selon un autre Indien, signifiait « courir entre les montagnes ». Bien que certains sommets inférieurs aient été découverts par la suite, nous n'avons pas eu une vue plus complète de Ktaadn lorsque nous étions dans les bois. La clairière où nous nous dirigions était à droite de l'embouchure de la rivière, et on y arrivait en contournant un point bas, où l'eau était peu profonde à une grande distance du rivage. Le lac Chesuncook s'étend au nord-ouest et au sud-est et s'appelle dix-huit milles de long et trois de large , sans île. Nous en étions entrés dans le coin nord-ouest et, une fois près du rivage, nous ne pouvions en voir qu'une partie. Les principales montagnes visibles de la terre ici étaient celles déjà mentionnées, entre le sud-est et l'est, et quelques sommets un peu à l'ouest du nord, mais en général l'horizon nord et nord-ouest autour de Saint-Jean et de la frontière britannique était relativement plat.

Ansell Smith, la plus ancienne et principale clairière autour de ce lac, paraissait être un véritable port pour les bateaux et les canots ; sept ou huit des premiers gisaient par terre, et il y avait un petit chaland pour le foin et un cabestan sur une plate-forme, maintenant haute et sèche, prête à flotter et à ancrer pour remorquer des radeaux. C'était un port très primitif, où des bateaux étaient stationnés au milieu des souches, un port semblable, me semble-t-il, à celui où l'Argo aurait pu être lancé. Il y avait cinq autres cabanes avec de petites clairières sur la rive opposée du lac, le tout à cette extrémité et visible de ce point. L'un des Smith m'a dit qu'il était jusqu'ici clair qu'ils étaient venus vivre ici et qu'ils avaient construit la maison actuelle quatre ans auparavant, bien que la famille n'était ici que depuis quelques mois.

J'étais intéressé de voir comment vivait un pionnier de ce côté du pays. Sa vie est à certains égards plus aventureuse que celle de son frère en Occident ; car il lutte contre l'hiver aussi bien que contre le désert, et il y a au moins un plus grand intervalle de temps entre lui et l'armée qui doit le suivre. Ici, l'immigration est une marée qui peut refluer lorsqu'elle a emporté les pins ; là, ce n'est pas une marée, mais une inondation, et les routes et autres aménagements se précipitent régulièrement après.

Alors que nous approchions de la maison en rondins, à une douzaine de tiges du lac et considérablement élevée au-dessus, les extrémités saillantes des rondins se chevauchant irrégulièrement sur plusieurs pieds aux coins lui donnaient un aspect très riche et pittoresque, très éloigné de la méchanceté. de planches météo. C'était un bâtiment très spacieux et bas, long d'environ quatre-vingts pieds, avec de nombreux grands appartements. Les murs étaient bien argileux entre les rondins, qui étaient gros et ronds, sauf sur les côtés supérieurs et inférieurs, et aussi visibles à l'intérieur qu'à l'extérieur, les joues bombées successives s'amenuisant progressivement vers le haut et s'accordant les unes aux autres avec la hache, comme des pipes pandéennes. Il est probable que les dieux musicaux de la forêt ne les avaient pas encore mis de côté ; ils ne le font jamais jusqu'à ce qu'ils soient fendus ou que l'écorce ait disparu. C'était un style d'architecture non décrit par Vitruve, je suppose, bien qu'il soit peut-être évoqué dans la biographie d'Orphée ; aucune de vos colonnes à volants ou cannelées, qui ont coupé une si fausse houle, et ne supportent rien d'autre qu'un pignon et leurs prétentions de constructeur, c'est-à-dire avec la multitude ; et quant à « ornementation », un de ces mots à queue morte dont les architectes se servent très justement pour décrire leurs fioritures, il y avait les lichens, les mousses et les franges d'écorce, dont personne ne s'inquiétait. Nous laissons certainement dans les bois les plus belles peintures et les plus belles planches à clin, lorsque nous enlevons l'écorce et nous empoisonnons à la céruse dans les villes. Nous n'obtenons que la moitié du butin de la forêt. Pour la beauté, donnez-moi des arbres avec de la fourrure. Cette maison a été conçue et construite avec la liberté de coup de hache d'un forestier, sans autre compas ni équerre que ceux utilisés par la Nature. Partout où les bûches étaient coupées par une fenêtre ou une porte, c'est-à-dire n'étaient pas maintenues en place par chevauchement alterné, elles étaient retenues les unes sur les autres par de très grosses épingles enfoncées en diagonale de chaque côté, là où les branches auraient pu se trouver, puis coupés si près de haut en bas pour ne pas dépasser du renflement de la bûche, comme si les bûches se serraient dans leurs bras. Ces bûches étaient à la fois des poteaux, des montants, des planches, des planches à clin, des lattes, du plâtre et des clous. Là où le citoyen utilise un simple éclat ou une planche, le pionnier utilise tout le tronc d'un arbre. La maison avait de grandes cheminées en pierre et un toit en écorce d'épicéa. Les fenêtres ont été importées, sauf les châssis. Une extrémité était un camp de bûcherons régulier, pour les pensionnaires, avec le plancher en sapin et les bancs en rondins habituels. Ainsi, cette maison n'était qu'un léger écart par rapport à l'arbre creux, que l'ours habite encore, car c'est un creux fait d'arbres entassés, avec une couche d'écorce comme son original.

La cave était un bâtiment séparé, comme une glacière, et elle faisait office de réfrigérateur en cette saison, notre viande d'orignal y étant conservée. C'était un trou à pommes de terre avec un toit permanent. Chaque structure et institution ici était si primitive qu'on pouvait immédiatement les renvoyer à sa source ; mais nos bâtiments ne suggèrent généralement ni leur origine ni leur destination. Il y avait une grande grange, que les fermiers appelleraient belle, dont une partie des planches avait été sciée à la scie à fouet ; et la fosse à scie, avec son grand tas de poussière, restait devant la maison. Les longs bardeaux fendus sur une partie de la grange ont été posés en fonction des intempéries, suggérant le genre de temps qu'ils ont là-bas. On disait que la grange de Grant au lac Caribou était encore plus grande, le plus grand nid de bœufs des bois, mesurant cinquante pieds sur cent. Pensez à une grange monstrueuse dans cette forêt primitive soulevant son dos gris au-dessus de la cime des arbres ! L'homme fait un nid semblable à celui des écureuils et de beaucoup d'autres créatures sauvages pour ses animaux domestiques, avec de l'herbe desséchée et du fourrage.

Il y avait aussi une forge, où l'on faisait manifestement beaucoup de travail. Les bœufs et les chevaux utilisés dans les opérations forestières étaient ferrés, et toute la ferronnerie des traîneaux, etc., était réparée ou fabriquée ici. Je les ai vus charger un batteau au Moosehead Carry, le mardi suivant, avec environ treize quintaux de barres de fer pour cet atelier. Cela m'a rappelé à quel point le métier de Vulcain était primitif et honorable. Je n'ai pas entendu dire qu'il y ait eu un charpentier ou un tailleur parmi les dieux. Le forgeron semble avoir précédé ces mécaniciens et tous les autres mécaniciens à Chesuncook ainsi que sur l'Olympe, et sa famille est la plus dispersée, qu'il soit baptisé John ou Ansell.

Smith possédait deux milles en aval du lac sur un demi-mile de largeur. Il y avait environ cent acres défrichés ici. Il a coupé cette année soixante-dix tonnes de foin anglais sur ce terrain, et vingt autres dans une autre clairière, et il utilise tout lui-même pour les opérations d'exploitation forestière. La grange était remplie de foin pressé et d'une machine pour le presser. Il y avait un grand jardin plein de racines, navets, betteraves, carottes, pommes de terre, etc., toutes de grande taille. Ils disaient qu'ils valaient autant ici qu'à New York. J'ai suggéré quelques groseilles pour la sauce, d'autant plus qu'elles n'étaient pas plantées de pommiers, et j'ai montré avec quelle facilité on pouvait les obtenir.

longue de trois pieds et demi (car ma nouvelle règle en frêne noir était constamment utilisée), et un grand chien hirsute dont le nez, disait le rapport, était plein de piquants de porc-épic. Je peux témoigner qu'il avait l'air très sobre. C'est la fortune habituelle des chiens pionniers, car ils doivent faire face à l'essentiel de la bataille pour leur race et jouer le rôle d'Arnold Winkelried sans le vouloir. S'il invitait l'un de ses amis de la ville par ici, lui suggérant de la viande d'orignal et une liberté illimitée, ce dernier pourrait pertinemment demander : « Qu'est-ce que ça te colle au nez ? Lorsqu'une ou deux générations ont épuisé toutes les fléchettes des ennemis, leurs successeurs mènent une vie relativement facile. Nous devons à nos pères des bénédictions analogues. De nombreuses personnes âgées perçoivent une pension sans autre raison, me semble-t-il, mais en guise de compensation pour avoir vécu longtemps. Sans doute nos chiens de ville parlent encore, en reniflant, de l'époque où ils essayaient le nez des chiens. Comment ont-ils pu amener un chat là-haut, je ne le sais pas, car ils sont aussi timides que ma tante lorsqu'il s'agit de monter dans un canot. Je me suis demandé si elle n'avait pas grimpé dans un arbre en chemin ; mais peut-être était-elle déconcertée par la multitude d'opportunités.

Vingt ou trente bûcherons , Yankees et Canadiens, allaient et venaient, — Aleck parmi les autres, — et de temps en temps un Indien touchait ici. En hiver, on y loge parfois une centaine d'hommes à la fois. La nouvelle la plus intéressante qui circulait parmi eux semblait être que quatre chevaux appartenant à Smith, valant sept cents dollars, étaient passés plus loin dans les bois une semaine auparavant.

Le pin blanc se trouvait au fond ou à l'extrémité de tout cela. C'est une guerre contre les pins, la seule véritable guerre d'Aroostook ou de Penobscot. Je ne doute pas qu'ils aient vécu à peu près le même genre de vie à l'époque homérique, car les hommes ont toujours pensé plus à manger qu'à se battre ; alors, comme aujourd'hui, leurs pensées étaient principalement tournées vers « le pain chaud et les gâteaux sucrés » ; et le commerce de la fourrure et du bois est une vieille histoire en Asie et en Europe. Je doute que les hommes aient jamais fait le métier de l'héroïsme. Même au temps d'Achille, on se plaisait dans les grandes granges, et peut-être dans le foin pressé, et celui qui possédait l'attelage le plus précieux était le meilleur.

Nous avions projeté de remonter le soir le Caucomgomoc , dont l'embouchure était distante d'un ou deux milles, jusqu'au lac du même nom, situé à environ dix milles de là ; mais quelques Indiens de la connaissance de Joe, qui fabriquaient des canots sur le Caucomgomoc , arrivèrent de ce côté-là, et rendirent un si mauvais récit de la chasse à l'orignal, tant de gens y avaient été tués dernièrement, que mes compagnons décidèrent de ne pas y aller. Joe a passé ce dimanche et cette nuit avec ses connaissances. Les bûcherons m'ont dit qu'il y avait beaucoup d'orignaux par ici, mais pas de caribou ni de cerf. Un homme de Oldtown avait tué dix ou douze élans en un an, si près de la maison qu'ils entendaient tous ses coups de feu. Son nom était peut-être Hercule, pour autant que je sache, même si j'aurais plutôt dû m'attendre à entendre le cliquetis de sa massue ; mais, sans aucun doute, il suit le rythme des progrès de l'époque et utilise désormais un fusil Sharp ; il fait probablement fabriquer et réparer toutes ses armures dans l'atelier de Smith. Un orignal avait été tué et un autre abattu en vue de la maison en deux ans. Je ne sais pas si Smith a encore trouvé un poète pour s'occuper du bétail qui, à cause de la débâcle précoce des glaces, est obligé de passer l'été dans les bois, mais je suggérerais cette fonction à celles de mes connaissances comme j'adore écrire des vers et tirer.

Après un dîner au cours duquel la compote de pommes était pour moi le plus grand luxe, mais notre viande d'orignal était la plus souvent réclamée par les bûcherons , j'ai traversé la clairière dans la forêt, vers le sud, pour revenir le long de la rive. Pour mon dessert, je me suis servi d'une large tranche de bois de Chesuncook et j'ai bu une bonne gorgée de ses eaux avec tous mes sens. Les bois étaient aussi frais et pleins de vie végétale qu'un lichen par temps humide, et contenaient de nombreuses plantes intéressantes ; mais à moins qu'ils ne soient de pin blanc, ils sont ici traités avec aussi peu de respect que le mildiou, et dans l'autre cas, ils n'en sont que plus rapidement abattus. Le rivage était constitué de roches d'ardoise grossières et plates, souvent en dalles, sur lesquelles les vagues battaient. Les roches et les bûches blanchies, s'étendant jusqu'à une certaine distance dans les bois hirsutes, montraient et descendaient de six à huit pieds, causées en partie par le barrage à l'exutoire. Ils disaient qu'en hiver la neige avait trois pieds d'épaisseur sur un niveau, et parfois quatre ou cinq, que la glace sur le lac avait deux pieds d'épaisseur, claire, et quatre pieds incluant la glace de neige. De la glace s'était déjà formée dans les vaisseaux.

Nous avons logé ici ce dimanche soir dans une chambre confortable, apparemment la meilleure ; et tout ce que je remarquais d'inhabituel dans la nuit, car je prenais toujours des notes, comme un espion dans le camp, c'était le craquement des fines planches fendues, quand l'un de nos voisins bougeait.

Tels furent les premiers débuts rudes d'une ville. Ils parlèrent de la faisabilité d'une route d'hiver jusqu'au Moosehead Carry, qui ne coûterait pas cher et les relierait à la vapeur, aux gares routières et à tout le monde occupé. Je doutais presque que le lac , le même lac, conserverait sa forme et son identité lorsque les rives seraient défrichées et colonisées ; comme si ces lacs et ruisseaux dont parlent les explorateurs n'avaient jamais attendu l'avènement du citoyen.

La vue d'une de ces maisons de frontière, construites avec ces gros rondins, dont les habitants ont entretenu sans relâche leur terrain pendant de nombreux étés et hivers dans le désert, me rappelle des forts célèbres, comme Ticonderoga ou Crown Point, qui ont soutenu des sièges mémorables. Ce sont surtout des quartiers d'hiver, et en cette saison celui-ci avait un aspect en partie désert, comme si le siège avait été un peu levé, les bancs de neige ayant fondu devant lui, et sa garnison en conséquence réduite. Je considère leur nourriture quotidienne comme des rations, c'est ce qu'on appelle des « provisions » ; une Bible et un manteau sont des munitions de guerre, et un seul homme aperçu dans les lieux est une sentinelle de service. Vous vous attendez à ce qu'il demande le visa, et vous prenne peut-être pour Ethan Allen, venu exiger la reddition de son fort au nom du Congrès continental . C'est une sorte de service de rangers. L'expédition d'Arnold est une expérience quotidienne avec ces colons. Ils peuvent prouver qu'ils étaient absents presque à tout moment ; et je pense que toute la première génération mérite une pension plus que tous ceux qui sont allés à la guerre du Mexique.

Tôt le lendemain matin, nous avons commencé notre retour en remontant le Penobscot, mon compagnon souhaitant parcourir environ vingt-cinq milles au-dessus du Moosehead Carry jusqu'à un camp près de la jonction des deux fourches, et y chercher l'orignal. Notre hôte nous accorda quelque chose pour le quart d'orignal que nous avions apporté et qu'il fut heureux de recevoir. Deux explorateurs du lac Chamberlain sont partis en même temps que nous. Les chemises en flanelle rouge doivent être portées dans les bois, ne serait-ce que pour le beau contraste que cette couleur fait avec les conifères et l'eau. C'est ce que je pensais en voyant les formes des explorateurs dans leurs bouleaux, remontant devant nous les rapides, au loin, dans la forêt. C'est aussi la couleur de l'arpenteur, la plus distinctement visible en toutes circonstances. Nous nous sommes arrêtés pour dîner chez Ragmuff , comme auparavant. C'est mon compagnon qui remontait le ruisseau à la recherche de l'orignal cette fois, tandis que Joe s'endormait sur la berge, pour que nous soyons sûrs de lui ; et j'ai amélioré la possibilité de botaniser et de me baigner. Peu de temps après avoir recommencé, pendant que Joe remontait dans le canot pour chercher la poêle à frire qui avait été laissée, nous avons cueilli quelques litres de canneberges pour une sauce.

J'ai été surpris par Joe qui m'a demandé à quelle distance se trouvait le Moosehorn . Il connaissait assez bien ce ruisseau, mais il avait remarqué que j'étais curieux des distances et possédait plusieurs cartes. Lui et les Indiens en général avec lesquels j'ai parlé ne sont pas capables de décrire avec précision les dimensions ou les distances de nos mesures. Il pouvait peut-être dire à quelle heure nous devions arriver, mais pas à quelle distance. Nous avons vu quelques canards branchus, sheldrakes et canards noirs, mais ils n'y étaient pas aussi nombreux à cette saison que sur notre rivière chez nous. Nous avons effrayé la même famille de canards branchus avant nous, allant et revenant. Nous avons également entendu le son d'un faucon poisson, un peu comme celui d'un pic pigeon, et peu de temps après nous l'avons vu perché près du sommet d'un pin blanc mort contre l'île où nous avions campé pour la première fois, tandis qu'une compagnie de peetweets gazouillait et vacillait . au-dessus de la carcasse d'un élan sur une langue de sable basse juste en dessous. Nous avons conduit le faucon poisson de perchoir en perchoir, provoquant à chaque fois un cri ou un sifflement, sur plusieurs kilomètres devant nous. Notre route étant en amont, nous étions obligés de travailler beaucoup plus dur qu'auparavant et avions fréquemment recours à une perche. Parfois, nous pagayions tous les trois ensemble, debout, aussi petit et lourdement chargé soit-il le canoë. A environ six milles de Moosehead, nous commençâmes à apercevoir les montagnes à l'est de l'extrémité nord du lac, et à quatre heures nous atteignîmes le port.

Les Indiens campaient toujours ici. Il y en avait trois, dont l'Indien de Saint-François qui était venu avec nous sur le bateau à vapeur. L'un des autres s'appelait Sabattis . Joe et l'Indien de St. Francis étaient clairement des Indiens, les deux autres étant apparemment un mélange d'Indiens et de Blancs ; mais la différence se limitait à leurs traits et à leur teint, pour autant que je pouvais en voir. Nous avons ici fait cuire la langue de l'orignal pour le souper, après avoir laissé le nez, qui est estimé la partie la plus choisie, à Chesuncook , bouillant, car il est très difficile de le préparer. Nous avons également mijoté nos canneberges (*Viburnum opulus*) en les adoucissant avec du sucre. Les bûcherons les cuisinent parfois avec de la mélasse. Ils ont été utilisés lors de l'expédition d'Arnold. Cette sauce nous fut très reconnaissante, qui avions réservé la viande de pain dur, de porc et d'orignal, et, malgré leurs graines, nous les déclarâmes tous trois égales à la canneberge commune ; mais peut-être faut-il tenir compte de nos appétits forestiers. Cela vaudrait la peine de les cultiver, tant pour leur beauté que pour leur alimentation. Je les ai ensuite vus dans un jardin à Bangor. Joe a dit qu'ils s'appelaient *ebeemenar*.

Pendant que nous dînions, Joe commença à soigner la peau d'orignal sur laquelle j'étais assis une bonne partie du voyage, lui ayant déjà coupé la plupart des poils avec son couteau au Caucomgomoc. Il installa sur la berge deux gros poteaux fourchus, hauts de sept ou huit pieds, et autant écartés à l'est qu'à l'ouest, et ayant pratiqué des fentes de huit ou dix pouces de long, et à la même distance l'une de l'autre, près du bord, sur les côtés de la rive. il enfila des perches à travers la peau, puis, plaçant l'une des perches sur les piquets fourchus, attacha fermement l'autre au bas. Les deux extrémités étaient également attachées aux poteaux verticaux avec de l'écorce de cèdre, leur ficelle habituelle, à travers de petits trous espacés à de courts intervalles. La peau, ainsi tendue et inclinée un peu vers le nord, pour exposer son côté chair au soleil, mesurait à l'extrême huit pieds de long sur six de haut. Là où de la chair adhérait encore, Joe l'a hardiment marqué avec son couteau pour l'exposer au soleil. Il semblait maintenant quelque peu repéré et blessé par le tir du canard. Vous pouvez voir les vieux cadres sur lesquels les peaux ont été tendues dans de nombreux emplacements de camping dans ces bois.

Pour une raison ou une autre, nous avons renoncé à nous rendre aux fourches du Penobscot et nous avons décidé de nous arrêter ici, mon compagnon ayant l'intention de traquer le ruisseau de nuit. Les Indiens nous invitèrent à loger chez eux, mais mon compagnon pencha pour se rendre au camp en rondins en transport. Ce camp était étroit, sale et sentait mauvais, et je préférais accepter l'offre des Indiens, si nous ne nous faisions pas un camp ; car, bien qu'ils fussent sales aussi, ils étaient plus en plein air et constituaient une compagnie beaucoup plus agréable, et même raffinée, que les bûcherons . La question la plus intéressante abordée au camp des bûcherons était de savoir quel homme pouvait « manipuler » un autre sur le transport ; et, pour la plupart, ils ne possédaient aucune qualité que l'on ne puisse mettre la main sur. Nous sommes donc allés au camp des Indiens ou wigwam.

Il y avait plutôt du vent, et Joe décida donc de chasser après minuit, si le vent tombait, ce que les autres Indiens pensaient qu'il ne ferait pas, car il venait du sud. Cependant, les deux sang-mêlé sont partis à la tombée de la nuit pour remonter la rivière à la recherche de l'orignal, avant que nous arrivions à leur camp. Ce camp indien était une petite affaire rafistolée, qui était là depuis plusieurs semaines, construit à la manière d'un hangar, ouvert au feu à l'ouest.

Si le vent changeait, ils pourraient le renverser. Il était formé de deux piquets fourchus et d'une barre transversale, avec des chevrons inclinés vers le sol. La couverture était en partie une vieille voile, en partie en écorce de bouleau, assez imparfaite, mais solidement attachée et descendant jusqu'à terre sur les côtés. Une grosse bûche était enroulée à l'arrière pour former une tête de lit, et deux ou trois peaux d'orignal étaient étalées sur le sol, les poils relevés. Divers articles de leur garde-robe étaient rangés sur les côtés et dans les coins, ou sous le toit. Ils fumaient de la viande d'orignal sur une caisse telle que celle représentée par With, dans la « Collectio » de De Bry . Peregrinationum », publié en 1588, et que les indigènes du Brésil appelaient *boucan* (d'où boucanier), sur lequel étaient fréquemment montrés des morceaux de chair humaine en train de sécher avec le reste. Il était érigé devant le camp sur le grand feu habituel, en forme de carré oblong. Deux gros piquets fourchus, espacés de quatre ou cinq pieds et hauts de cinq pieds, étaient enfoncés dans le sol à chaque extrémité, puis deux perches de dix pieds de long étaient tendues au-dessus du feu, et de plus petites étaient posées transversalement sur celles-ci, à un pied l'une de l'autre. Sur le dernier étaient suspendues de grandes et fines tranches de viande d'orignal fumant et séchant, un espace étant laissé ouvert au-dessus du centre du feu. Il y avait tout le cœur, noir comme une balle de trente-deux livres , suspendu à un coin. Ils disaient qu'il fallait trois ou quatre jours pour affiner cette viande et qu'elle se conserverait un an ou plus. Des morceaux d'ordures gisaient sur le sol à différents stades de décomposition, et quelques morceaux aussi dans le feu, à moitié enfouis et grésillant dans les cendres, noirs et sales comme une vieille chaussure. J'ai d'abord pensé que ces derniers étaient jetés, mais j'ai ensuite constaté qu'ils étaient en train d'être cuits. De plus, un énorme morceau de côte était en train de rôtir devant le feu, empalé sur un pieu vertical enfoncé et sorti entre les côtes. Il y avait une peau d'orignal tendue et séchée sur des poteaux comme les nôtres, et tout un tas de peaux séchées à proximité. Ils avaient tué vingt-deux élans en deux mois, mais comme ils ne pouvaient utiliser que très peu de viande, ils laissèrent les carcasses par terre. Au total, c'était un spectacle aussi sauvage qu'on n'en ait jamais vu, et je fus immédiatement transporté trois cents ans en arrière. Il y avait de nombreuses torches en écorce de bouleau, en forme de cornes droites d'étain, prêtes à être utilisées sur une souche à l'extérieur.

Par peur de la saleté, nous étalons nos couvertures sur leurs peaux, afin de ne les toucher nulle part. L'Indien de Saint-François et Joe étaient seuls là au début, et nous restâmes couchés sur le dos, discutant avec eux jusqu'à minuit. Ils étaient très sociables et, lorsqu'ils ne nous parlaient pas, ils bavardaient régulièrement dans leur propre langue. Nous avons entendu un petit oiseau juste après la tombée de la nuit, qui, dit Joe, chantait à une certaine heure de la nuit, — à dix heures, croyait-il. Nous entendîmes aussi les hylodes et les crapauds arboricoles, ainsi que les bûcherons chanter dans leur camp à un quart de mille de là. Je leur ai dit que j'avais vu dans de vieux livres des morceaux de chair humaine séchant sur ces caisses ; sur quoi ils répétèrent une tradition selon laquelle les Mohawks mangeaient de la chair humaine, quelles parties ils préféraient, etc., ainsi qu'une bataille avec les Mohawks près de Moosehead, au cours de laquelle plusieurs de ces derniers furent tués ; mais j'ai découvert qu'ils connaissaient peu de choses sur l'histoire de leur race et qu'ils pouvaient être divertis par les histoires sur leurs ancêtres aussi facilement que par n'importe quel autre moyen. Au début , j'étais presque grillé, car je m'étendais contre un côté du camp et sentais la chaleur réfléchie non seulement par l'écorce de bouleau au-dessus, mais aussi par le côté ; et encore une fois je me souvenais des souffrances des missionnaires jésuites et des extrêmes de chaleur et de froid que les Indiens étaient censés endurer. J'ai longuement lutté entre mon désir de rester et de causer avec eux et mon envie de m'élancer dehors et de m'étendre sur l'herbe fraîche ; et alors que j'allais faire le dernier pas, Joe, entendant mes murmures, ou bien étant lui-même mal à l'aise, se leva et dispersa en partie le feu. Je suppose que c'est là les manières indiennes de se défendre.

Tout en écoutant les Indiens, je m'amusais à essayer de deviner leur sujet par leurs gestes ou par quelque nom propre introduit. Il ne peut y avoir de preuve plus frappante de leur appartenance à une race distincte et relativement autochtone que d'entendre cette langue indienne inchangée, que l'homme blanc ne peut ni parler ni comprendre. Nous pouvons soupçonner un changement et une détérioration dans presque tous les autres aspects, à l'exception du langage qui nous est totalement inintelligible. Cela m'a surpris, même si j'avais trouvé tant de pointes de flèches, et m'a convaincu que l'Indien n'était pas une invention des historiens et des poètes. C'était un son américain purement sauvage et primitif, autant que l'aboiement d'une mésange, et je n'en comprenais pas une syllabe ; mais Paugus , s'il avait été là, l'aurait compris. Ces Abénaquis bavardaient, riaient et plaisantaient dans la langue dans laquelle est écrite la Bible indienne d'Eliot, la langue qui est parlée dans la Nouvelle-Angleterre, qui dira depuis combien de temps ? C'étaient les sons qui sortaient des wigwams de ce pays avant la naissance de Colomb ; ils ne sont pas encore morts ; et, à quelques exceptions près, la langue de leurs ancêtres est encore assez abondante pour eux. J'avais l'impression de me tenir, ou plutôt d'être couché, aussi près de l'homme primitif de l'Amérique, cette nuit-là, que n'importe lequel de ses découvreurs.

Au milieu de leur conversation, Joe m'a soudainement demandé de connaître la longueur du lac Moosehead.

Pendant ce temps, pendant que nous étions là, Joe fabriquait et essayait son cor, pour être prêt à chasser après minuit. L'Indien de Saint-François s'amusait aussi à le sonder, ou plutôt à l'appeler ; car le son se fait avec la voix, et non en soufflant dans le cor. Ce dernier semblait spéculer sur les peaux d'orignal. Il a acheté celui de mon compagnon pour deux dollars et quart, vert. Joe a dit que cela valait deux ans et demi à Oldtown. Son utilisation principale est celle des mocassins. Un ou deux de ces Indiens en portaient. On m'a dit qu'en vertu d'une loi récente du Maine, les étrangers ne sont pas autorisés à y tuer l'orignal en toute saison ; les Américains blancs ne peuvent les tuer qu'à une saison particulière, mais les Indiens du Maine à toutes les saisons. L'Indien de Saint-François demanda donc à mon compagnon un *wighiggin* , ou facture, à montrer, puisqu'il était étranger. Il habitait près de Sorel. J'ai trouvé qu'il savait très bien écrire son nom, Tahmunt Swasen . Un certain Ellis, un vieil homme blanc de Guilford, une ville que nous avons traversée, non loin de l'extrémité sud de Moosehead, était le chasseur d'orignal le plus célèbre de ces régions. Les Indiens et les Blancs parlaient de lui avec le même respect. Tahmunt a déclaré qu'il y avait plus d'orignaux ici que dans la région des Adirondacks à New York, où il avait chassé ; que trois ans auparavant, il y en avait un grand nombre, et qu'il y en avait un grand nombre maintenant dans les bois, mais qu'ils ne sortaient pas à l'eau. Il ne servait à rien de les chasser à minuit, ils ne sortiraient pas alors. J'ai demandé à Sabattis , après son retour à la maison, si l'orignal ne l'avait jamais attaqué. Il répondit qu'il ne fallait pas tirer plusieurs fois pour le mettre en colère. «Je tire une fois et je le frappe au bon endroit, et le matin je le retrouve. Il n'ira pas loin. Mais si vous continuez à tirer, vous le mettez en colère. J'ai tiré une fois cinq balles, chacune dans le cœur, et il ne s'en souciait pas du tout ; cela n'a fait que le rendre encore plus fou . Je lui ai demandé s'ils ne les chassaient pas avec des chiens. Il dit qu'ils le faisaient en hiver, mais jamais en été, car alors cela ne servait à rien ; ils courraient tout droit et rapidement sur une centaine de milles.

Un autre Indien a déclaré que l'orignal, une fois effrayé, courait toute la journée. Un chien s'accrochera à leurs lèvres et sera emporté jusqu'à ce qu'il soit balancé contre un arbre et tombe. Ils ne peuvent pas courir sur une « surface glacée », bien qu'ils puissent courir dans une neige de quatre pieds de profondeur ; mais le caribou peut courir sur la glace. Ils trouvent généralement deux ou trois orignaux ensemble. Ils se couvrent d'eau, sauf le nez, pour échapper aux mouches. Il avait les cornes de ce qu'il appelait « l'orignal noir qui va dans les basses terres ». Ceux-ci s'étendent sur trois ou quatre pieds. L'« élan rouge » était une autre espèce, « courant sur les montagnes », et avait des cornes qui s'étendaient sur six pieds. Telles étaient ses distinctions. Les deux peuvent bouger leurs cornes. Les larges lames plates sont couvertes de poils et sont si douces, lorsque l'animal est vivant, qu'on peut y passer un couteau. Ils considèrent que c'est un bon ou un mauvais signe si les cornes tournent dans un sens ou dans l'autre. Ses cornes de caribou avaient été rongées par des souris dans son wigwam, mais il pensait que ni les cornes de l'orignal ni celles du caribou n'avaient jamais été rongées du vivant de la créature, comme certains l'ont affirmé. Un Indien que j'ai rencontré plus tard à Oldtown et qui avait transporté un ours et d'autres animaux du Maine pour les exposer, m'a dit qu'il y a trente ans il n'y avait pas autant d'orignaux dans le Maine qu'aujourd'hui ; aussi, que les orignaux étaient très faciles à apprivoiser et qu'ils reviendraient une fois nourris, tout comme les cerfs, mais pas les caribous. Les Indiens de ce quartier connaissent aussi bien l'orignal que nous le sommes le bœuf, car ils les fréquentent depuis tant de générations. Le père Rasles , dans son Dictionnaire de la langue abénakise, donne non seulement un mot pour l'orignal mâle (*aianbé*), et un autre pour la femelle (*hèrar*), mais pour l'os qui se trouve au milieu du cœur de l'orignal (!), et pour sa patte arrière gauche.

Il n'y avait aucun petit cerf là-haut ; ils sont plus fréquents dans les colonies. L'un d'entre eux avait couru dans la ville de Bangor deux ans auparavant, et avait sauté à travers une fenêtre en verre plat coûteux, puis dans un miroir, où il avait cru reconnaître un miroir unique en son genre, et ressortait à nouveau, et ainsi de suite, sautant par-dessus la tête des gens. la foule, jusqu'à ce qu'elle soit capturée. C'est ce que les habitants appellent le cerf qui faisait ses courses. Le dernier Indien mentionné parlait du *lunxus* ou diable indien (que je considère comme étant le couguar, et non le *Gulo luscus*), comme le seul animal du Maine que l'homme ait à craindre ; il suivrait un homme et ne se soucierait pas du feu. Il dit aussi que les castors redevenaient assez nombreux là où nous allions, mais que leurs peaux rapportaient si peu maintenant qu'il n'était plus rentable de les chasser.

J'avais mis à sécher sur le feu les oreilles de notre orignal, qui mesuraient dix pouces de long, avec la viande d'orignal, souhaitant les conserver ; mais Sabattis m'a dit que je devais les écorcher et les soigner, sinon les poils s'enlèveraient tous. Il observa qu'ils fabriquaient des blagues à tabac avec la peau de leurs oreilles, en assemblant les deux de l'intérieur vers l'intérieur. Je lui ai demandé comment il avait eu le feu ; et il sortit une petite boîte cylindrique d'allumettes à friction. Il avait aussi des silex et de l'acier, et du punk, qui n'était pas sec ; Je pense que c'était du bouleau jaune. "Mais supposons que vous soyez bouleversé et que tout cela et votre poudre soient mouillés." « Alors, dit-il, nous attendrons d'être arrivés là où il y aura du feu. Je sortis de ma poche une petite fiole contenant des allumettes bouchées hermétiquement, et je lui dis que, même si nous étions bouleversés, nous aurions encore quelques allumettes sèches ; qu'il regardait sans dire un mot.

Nous restâmes éveillés ainsi un long moment à parler, et ils nous donnèrent la signification de nombreux noms indiens de lacs et de ruisseaux dans les environs, notamment Tahmunt . J'ai demandé quel était le nom indien du lac Moosehead. Joe répondit à *Sebamook* ; Tahmunt l'a prononcé *Sebemook* . Quand j'ai demandé ce que cela signifiait, ils ont répondu : Lac Moosehead. Enfin, comprenant ce que je voulais dire, ils se répétaient tour à tour le mot, comme le ferait un philologue : *Sebamook* , *Sebamook* , de temps en temps comparant des notes en indien ; car il y avait une légère différence dans leurs dialectes ; et finalement Tahmunt dit : « Pouah ! Je sais," - et il se leva en partie sur la peau d'orignal, - " comme si ici il y a un endroit, et il y a un endroit, " désignant différentes parties de la peau, " et vous prenez de l' eau de là et remplissez ceci. , et il reste ici ; c'est *Sebamook* . Je compris qu'il voulait dire qu'il s'agissait d'un réservoir d'eau qui ne s'écoulait pas, la rivière entrant d'un côté et ressortant près du même endroit, laissant une baie permanente. Un autre Indien a dit que cela signifiait le lac Large Bay, et que *Sebago* et *Sebec* , les noms d' autres lacs, étaient des mots apparentés, signifiant grande eau libre. Joe a dit que *Seboois* voulait dire Little River. J'ai observé leur incapacité, souvent décrite, à véhiculer une idée abstraite. Ayant eu l'idée, quoique indistinctement, ils cherchèrent en vain les mots pour l'exprimer. Tahmunt pensait que les Blancs l'appelaient lac Moosehead, parce que le mont Kineo, qui le domine, a la forme d'une tête d'orignal, et que la rivière Moose était ainsi appelée « parce que la montagne pointe de l'autre côté du lac jusqu'à son embouchure ». John Josselyn, écrivant vers 1673, dit : « À douze milles de la baie de Casco, et praticable pour les hommes et les chevaux, se trouve un lac appelé par les Indiens Sebug . Au bord de celui-ci, à une extrémité, se trouve le fameux rocher, en forme d'orignal ou de helk , diaphane, et appelé Moose Rock. Il semble avoir confondu Sebamook avec Sebago, qui est plus proche, mais qui n'a pas de rocher « diaphane » sur son rivage.

Je donne davantage de leurs définitions, pour ce qu'elles valent , en partie *parce* qu'elles diffèrent parfois de celles communément reçues. Ils n'avaient jamais analysé ces mots auparavant. Après de longues délibérations et répétition du mot, — car cela posait beaucoup de problèmes, — Tahmunt dit que *Chesuncook* signifiait un endroit où de nombreux ruisseaux se vidaient en (?), et il les énuméra, — Penobscot, Umbazookskus , Cusabesex , Red Brook, etc. " *Caucomgomoc* , qu'est- ce que ça veut dire ?" « Quels sont ces grands oiseaux blancs ? Il a demandé. « Des mouettes », dis-je. « Pouah ! Lac Mouette. *Pammadumcook* , pensa Joe, signifiait le lac avec un fond ou un lit graveleux. *Kenduskeag* , conclut enfin Tahmunt , après avoir demandé si des bouleaux y montaient , — car il disait qu'il ne le connaissait pas beaucoup, — voulait dire quelque chose comme ceci : « Vous montez Penobscot jusqu'à ce que vous arriviez à *Kenduskeag* , et vous passez, tu n'y viens pas. C'est *Kenduskeag* . (?) Un autre Indien, cependant, qui connaissait mieux la rivière, nous a dit par la suite qu'il s'agissait de Little Eel River. *Mattawamkeag* était un endroit où deux rivières se rencontraient. (?) *Penobscot* était Rocky River. Un auteur dit que ce n'était « à l'origine le nom que d'une section du chenal principal, depuis la tête de la marée jusqu'à une courte distance au-dessus de la vieille ville ».

Un Indien très intelligent, que nous avons rencontré plus tard, gendre de Neptune, nous a donné aussi ces autres définitions : *Umbazookskus* , Meadow

Stream ; *Millinoket* , Place des Îles ; *Aboljacarmegus* , Smooth-Ledge Falls (et Deadwater) ; *Aboljacarmeguscook* , le ruisseau qui se déverse (le dernier mot est le mot qu'il a prononcé lorsque j'ai posé des questions sur *Aboljacknagesic* , qu'il n'a pas reconnu) ; *Mattahumkeag* , étang de Sand-Creek ; *Piscataquis* , Bras de rivière.

J'ai demandé à nos hôtes ce que signifiait *Musketaquid* , le nom indien de Concord, Massachusetts ; mais ils l'ont changé en *Musketicook* et ont répété cela, et Tahmunt a dit que cela signifiait Dead Stream, ce qui est probablement vrai. *Cook* semble vouloir dire ruisseau, et peut-être *quid* signifie lieu ou sol. Quand j'ai demandé la signification des noms de deux de nos collines, ils ont répondu qu'ils parlaient d'une autre langue. Comme Tahmunt disait qu'il faisait du commerce à Québec, mon compagnon s'enquit du sens du mot *Québec* , sur lequel on a tant discuté. Il ne le savait pas, mais il commença à conjecturer. Il demanda comment s'appelaient ces grands navires qui transportaient des soldats. « Des hommes de guerre », avons-nous répondu. «Eh bien, dit-il, lorsque les navires anglais remontèrent le fleuve, ils ne purent aller plus loin, c'était si étroit là-bas ; il faut qu'ils repartent , repartent, c'est le Québec . Je mentionne cela pour montrer la valeur de son autorité dans les autres cas.

Tard dans la nuit, les deux autres Indiens revinrent de la chasse à l'orignal, n'ayant pas réussi, rallumerent le feu, allumèrent leurs pipes, fumèrent un moment, prirent quelque chose de fort à boire, mangèrent de la viande d'orignal et, trouvant quelle place ils pouvaient , allongez-vous sur les peaux d'orignal; et nous passâmes ainsi la nuit, deux hommes blancs et quatre Indiens, côte à côte.

Quand je me suis réveillé le matin, il pleuvait. Un des Indiens était étendu dehors, roulé dans sa couverture, de l'autre côté du feu, faute de place. Joe avait négligé de réveiller mon compagnon et il n'avait pas chassé cette nuit-là. Tahmunt fabriquait une traverse pour son canot avec un couteau de forme singulière, comme j'en ai vu depuis d'autres Indiens se servir. La lame était mince, environ trois quarts de pouce de large et huit ou neuf pouces de long, mais courbée hors de son plan pour former un crochet, ce qui, selon lui, rendait le rasage plus pratique. Comme les Indiens de l'extrême nord et nord-ouest utilisent le même type de couteau, je soupçonne qu'il a été fabriqué selon un modèle autochtone, bien que certains artisans blancs puissent en utiliser un similaire. Les Indiens cuisaient une miche de pain à la farine dans une araignée sur le bord devant le feu pour leur petit-déjeuner ; et pendant que mon compagnon préparait le thé, j'ai attrapé une douzaine de poissons assez gros dans le Penobscot, deux espèces de meuniers et une truite. Après que nous ayons déjeuné seuls, un de nos compagnons de lit, qui avait également déjeuné, est arrivé et, invité, a pris une tasse de thé et finalement, prenant le plat commun, il l'a léché. Mais il n'était rien pour un homme blanc, un bûcheron , qui se gavait continuellement de viande d'orignal des Indiens, et était donc la cible de ses compagnons. Il semble avoir pensé que c'était un festin « pour tout manger ». On dit communément que l'homme blanc surpasse finalement l'Indien sur son propre terrain, et cela s'est avéré vrai dans ce cas. Je ne peux pas jurer de son emploi pendant les heures d'obscurité, mais je l'ai revu dès qu'il faisait jour, bien qu'il ait parcouru un quart de mille pour se rendre à son travail.

La pluie nous empêchait de continuer plus longtemps dans les bois ; alors, donnant une partie de nos provisions et ustensiles aux Indiens, nous leur pris congé. Comme c'était le jour du bateau à vapeur, je partis immédiatement pour le lac.

J'ai marché seul sur la cale et j'ai attendu à la tête du lac. Un aigle, ou un autre grand oiseau, s'est envolé en hurlant depuis son perchoir près du rivage à mon approche. Pendant une heure après avoir atteint le rivage, il n'y avait plus un être humain en vue, et j'avais toute cette vaste perspective pour moi seul. Je crus avoir entendu le bruit du bateau à vapeur avant qu'il n'apparaisse en vue sur le lac ouvert. J'ai remarqué à l'embarcadère, lorsque le bateau à vapeur est arrivé, un de nos compagnons de lit, qui chassait l'orignal la nuit précédente, maintenant très joliment vêtu d'une chemise blanche propre et d'un pantalon noir fin, un vrai dandy indien, qui était manifestement venu se montrer à tous les arrivants sur la rive nord du lac Moosehead, tout comme les dandys new-yorkais montent sur Broadway et se tiennent sur les marches d'un hôtel.

A mi-chemin du lac, nous embarquâmes deux hommes d'âge moyen à l'air viril, avec leur batteau, qui exploraient depuis six semaines jusqu'à la ligne du Canada et s'étaient laissé pousser la barbe. Ils avaient la peau d'un castor qu'ils avaient récemment capturé, tendue sur un cerceau ovale, quoique le poil n'était pas bon à cette saison. J'ai parlé avec l'un d'eux, lui disant que j'avais parcouru toute cette distance en partie pour voir où poussait le pin blanc, l'essence de l'Est dont nos maisons sont construites, mais que lors de cette excursion et d'une précédente dans une autre partie du Maine, je je l'avais trouvé comme un arbre rare ; et je lui ai demandé où je devais le chercher. Avec un sourire, il répondit qu'il pouvait à peine me le dire. Cependant, il a déclaré qu'il avait trouvé de quoi employer deux équipes l'hiver prochain dans un endroit où l'on pensait qu'il n'en restait plus. Ce qui était aujourd'hui considéré comme un arbre « de pointe » n'était pas pris en compte il y a vingt ans, lorsqu'il s'est lancé dans l'entreprise ; mais ils réussissaient très bien maintenant avec ce qui était alors considéré comme un bois de qualité inférieure. L'explorateur coupait un arbre de plus en plus haut, pour voir s'il avait un faux cœur, et s'il y avait un cœur pourri gros comme son bras, il le laissait tranquille ; mais maintenant ils coupèrent un tel arbre et le scièrent tout autour de la pourriture, et il fit la meilleure des planches, car dans un tel cas, elles n'étaient jamais ébranlées.

Un employé des opérations forestières de Bangor m'a dit que le plus gros pin appartenant à son entreprise, coupé l'hiver précédent, « escaladait » dans les bois quatre mille cinq cents pieds et valait quatre-vingt-dix dollars en rondins au barrage de Bangor, dans la vieille ville. Ils ont tracé une route de trois milles et demi de long pour cet arbre seul. Il pensait que la principale localité du pin blanc qui descendait maintenant le Penobscot était à la tête du bras Est et de l' Allegash , près du ruisseau Webster et des lacs Eagle et Chamberlain. Une grande partie du bois a été volée sur les terres publiques. (Je vous prie, quel genre de garde forestier est le public lui-même ?) J'ai entendu parler d'un homme qui, ayant découvert quelques arbres particulièrement beaux juste à l'intérieur des limites des terres publiques, et n'osant pas employer un complice, les abattit et les coupa. au moyen de palans et de palans, sans bétail, il les fit tomber dans un ruisseau et réussit ainsi à s'en tirer sans la moindre aide. Assurément, voler des pins de cette manière n'est pas aussi grave que voler des nids de poules.

Nous sommes arrivés à Monson cette nuit-là et le lendemain, nous sommes allés à Bangor, encore une fois sous la pluie, en variant un peu notre itinéraire. Certaines tavernes de cette route, particulièrement sales, étaient manifestement dans un état de transition entre le camp et la maison.

Le lendemain matin, nous sommes allés à Oldtown. Un vieil Indien élancé sur la rive de la Vieille Ville, qui reconnut mon compagnon, était plein de gaieté et de gestes, comme un Français. Un prêtre catholique a traversé l'île dans le même batteau que nous. Les maisons indiennes sont encadrées, pour la plupart d'un seul étage et rangées les unes derrière les autres, à l'extrémité sud de l'île, avec quelques maisons dispersées. J'en ai compté une quarantaine, sans compter l'église et ce que mon compagnon appelait la mairie. La dernière, qui est, je suppose, leur maison de ville, était régulièrement couverte de bardeaux et de charpentes comme les autres. Il y avait plusieurs étages sur deux, assez soignés, avec des cours avant fermées , et au moins un avait des stores verts. Çà et là, des peaux d'orignal étaient tendues et séchaient autour d'eux. Il n'y avait pas de chemins de charrettes, ni de traces de chevaux, mais des sentiers pédestres ; très peu de terres cultivées, mais une abondance de mauvaises herbes, indigènes et naturalisées ; plus de mauvaises herbes introduites que de légumes utiles, car on dit que l'Indien cultive les vices plutôt que les vertus de l'homme blanc. Pourtant, ce village était plus propre que ce à quoi je m'attendais, bien plus propre que les villages irlandais que j'ai vus. Les enfants n'étaient pas particulièrement en haillons ni sales. Les petits garçons nous ont accueillis avec un arc à la main et une flèche attachée à une ficelle et ont crié : « Mettez un centime. » En vérité, l'Indien n'a plus qu'une faible prise sur son arc ; mais la curiosité de l'homme blanc est insatiable, et dès le début il a été impatient d'être témoin de cet accomplissement forestier. Ce morceau de bois élastique avec son dard à plumes, si sûr de se dénouer au contact de la civilisation, servira de type, d'armoiries du sauvage. Hélas pour la Hunter Race ! l'homme blanc a éliminé son gibier et lui a substitué un sou. J'ai vu une Indienne se laver au bord de l'eau. Elle se tenait sur un rocher et, après avoir trempé les vêtements dans le ruisseau, les déposa sur le rocher et les frappa avec une courte massue. Dans le cimetière, qui était encombré de tombes et envahi de mauvaises herbes, j'ai remarqué une inscription en indien, peinte sur une plaque funéraire en bois. Il y avait une grande croix en bois sur l'île.

Comme mon compagnon le connaissait, nous avons fait appel au gouverneur Neptune, qui habitait un petit « dix pieds », l'un des plus humbles de tous. Les personnalités sont autorisées à parler des hommes publics, c'est pourquoi je donnerai les détails de notre visite. Il était couché. Lorsque nous sommes entrés dans la pièce, qui représentait la moitié de la maison, il était assis sur le côté du lit. Il y avait une horloge accrochée dans un coin. Il portait une redingote noire et un pantalon noir très usé, une chemise de coton blanche, des chaussettes, un mouchoir de soie rouge autour du cou et un chapeau de paille. Ses cheveux noirs n'étaient que légèrement grisonnés. Il avait les joues très larges et ses traits étaient résolument et agréablement différents de ceux de n'importe quel groupe amérindien parvenu que j'ai vu. Il n'était pas plus sombre que beaucoup de vieillards blancs. Il m'a dit qu'il avait quatre-vingt-neuf ans ; mais il partait à la chasse à l'orignal cet automne-là, comme il l'avait fait le précédent. Ce sont probablement ses compagnons qui chassaient. Nous avons vu diverses squaws esquiver. L'un d'entre eux s'est assis sur le lit à ses côtés et l'a aidé avec ses histoires. Ils étaient remarquablement corpulents, avec des visages lisses et ronds, apparemment pleins de bonne humeur. Certes, notre climat tant malmené n'avait pas tari leur substance adipeuse. Pendant que nous étions là-bas, car nous sommes restés un bon moment, l'une d'elles est allée à Oldtown, est revenue et a découpé une robe qu'elle avait achetée sur un autre lit de la chambre. Le gouverneur a déclaré qu'« il se souvenait de l'époque où les orignaux étaient beaucoup plus gros ; qu'ils n'étaient pas autrefois dans les bois, mais sortaient de l'eau, comme le faisaient tous les cerfs. L'orignal était autrefois une baleine. Là-bas, sur Merrimack, une baleine a débarqué dans une baie peu profonde. La mer s'est retirée et l'a quitté, et il est revenu sur terre sous la forme d'un élan. Ce qui leur a fait savoir qu'il était une baleine, c'est qu'au début, avant de commencer à courir dans les buissons, il n'avait pas d'intestins à l'intérieur, mais… » et puis la squaw qui s'assit sur le lit à côté de lui, pour aider le gouverneur, et Ayant ajouté un mot de temps en temps et confirmé l'histoire, il m'a demandé comment nous appelions cette chose douce que l'on trouve au bord de la mer. "Méduse", ai-je suggéré. "Oui," dit-il, "pas d'intestins, mais des méduses."

Il y a peut-être une part de vérité dans ce qu'il a dit à propos de l'orignal qui grossissait autrefois ; car le pittoresque John Josselyn, médecin qui passa de nombreuses années dans cette même région du Maine au XVIIe siècle, dit que le bout de leurs cornes «se trouve parfois à deux brasses l'une de l'autre», et il est particulier à nous dire que une brasse mesure six pieds, — « et [ils ont] une hauteur, depuis la pointe du pied avant jusqu'à la hauteur de l'épaule, de douze pieds, ce qui a été considéré par certains de mes lecteurs sceptiques comme des mensonges monstrueux » ; et il ajoute : « Il y a certaines transcendances dans chaque créature, qui sont le caractère indélébile de Dieu et qui découvrent Dieu. » Il s'agit là d'un plus grand dilemme que celui que présente le crâne du jeune bœuf Bechuana , apparemment un autre des *transcendentia* , dans la collection de Thomas Steel, Upper Brook Street, Londres, dont « toute la longueur de la corne, de la pointe à la pointe, le long de la courbe, mesure 13 pieds 5 pouces ; distance (droite) entre les pointes des cornes, 8 pieds 8½ pouces. Cependant, la taille de l'orignal et du couguar, comme je l'ai constaté, est généralement plutôt sous-estimée que surestimée, et je serais enclin à ajouter à l'estimation populaire une partie de ce que j'ai soustrait à celle de Josselyn.

Mais nous parlions surtout avec le gendre du gouverneur, un Indien très sensé ; et le gouverneur, étant si vieux et sourd, se laissa ignorer pendant que nous posions des questions sur lui. Les premiers disaient qu'il y avait parmi eux deux partis politiques, l'un pour les écoles et l'autre contre elles, ou plutôt ils ne voulaient pas résister au curé qui leur était opposé. Le premier venait de l'emporter aux élections et d'envoyer son candidat à l'Assemblée législative. Neptune, Aitteon et lui-même étaient favorables aux écoles. Il a déclaré : « Si les Indiens apprenaient, ils garderaient leur argent. » Lorsque nous avons demandé où se trouvait le père de Joe, Aitteon , il savait qu'il devait être à Lincoln, même s'il était sur le point d'aller chasser l'orignal, car un messager venait de lui rendre visite là-bas pour obtenir sa signature sur certains papiers. J'ai demandé à Neptune s'ils possédaient déjà des chiens de l'ancienne race. Il a répondu : « Oui ». "Mais ça," dis-je en désignant celui qui venait d'entrer, "c'est un chien Yankee." Il a acquiescé. J'ai dit qu'il n'avait pas l'air d'être un bon homme. "Oh oui!" » dit-il, et il raconta avec beaucoup d'enthousiasme, comment, l'année précédente, il avait attrapé et tenu à la gorge un loup. Un tout petit chiot noir s'est précipité dans la pièce et s'est mis aux pieds du gouverneur, alors qu'il était assis en bas, les jambes pendantes au chevet. Le gouverneur s'est frotté les mains et l'a mis au défi de se lancer dans ce sport avec entrain. Rien de plus significatif ne s'est produit, à ma connaissance, au cours de cet entretien. C'était la première fois que je faisais appel à un gouverneur, mais comme je n'ai pas demandé de charge, j'en puis parler avec plus de liberté.

Un Indien qui fabriquait des canots derrière une maison, levant agréablement les yeux de son travail, car il connaissait mon compagnon, dit qu'il s'appelait Old John Pennyweight. J'avais entendu parler de lui depuis longtemps, et je m'informai d'un de ses contemporains, Joe Four-pence- ha'penny ; mais hélas! il ne circule plus. J'ai fait une étude fidèle de la construction des canots, et j'ai pensé que j'aimerais faire un apprentissage dans ce métier pendant une saison, allant dans les bois chercher de l'écorce avec mon « patron », y fabriquant le canot et y retournant à dernier.

Pendant que le batteau venait nous emmener, je ramassai sur le rivage quelques fragments de pointes de flèches et un ciseau à pierre brisé, qui furent de plus grandes nouveautés pour les Indiens que pour moi. Après cela, sur Old Fort Hill, au détour du Penobscot, à trois milles au-dessus de Bangor, cherchant l'emplacement d'une ville indienne que certains pensent se trouver à proximité, j'ai trouvé d'autres pointes de flèches et deux petits fragments sombres et émiettés de faïence indienne. dans les cendres de leurs incendies. Les Indiens de l'île semblaient vivre très heureux et être bien traités par les habitants de la vieille ville.

Nous visitâmes les moulins de Véazie , juste au-dessous de l'île, où se trouvaient seize jeux de scies, quelques scies groupées, seize par groupe, sans compter les scies circulaires. D'un côté, ils transportaient les grumes sur un plan incliné grâce à la force hydraulique ; de l'autre, on distribuait les planches, les planches et les bois sciés et on les formait en radeaux. Les arbres y étaient littéralement dessinés et écartelés. Pour former les radeaux, ils utilisent les trois pieds inférieurs de jeunes arbres de bois dur, qui ont une extrémité tordue et boutonnée, comme boulons, les faisant passer à travers des trous percés dans les coins et les côtés des radeaux, et les clavetant. Dans un autre appartement, ils fabriquaient des lattes de clôture, comme on en trouve partout en Nouvelle-Angleterre, avec des bric-à-brac ; et il se peut que j'aie vu d'où venait la palissade derrière laquelle j'habite chez moi. J'ai été surpris de trouver un garçon ramassant les longues bordures de planches aussi vite que coupées, et les poussant dans une trémie, où elles étaient broyées sous le moulin, afin qu'elles ne gênent pas ; sinon, ils s'accumulent en vastes tas le long du bâtiment, augmentant ainsi le danger d'incendie, ou bien, s'envolant, ils obstruent la rivière. Ce n'était donc pas seulement une scierie, mais aussi un moulin à farine. Les habitants de Oldtown, Stillwater et Bangor ne peuvent certainement pas souffrir du manque de petit bois. Certains gagnent leur vie exclusivement en ramassant le bois flotté et en le vendant à la corde en hiver. Dans un endroit, j'ai vu un Irlandais, qui gardait une équipe et un homme à cet effet, avait couvert le rivage sur une longue distance avec des pieux réguliers, et on m'a dit qu'il avait vendu pour une valeur de douze cents dollars en un an. Un autre, qui habitait au bord de la mer, m'a raconté qu'il tirait de la rivière tous les matériaux de ses dépendances et de ses clôtures ; et dans ce quartier, j'ai remarqué que ces déchets de bois étaient fréquemment utilisés à la place du sable pour remplir les creux, étant apparemment moins chers que la terre.

J'ai eu ma première vue claire de Ktaadn , au cours de cette excursion, depuis une colline située à environ deux milles au nord-ouest de Bangor, où je me suis rendu dans ce but. Après cela, j'étais prêt à retourner au Massachusetts.

Humboldt a écrit un chapitre intéressant sur la forêt primitive, mais personne ne m'a encore décrit la différence entre cette forêt sauvage qui occupait autrefois nos plus anciennes communes et la forêt apprivoisée que j'y trouve aujourd'hui. C'est une différence qui mériterait d'être prise en compte. L'homme civilisé non seulement défriche en permanence la terre dans une large mesure et cultive les champs ouverts, mais il apprivoise et cultive dans une certaine mesure la forêt elle-même. Par sa simple présence, presque, il change la nature des arbres comme aucune autre créature ne le fait. Le soleil et l'air, et peut-être le feu, ont été introduits et le grain a été cultivé là où il se trouve. Il a perdu son aspect sauvage, humide et hirsute ; les innombrables arbres tombés et en décomposition ont disparu, et par conséquent l'épaisse couche de mousse qui y vivait a également disparu. La terre est relativement nue, lisse et sèche. Les endroits les plus primitifs qui nous restent sont les marécages, où l'épicéa pousse encore hirsute d'usnée. La surface du sol dans les bois du Maine est partout spongieuse et saturée d'humidité. J'ai remarqué que les plantes qui couvrent le sol forestier là-bas sont celles qui sont communément confinées aux marécages chez nous : le *Clintonia borealis* , les orchidées , la symphorine rampante et autres ; et l'aster dominant ici est l' *Aster acuminatus* , qui pousse chez nous dans les bois humides et ombragés. Les asters *cordifolius* et *macrophyllus* sont également communs, asters peu ou pas colorés, et parfois sans pétales. Je n'ai pas vu de pins blancs de seconde venue, tendres et étalés, à l'écorce lisse, reconnaissant la présence du bûcher, mais même les jeunes pins blancs étaient tous des arbres grands et minces à l'écorce rugueuse.

Ces bois du Maine diffèrent essentiellement des nôtres. Là, on ne vous rappelle jamais que le désert que vous parcourez est, après tout, le bois familier d'un villageois, le tiers d'une veuve, à partir duquel ses ancêtres ont tiré du combustible pendant des générations, minutieusement décrit dans quelque ancien acte enregistré, dont le propriétaire a aussi un plan, et d'anciennes marques de reliure peuvent être trouvées tous les quarante bâtons, si vous faites une recherche. C'est vrai, la carte peut vous informer que vous vous trouvez sur un terrain concédé par l'État à quelque académie, ou acheté par Bingham ; mais ces noms ne vous en imposent pas, car vous ne voyez rien qui vous rappelle l'académie ou Bingham. Qu'étaient pour eux les « forêts » d'Angleterre ? Un auteur raconte à propos de l'île de Wight qu'à l'époque de Charles II « il y avait des bois si complets et si étendus sur l'île qu'on dit qu'un écureuil aurait pu parcourir plusieurs lieues ensemble au sommet des arbres ». S'il n'y avait pas les rivières (et il pourrait faire le tour de leurs têtes), un écureuil pourrait ici parcourir ainsi toute l'étendue du pays.

Nous n'avons pas encore eu de description adéquate d'une forêt de pins primitive. J'ai remarqué que dans un atlas physique récemment publié dans le Massachusetts et utilisé dans nos écoles, les « terres boisées » de l'Amérique du Nord se limitent presque uniquement aux vallées de l'Ohio et à certains des Grands Lacs, ainsi qu'aux grandes forêts de pins de l'Amérique du Nord. le globe n'est pas représenté. Dans notre voisinage, par exemple, le Nouveau-Brunswick et le Maine sont aussi nus que le Groenland. Il se peut que les enfants de Greenville, au pied du lac Moosehead, qui ne risquent sûrement pas d'être effrayés par un hibou, soient renvoyés dans la vallée de l'Ohio pour se faire une idée d'une forêt ; mais ils ne sauraient que faire de leurs élans, ours, caribous, castors, etc., là-bas. Devons-nous laisser à un Anglais le soin de nous dire que « l'Amérique du Nord, tant aux États-Unis qu'au Canada, abrite les forêts de pins les plus étendues du monde » ? La plus grande partie du Nouveau-Brunswick, la moitié nord du Maine et les régions adjacentes du Canada, sans parler de la partie nord-est de New York et d'autres régions plus éloignées, sont encore couvertes d'une forêt de pins presque ininterrompue.

Mais le Maine sera peut-être bientôt là où se trouve le Massachusetts. Une bonne partie de son territoire est déjà aussi nue et aussi banale que la majeure partie de notre voisinage, et ses villages ne sont généralement pas aussi bien ombragés que les nôtres. Nous semblons penser que la terre doit passer par l'épreuve du pâturage des moutons avant d'être habitable par l'homme. Considérez Nahant, la station balnéaire de toute la mode de Boston, — péninsule que je vis indistinctement au crépuscule, lorsque je passais devant elle, et pensais qu'elle était inchangée depuis sa découverte. John Smith l'a décrit en 1614 comme « les Mattahunts , deux agréables îles de bosquets, de jardins et de champs de maïs » ; et d'autres nous disent qu'il était autrefois bien boisé, et qu'il fournissait même du bois pour construire les quais de Boston. Il est désormais difficile d'y faire pousser un arbre, et le visiteur repart avec la vision des vilaines clôtures de M. Tudor, hautes d'une tige, destinées à protéger quelques poiriers. Et à quoi allons-nous arriver dans nos villes du Middlesex ? Une maison de ville ou une maison de réunion chauve et au regard fixe, et un poteau de liberté nu, aussi dépourvu de feuilles que stérile, pour autant que je puisse en voir. Nous serons obligés d'importer le bois pour la dernière fois, ou d'épisser les bois que nous avons. Et nos idées sur la liberté sont également mesquines avec celles-ci. Les rangées de saules elles-mêmes étaient coupées tous les trois ans pour obtenir du combustible ou de la poudre, et tous les pins, chênes et autres arbres forestiers de grande taille étaient abattus de mémoire d'homme ! Comme si les spéculateurs individuels pouvaient exporter les nuages du ciel ou les étoiles du firmament, un à un. Nous en serons réduits à ronger la croûte même de la terre pour nous nourrir.

Ils sont même descendus vers du petit gibier. Ils ont récemment, à ce qu'on m'a dit, inventé une machine pour hacher finement les buissons de myrtilles et les transformer ainsi en combustible ! Des buissons qui, rien que pour leurs fruits, valent plusieurs fois tous les poiriers du pays. (Je peux vous donner une liste des trois meilleures espèces, si vous le voulez.) A ce rythme-là, nous serons tous obligés de laisser pousser au moins notre barbe, ne serait-ce que pour cacher la nudité de la terre et faire un air de sylvestre. . Le fermier parle parfois de « débroussaillage », simplement comme si la terre nue était plus belle que la terre vêtue, que celle qui porte son vêtement naturel, - comme si les haies sauvages, qui sont peut-être plus pour ses enfants que toute sa ferme à côté , étaient de la saleté. J'en connais un qui mérite d'être appelé le Détesteur des arbres, et peut-être de laisser cela à ses enfants pour un nouveau patronyme. On croirait qu'il avait été prévenu par un oracle qu'il serait tué par la chute d'un arbre, et qu'il était donc résolu à les anticiper. Les journalistes pensent qu'ils ne peuvent pas trop se prononcer en faveur de telles « améliorations » de l'élevage ; c'est un thème sûr, comme la piété ; mais quant à la beauté d'une de ces « fermes modèles », j'aimerais aussi voir un brevet et un homme qui le fait tourner. Ce sont généralement des endroits où quelqu'un gagne de l'argent, il peut s'agir de contrefaçon. La vertu de faire pousser deux brins d'herbe là où un seul poussait auparavant ne commence pas à être surhumaine.

Néanmoins, ce fut un soulagement de retrouver notre paysage lisse mais toujours varié. Pour une résidence permanente, il m'a semblé qu'il ne pouvait y avoir de comparaison entre celle-ci et la nature sauvage, si nécessaire que soit cette dernière comme ressource et comme arrière-plan, matière première de toute notre civilisation. Le désert est simple, presque stérile. C'est le pays partiellement cultivé qui a principalement inspiré et continuera d'inspirer les vers des poètes, tels que ceux qui composent la masse de toute littérature. Nos bois sont sylvestres, et leurs habitants sont des bûcherons et des rustiques ; c'est de *la selvaggia* , et les habitants sont *des déchets* . Un homme civilisé, utilisant le mot dans le sens ordinaire, avec ses idées et ses associations, doit enfin s'y languir, comme une plante cultivée qui serre ses fibres autour d'une masse de tourbe brute et non dissoute. A l'extrême nord, les voyageurs sont obligés de danser et de jouer des pièces de théâtre pour gagner du travail. Peut-être que nos propres bois et nos champs, — dans les villes les mieux boisées, où nous n'avons pas besoin de nous quereller au sujet des airelles, — avec les marécages primitifs dispersés çà et là au milieu, mais qui ne les dominent pas, sont la perfection des parcs et des bosquets. jardins, tonnelles, sentiers, vues et paysages. Ils sont la conséquence naturelle de l'art et du raffinement dont nous disposons en tant que peuple, du commun que possède chaque village, de son véritable paradis, en comparaison duquel tous les parcs et jardins construits avec soin et richesse ne sont que de misérables imitations. Ou plutôt, tels *étaient* nos bosquets il y a vingt ans. Le chemin du poète, en général, n'est pas celui d'un bûcheron, mais celui d'un bûcheron . Le bûcheron et le pionnier l'ont précédé, comme Jean-Baptiste ; mangé du miel sauvage, peut-être, mais aussi des sauterelles ; il a banni le bois en décomposition et les mousses spongieuses qui s'en nourrissent, lui a construit des foyers et a humanisé la nature.

Mais il existe des esprits d'une culture encore plus libérale, pour qui aucune simplicité n'est stérile. Il n'y a pas seulement des pins majestueux, mais aussi des fleurs fragiles, comme les orchidées , communément décrites comme trop délicates pour la culture, qui tirent leur nourriture de la masse de tourbe la plus grossière. Celles-ci nous rappellent que, non seulement pour la force, mais pour la beauté, le poète doit, de temps en temps, parcourir le chemin du bûcheron et le sentier de l'Indien, pour s'abreuver à quelque nouvelle et plus vivifiante fontaine des Muses, loin dans les recoins. du désert.

Les rois d'Angleterre avaient autrefois leurs forêts « pour abriter le gibier du roi », pour le sport ou la nourriture, détruisant parfois des villages pour les créer ou les agrandir ; et je pense qu'ils étaient poussés par un véritable instinct. Pourquoi ne devrions-nous pas, nous qui avons renoncé à l'autorité du roi, avoir nos réserves nationales, où aucun village n'a besoin d'être détruit, dans lequel l'ours et la panthère, et certains même de la race des chasseurs, peuvent encore exister, et ne pas être « civilisés hors du commun ». face de la terre », nos forêts, non pas simplement pour abriter le gibier du roi, mais pour abriter et préserver également le roi lui-même, le seigneur de la création, non pas pour un sport ou une nourriture oiseux, mais pour l'inspiration et notre propre véritable récréation ? ou allons-nous, comme les méchants, les arracher tous, en braconnant sur nos propres domaines nationaux ?

LA BRANCHE ALLEGASH ET EST

J'ai commencé ma troisième excursion dans les bois du Maine le lundi 20 juillet 1857, avec un compagnon, et j' suis arrivé à Bangor le lendemain à midi. Nous avions à peine quitté le bateau à vapeur, que nous croisâmes Molly Molasses dans la rue. Tant qu'elle vivra, les Penobscots pourront être considérés comme existant en tant que tribu. Le lendemain matin, un de mes parents, qui connaît bien les Indiens Penobscot et qui avait été mon compagnon lors de mes deux précédentes excursions dans les bois du Maine, m'emmena dans son chariot à Oldtown, pour m'aider à obtenir un Indien pour cette expédition. Nous avons été transportés jusqu'à l'île Indienne dans un batteau. Le garçon du passeur en avait récupéré la clé, mais le père, qui était forgeron, après un peu d'hésitation, coupa la chaîne avec un ciseau à froid sur le rocher. Il m'a dit que les Indiens étaient presque tous partis vers la côte et vers le Massachusetts, en partie à cause de la variole — dont ils ont très peur — qui s'était déclarée dans Oldtown, et il était douteux que nous puissions en trouver un qui convienne à maison. Mais le vieux chef Neptune était toujours là. Le premier homme que nous avons vu sur l'île était un Indien nommé Joseph Polis, que mon parent connaissait depuis son enfance et qu'on appelait maintenant familièrement « Joe ». Il habillait une peau de cerf dans son jardin. La peau était étalée sur une bûche inclinée et il la raclait avec un bâton tenu à deux mains. Il était robuste, peut-être un peu au-dessus de la taille moyenne, avec un visage large et, comme d'autres l'ont dit, des traits et un teint indiens parfaits. Sa maison était blanche à deux étages, avec des stores, la plus belle que j'aie remarquée là-bas, et aussi bonne qu'une maison moyenne dans la rue d'un village de la Nouvelle-Angleterre. Elle était entourée d'un jardin et d'arbres fruitiers, de simples tiges de maïs se dressant au milieu des haricots. Nous lui avons demandé s'il connaissait un bon Indien qui aimerait aller dans les bois avec nous, c'est-à-dire jusqu'aux lacs Allegash , en passant par Moosehead, et revenir par le bras est du Penobscot, ou en varier à notre guise. . A quoi il répondit, de cet étrange éloignement dans lequel l'Indien habite toujours avec l'homme blanc : « Moi, j'aimerais y aller moi-même ; moi, je veux avoir de l'orignal ; » et j'ai continué à gratter la peau. Son frère était allé dans les bois avec mon parent seulement un an ou deux auparavant, et l'Indien demanda maintenant ce que ce dernier lui avait fait, et il ne revint pas, car il ne l'avait plus revu ni entendu parler de lui depuis.

Enfin, nous revenions au sujet le plus intéressant. Le passeur nous avait dit que tous les meilleurs Indiens étaient partis, sauf Polis, qui faisait partie de l' aristocratie . Il serait certainement le meilleur homme que nous puissions avoir, mais s'il y allait, il exigerait un bon prix ; donc nous ne nous attendions pas à l'avoir. Polis demanda d'abord deux dollars par jour, mais accepta de payer un dollar et demi et cinquante cents par semaine pour son canot. Il viendrait à Bangor avec son canoë par le train de sept heures ce soir-là, nous pourrions compter sur lui. Nous nous estimons chanceux de pouvoir compter sur les services de cet homme réputé particulièrement stable et digne de confiance.

Je passai l'après-midi avec mon compagnon, resté à Bangor, à préparer notre expédition, à acheter des provisions, du pain dur, du porc, du café, du sucre, etc., et des vêtements en caoutchouc .

Nous avions d'abord songé à explorer le Saint-Jean depuis sa source jusqu'à son embouchure, ou bien à remonter le Penobscot par son bras Est jusqu'aux lacs du Saint-Jean, et à revenir par Chesuncook et Moosehead . Nous avions finalement opté pour la dernière route, en inversant seulement l'ordre, en passant par Moosehead et en revenant par le Penobscot, sinon cela aurait été tout en amont et pris deux fois plus de temps.

Le soir, l'Indien est arrivé dans les voitures, et j'ai ouvert la voie pendant qu'il me suivait pendant trois quarts de mille jusqu'à la maison de mon ami, avec le canot sur la tête. Je ne connaissais pas moi-même la route exacte, mais je me dirigeais selon la configuration du terrain, comme je le fais à Boston, et j'essayais d'entrer en conversation avec lui, mais comme il soufflait sous le poids de son canot, n'ayant pas l'habituel appareil pour le transporter, mais surtout c'était un Indien, j'aurais tout aussi bien pu taper sur le pied de son bouleau pendant ce temps. En réponse aux diverses observations que je fis en brisant la glace, il se contenta de grogner vaguement sous son canot une ou deux fois, de sorte que je sus qu'il était là.

Tôt le lendemain matin (23 juillet), l'étape nous appela, l'Indien ayant déjeuné avec nous et ayant déjà placé les bagages dans le canot pour voir comment cela se passerait. Mon compagnon et moi avions chacun un grand sac à dos aussi plein qu'il pouvait contenir, et nous avions deux grands sacs en caoutchouc indien qui contenaient nos provisions et nos ustensiles. Quant à l'Indien, tout bagage qu'il avait, outre sa hache et son fusil, était une couverture qu'il emportait à la main. Cependant il avait prévu une réserve de tabac et une pipe neuve pour l'excursion. Le canoë était solidement attaché en diagonale sur le dessus de la scène, avec des morceaux de tapis rentrés sous le bord pour éviter tout frottement. Le conducteur, très accommodant, semblait aussi habitué à transporter ainsi des canoës que des boîtes à musique.

À Bangor House, nous avons accueilli quatre hommes partant en excursion de chasse, l'un d'entre eux faisant office de cuisinier. Ils avaient un chien, un chien bringé de taille moyenne, qui courait le long de la scène, son maître montrant la tête et sifflant de temps en temps ; mais après que nous eûmes parcouru environ trois milles, le chien disparut subitement, et deux membres du groupe revinrent le chercher, tandis que la scène, pleine de passagers, attendait. J'ai suggéré qu'il avait pris le chemin inverse pour rejoindre Bangor House. Enfin, un homme revint, tandis que l'autre continuait. Tout ce groupe de chasseurs déclara son intention de s'arrêter jusqu'à ce que le chien soit retrouvé ; mais le chauffeur, très obligeant, était prêt à attendre encore longtemps. Il n'était évidemment pas disposé à perdre autant de passagers, qui auraient pris un moyen de transport privé, ou peut-être l'autre ligne d'étapes, le lendemain . Nous avons fait de tels progrès, avec un voyage de plus de soixante milles à accomplir ce jour-là et une tempête de pluie qui venait de s'installer. Nous avons discuté du sujet des chiens et de leurs instincts jusqu'à ce qu'il soit usé, pendant que nous attendions là, et le paysage de la banlieue de Bangor est encore nettement gravé dans ma mémoire. Au bout d'une bonne demi-heure, l'homme revint, conduisant le chien par une corde. Il l'avait rattrapé au moment où il entrait dans la Bangor House. Il fut alors attaché au sommet de la scène, mais étant mouillé et froid, il sauta plusieurs fois au cours du voyage, et je le vis pendu par le cou. On comptait sur ce chien pour arrêter les ours. Il en avait déjà arrêté une quelque part dans le New Hampshire, et je peux témoigner qu'il en a arrêté une dans le Maine. Ce groupe de quatre personnes n'a probablement rien payé pour la promenade du chien, ni pour sa course, tandis que notre groupe de trois a payé deux dollars — et on en a facturé quatre — pour le canot léger qui gisait toujours sur le dessus.

Il commença bientôt à pleuvoir et devint de plus en plus orageux à mesure que la journée avançait. C'était la troisième fois que je passais par cette route, et il a plu à chaque fois toute la journée. Nous ne vîmes donc que peu de choses du pays. La scène était bondée tout le long du trajet, et je m'occupais davantage de mes compagnons de voyage. Si vous aviez regardé à l'intérieur de cet autocar, vous auriez pensé que nous étions prêts à affronter une bande de voleurs, car il y avait quatre ou cinq fusils sur le siège avant, y compris celui de l'Indien, et un ou deux sur celui arrière. chaque homme tenant sa chérie dans ses bras. L'un d'entre eux possédait un fusil qui pesait douze livres par livre. Il semblait que ce groupe de chasseurs suivait notre route, mais beaucoup plus loin, en descendant l' Allegash et le Saint-Jean, et de là en remontant un autre cours d'eau, et en traversant la Restigouche et la baie des Chaleurs, pour être parti six semaines. Ils avaient déposé des canoës, des haches et des fournitures à une certaine distance le long de la route. Ils transportaient de la farine et devaient faire préparer du pain nouveau chaque jour. Leur chef était un bel homme d'une trentaine d'années, de bonne taille, mais peu robuste en apparence, d'une adresse courtoise et d'une toilette irréprochable ; celui que l'on pourrait s'attendre à rencontrer à Broadway. En fait, au sens populaire du terme, il était l' homme le plus « gentleman » sur scène ou que nous ayons vu sur la route. Il avait un teint clair et blanc, comme s'il avait toujours vécu dans l'ombre, et un visage intellectuel, et avec ses manières calmes, il aurait pu passer pour un étudiant en théologie qui avait vu quelque chose du monde. J'ai été surpris de découvrir, en discutant avec lui au cours de la journée, qu'il était un chasseur , car son fusil n'était pas très exposé, et encore plus de découvrir qu'il était probablement le principal chasseur blanc de Maine, et était connu tout au long de la route. Il avait également chassé dans certains États plus au sud et à l'ouest. J'ai ensuite entendu parler de lui comme d'un homme capable de supporter beaucoup d'exposition et de fatigue sans en montrer les effets ; et il pouvait non seulement utiliser des armes à feu, mais aussi les fabriquer, étant lui-même armurier. Au printemps, il avait sauvé un conducteur de scène et deux passagers de la noyade dans les marigots des Piscataquis à Foxcroft sur cette route, après avoir nagé jusqu'au rivage dans l'eau glaciale, construit un radeau et les avoir fait descendre, bien que les chevaux se soient noyés . , — au grand risque pour lui-même, tandis que le seul autre homme capable de nager se retirait dans la maison la plus proche pour éviter le gel. Il pouvait désormais emprunter cette route pour rien. Il connaissait notre homme et remarqua que nous avions là-bas un bon Indien, un bon chasseur ; ajoutant qu'il valait 6 000 $. L'Indien le connaissait aussi et me disait : « le grand chasseur ».

Le premier me raconta qu'il pratiquait une sorte de chasse au coup, nouvelle ou peu commune dans ces parages ; que les caribous, par exemple, paissaient en rond autour du même pré, revenant par le même chemin, et qu'il les guettait.

L'Indien était assis sur le siège avant, sans rien dire à personne, avec une expression impassible, comme s'il était à peine conscient de ce qui se passait. Une fois de plus, j'ai été frappé par le flou particulier de ses réponses lorsqu'il était adressé sur scène ou dans les tavernes. Il n'a vraiment jamais rien dit dans de telles occasions. Il était simplement agité, comme une bête sauvage, et marmonnait passivement une réponse insignifiante. Sa réponse, dans de tels cas, n'a jamais été la conséquence d'une énergie mentale positive, mais vague comme un nuage de fumée, ne suggérant aucune *responsabilité* , et si vous y réfléchissez, vous découvrirez que vous n'avez rien retiré de lui. C'était au lieu des palabres conventionnelles et de l'intelligence de l'homme blanc, et c'était tout aussi rentable. La plupart n'obtiennent rien de plus de l'Indien et le déclarent impassible en conséquence. J'ai été surpris de voir quel style stupide et impertinent un homme du Maine, un passager, utilisait pour s'adresser à lui, comme s'il était un enfant, ce qui ne faisait que faire briller un peu ses yeux. Un Canadien ivre lui a demandé dans une taverne, d'un ton traînant, s'il fumait, ce à quoi il a répondu par un « oui » indéfini. « Ne veux-tu pas me prêter ta pipe un petit moment ? demanda l'autre. Il répondit, regardant droit par la tête de l'homme, avec un visage singulièrement indifférent à tous les intérêts voisins : « Je n'ai pas de pipe ; pourtant je l'avais vu ce matin-là en mettre un nouveau, avec une réserve de tabac, dans sa poche.

Notre petit canot, si soigné et si solide, suscitait des critiques favorables de la part de tous les sages parmi les flâneurs des tavernes le long de la route. Au bord de la route, près des roues, j'aperçus une splendide grande orchidée pourpre frangée, avec une pointe grosse comme un épilobe , que j'aurais volontiers arrêté la scène pour cueillir, mais comme on n'avait jamais vu cela pour arrêter un ours, comme le chien sur scène, le pilote aurait probablement pensé que c'était une perte de temps.

Lorsque nous atteignîmes le lac, vers huit heures et demie du soir, il pleuvait toujours régulièrement, et plus fort qu'auparavant ; et, dans cette atmosphère fraîche et fraîche, les hylodes guettaient et les crapauds carillonnaient partout dans le lac, comme au printemps chez nous. C'était comme si la saison avait reculé de deux ou trois mois, ou que j'étais arrivé à la demeure du printemps perpétuel.

Nous avions prévu d'aller immédiatement sur le lac et, après avoir parcouru deux ou trois milles, de camper sur une de ses îles ; mais à cause de la pluie constante et croissante, nous décidâmes d'aller passer la nuit dans une des tavernes, même si, pour ma part, j'aurais préféré camper dehors.

Vers quatre heures du matin suivant (24 juillet), bien que le temps soit assez nuageux, accompagnés par le propriétaire jusqu'au bord de l'eau, au crépuscule, nous avons lancé notre canot depuis un rocher sur le lac Moosehead. Quand j'y étais quatre ans auparavant, nous avions un canot assez petit pour trois personnes, et j'avais pensé que cette fois j'en aurais un plus grand, mais celui d'aujourd'hui était encore plus petit que cela. Il mesurait 18¼ pieds de long sur 2 pieds 6½ pouces de large au milieu et un pied de profondeur à l'intérieur, j'ai donc trouvé par mesure, et j'ai jugé qu'il peserait pas loin de quatre-vingts livres. L'Indien l'avait récemment fabriqué lui-même, et sa petitesse était en partie compensée par sa nouveauté, ainsi que par sa robustesse et sa solidité, car il était fait d'écorce et de côtes très épaisses. Nos bagages pesaient environ 166 livres, de sorte que le canot transportait environ 600 livres en tout, soit le poids de quatre hommes. La partie principale du bagage était, comme d'habitude, placée au milieu de la partie la plus large, tandis que nous nous rangeions dans les fentes et les recoins qui étaient laissés devant et derrière, où il n'y avait pas de place pour étendre nos jambes, les objets en vrac. étant rentré dans les extrémités. Le canot était donc aussi serré qu'un panier de marché et aurait pu être renversé sans renverser aucun de son contenu. L'Indien était assis sur une barre transversale à l'arrière, mais nous étions à plat sur le fond, avec une attelle ou un éclat derrière le dos, pour les protéger de la barre transversale, et l'un de nous pagayait couramment avec l'Indien. Il prévoyait que nous n'aurions pas besoin de perche avant d'avoir atteint la rivière Umbazookskus , qui était jusqu'ici soit en eau morte , soit en aval, et il était prêt à faire une voile avec sa couverture à l'avant si le vent était favorable ; mais nous ne l'avons jamais utilisé.

Il avait plu plus ou moins les quatre jours précédents, de sorte que nous pensions pouvoir compter sur du beau temps. Le vent soufflait d'abord du sud-ouest.

En pagayant le long de la rive est du lac, dans le calme du matin, nous vîmes bientôt quelques sheldrakes, que les Indiens appelaient *Shecorways* , et quelques peetweets , *Naramekechus* , sur la rive rocheuse ; nous avons également vu et entendu des huards, *Medawisla* , qui, selon lui, étaient un signe de vent. C'était inspirant d'entendre le fléchissement régulier des pagaies, comme s'il s'agissait de nos palmes ou de nos palmes, et de réaliser que nous étions enfin assez embarqués. Nous qui nous sentions étrangement en tant que passagers d'étape et hôtes de taverne, nous y sommes soudainement naturalisés et avons accès à la liberté des lacs et des bois. Après avoir dépassé les petites îles rocheuses à deux ou trois milles du pied du lac, nous eûmes une brève consultation concernant notre route, et nous inclinâmes vers la rive ouest pour le vent ; car autrement, si le vent se levait, il nous serait impossible d'atteindre le mont Kineo, qui est à peu près à mi-hauteur du lac du côté est, mais dans sa partie la plus étroite, où probablement nous pourrions repasser si nous prenions le côté ouest. Le vent est le principal obstacle à la traversée des lacs, surtout dans un si petit canot. L'Indien a fait remarquer à plusieurs reprises qu'il n'aimait pas traverser les lacs « en petit canot », mais néanmoins, « comme on dit, cela ne lui faisait aucun danger ». Il lui arrivait parfois de suivre une route droite au milieu du lac, entre les îles Sugar et Deer, lorsqu'il n'y avait pas de vent.

Mesuré sur la carte, le lac Moosehead a douze milles de largeur à l'endroit le plus large et trente milles de longueur en ligne directe, mais il est plus long qu'il s'étend. Le capitaine du paquebot lui annonçait trente-huit milles pendant qu'il dirigeait. Nous devrions probablement en avoir une quarantaine. L'Indien a dit qu'on l'appelait « *Mspame* , parce que c'est une grande eau ». Le mont Squaw s'élevait sombrement sur notre gauche, près de l'embouchure du Kennebec, et ce que les Indiens appelaient le mont Spencer Bay, à l'est, et déjà nous voyions le mont Kineo devant nous au nord.

En pagayant près du rivage, nous entendions fréquemment le *pe-pe* du moucherolle à côtés olive, ainsi que du pioui des bois et du martin-pêcheur, donc tôt le matin. L'Indien nous rappelant qu'il ne pouvait pas travailler sans manger, nous nous arrêtâmes pour déjeuner sur la rive principale, au sud-ouest de l'île Deer, à un endroit où poussaient abondamment les *Mimulus ringens* . Nous avons sorti nos sacs et l'Indien a fait un feu sous une très grosse bûche blanchie, en utilisant de l' écorce de pin blanc provenant d'une souche, bien qu'il ait dit que la pruche était meilleure, et du petit bois avec de l'écorce de bouleau de canoë. Notre table était un gros morceau d'écorce de bouleau fraîchement pelé, posé à l'envers, et notre petit déjeuner se composait de pain dur, de porc frit et de café fort, bien sucré, dans lequel le lait ne nous manquait pas.

Pendant que nous prenions le petit déjeuner, une couvée de douze plongeurs noirs, à moitié adultes, arriva en pagayant à moins de trois ou quatre cannes, pas du tout alarmée ; et ils flânèrent aussi longtemps que nous restâmes, tantôt serrés les uns contre les autres, dans un cercle de dix-huit pouces de diamètre, tantôt s'éloignant en une longue file, très astucieusement. Pourtant, ils avaient une certaine proportion par rapport au grand lac Moosehead sur le sein duquel ils flottaient, et j'avais l'impression qu'ils étaient sous sa protection.

En regardant vers le nord depuis cet endroit, il nous semblait que nous entrions dans une grande baie, et nous ne savions pas si nous serions obligés de dévier de notre route et de rester en dehors d'un point que nous voyions, ou si nous devrions trouver un passage entre celle-ci et le continent. . J'ai consulté ma carte et utilisé mon verre, et l'Indien a fait de même, mais nous n'avons pas pu trouver notre place exactement sur la carte, ni déceler aucune cassure dans le rivage. Quand j'ai demandé mon chemin à l'Indien, il a répondu : « Je ne sais pas », ce que j'ai trouvé remarquable, puisqu'il avait dit qu'il connaissait le lac ; mais il semblait qu'il n'était jamais monté de ce côté. Il faisait un temps brumeux et caniculaire, et nous avions déjà pénétré dans une baie plus petite du même genre et en avions fait tomber le fond, bien que nous ayons été obligés de passer par-dessus une petite barre, entre une île et le rivage, où se trouvait il n'y avait que suffisamment de largeur et de profondeur pour faire flotter le canot, et l'Indien avait observé : « Pont makum très facile ici », mais maintenant il semblait que, si nous tenions bon, nous serions assez embarrassés. Cependant, bien que nous n'ayons pas bougé, la brume se dissipa quelque peu et révéla une cassure dans la côte vers le nord, montrant que la pointe était une partie de l'île Deer et que notre route se trouvait à l'ouest de celle-ci. Là où le rivage semblait continu même à travers un verre, une partie était maintenant vue à l'œil nu comme étant beaucoup plus éloignée que l'autre qui le recouvrait, simplement par la plus grande épaisseur de brume qui reposait encore sur elle, tandis que la plus proche. ou la partie de l'île était relativement nue et verte. La ligne de séparation était très nette, et l'Indien a immédiatement fait remarquer : « Je suppose que vous et moi y allons, — je suppose qu'il y a de la place pour mon canot là-bas. C'était son expression habituelle au lieu de dire « nous ». Il ne nous a jamais appelé par nos noms, bien que curieux de savoir comment ils étaient orthographiés et ce qu'ils signifiaient, alors que nous l'appelions Polis. Il avait déjà deviné très précisément notre âge et disait qu'il avait quarante-huit ans.

Mont Squaw, lac Moosehead

Après le petit-déjeuner, j'ai vidé le porc fondu qui restait dans le lac, formant ce que les marins appellent une « nappe », et j'ai observé combien il s'étalait et lissait la surface agitée. L'Indien l'examina un moment et dit : « Cela rend le pagayeur dur ; tiens- les en canoë. Alors dites le bon vieux temps.

Nous avons rechargé en toute hâte, mis la vaisselle en vrac dans les avants, pour qu'elle soit à portée de main en cas de besoin, et nous sommes repartis. La rive ouest, près de laquelle nous pagayions, s'élevait doucement jusqu'à une hauteur considérable, et était partout densément couverte de forêt, dans laquelle se trouvait une grande proportion de bois dur pour égayer et soulager les sapins et les épicéas.

L'Indien disait que le lichen usnée que nous voyions pendu aux arbres s'appelait *chorchorque* . Nous lui avons demandé les noms de plusieurs petits oiseaux que nous avons entendus ce matin. La grive des bois, qui était assez commune et dont il imitait la note, s'appelait, disait-il, *Adelungquamooktum* ; mais parfois il ne pouvait pas dire le nom d'un petit oiseau que j'entendais et connaissais, mais il disait : « Je parle à tous les oiseaux d' ici, de ce pays ; Je ne peux pas distinguer les petits bruits, mais je les vois , alors je peux le dire.

J'ai remarqué que j'aimerais aller à l'école chez lui pour apprendre sa langue, vivant actuellement sur l'île indienne ; cela ne pourrait-il pas être fait ? "Oh, oui ," répondit-il, "beaucoup le font." Je lui ai demandé combien de temps il pensait que cela prendrait. Il a dit une semaine. Je lui ai dit que lors de ce voyage, je lui dirais tout ce que je savais et qu'il devrait me dire tout ce qu'il savait, ce à quoi il a volontiers accepté.

Les oiseaux chantaient tout à fait comme dans nos bois, le rouge-queue, le rouge-queue, le veery, le pioui des bois, etc., mais nous n'avons vu aucun oiseau bleu pendant tout notre voyage, et plusieurs m'ont dit à Bangor qu'ils n'avaient pas d'oiseau bleu là-bas. Le mont Kineo, qui était généralement visible, bien que parfois caché par des îles ou par le continent en face, avait une barre de nuages plane cachant son sommet, et tous les sommets des montagnes autour du lac étaient coupés à la même hauteur. Des canards de diverses espèces — sheldrake, canards d'été, etc. — étaient assez communs et couraient sur l'eau devant nous aussi vite qu'un cheval au trot . Ils furent donc bientôt hors de vue.

L'Indien m'a demandé le sens de *la réalité* , aussi fidèle que je pouvais comprendre le mot, qu'il a dit que l'un de nous avait utilisé ; aussi d' *interrent* , c'est-à-dire d'intelligent. J'ai observé qu'il pouvait rarement prononcer la lettre r, mais qu'il utilisait l, ainsi que parfois r pour l ; comme *chargement* pour la route, *pickelel* pour brochet, *Soogle* Island pour Sugar Island, *écluse* pour roche, etc. Pourtant, il a trillé le *r* assez bien après moi.

Il ajoutait généralement la syllabe *um* à ses mots quand il le pouvait, comme paddl *um* , etc. J'ai entendu une fois une conférence de Chippeway , qui faisait rire son auditoire involontairement en mettant *également m* après le mot , mot qu'il apportait continuellement et inutilement. , accentuant et prolongeant sonorement ce son en *m-ah* , comme s'il était nécessaire d'apporter une grande partie de sa langue vernaculaire pour soulager ses organes, compenser le fait de tordre ses mâchoires et de mettre sa langue dans tous les coins de sa bouche. , comme il se plaignait d'être obligé de le faire lorsqu'il parlait anglais. Il y avait tellement d'accent indien qui résonnait dans son anglais, tellement de « saveur de flèche d'arc » comme l'appelle mon voisin, et je ne doute pas que ce mot lui ait semblé le mieux prononcé. C'était un bruit sauvage et rafraîchissant, comme celui du vent parmi les pins, ou le grondement des vagues sur le rivage.

Je lui ai demandé la signification du mot *Musketicook* , le nom indien de Concord River. Il le prononça *Muskéeticook* , en soulignant la deuxième syllabe avec un son guttural particulier, et dit que cela signifiait « eau morte », ce qui est le cas, et dans cette définition il était exactement d'accord avec l'Indien de Saint-François avec qui j'ai parlé en 1853.

Sur un point du continent à quelques milles au sud-ouest de l'île Sand-bar, où nous avons débarqué pour nous dégourdir les jambes et observer la végétation, en pénétrant quelques pas à l'intérieur des terres, j'ai découvert un feu qui brillait encore sous ses cendres, là où quelqu'un avait déjeuné, et un lit de brindilles préparé pour la nuit suivante. Je savais donc non seulement qu'ils venaient de partir, mais qu'ils avaient l'intention de revenir, et par la largeur du lit qu'il y en avait plus d'un dans le groupe. Vous auriez pu vous approcher à moins de six pieds de ces panneaux sans les voir. Là poussaient le noisetier à bec, le seul noisetier que j'ai vu dans ce voyage, le diervilla , rue de sept pieds de haut, qui était très abondant sur toutes les rives des lacs et des rivières, et *le Cornus stolonifera* , ou osier rouge, dont l'écorce, disait l'Indien, , était bon à fumer et s'appelait *maquoxigill* , « le tabac avant l'arrivée des Blancs dans ce pays, le tabac indien ».

L'Indien faisait toujours très attention en s'approchant du rivage, de peur de blesser son canot sur les rochers, le laissant osciller lentement sur le côté, et il était encore plus attentif à ce que nous n'y mettions pas le pied sur le rivage, ni jusqu'à ce qu'il flotte librement, et alors il faut marcher doucement, de peur d'ouvrir ses coutures ou de faire un trou dans le fond. Il a dit qu'il nous dirait quand sauter.

Peu après avoir quitté ce point, nous avons dépassé le Kennebec, ou exutoire du lac, et avons entendu les chutes au niveau du barrage, car même le lac Moosehead est doté d'un barrage. Après avoir dépassé l'île aux Cerfs, nous avons aperçu le petit bateau à vapeur venant de Greenville, tout à l'est, au milieu du lac, et il semblait presque stationnaire. Parfois, nous pouvions à peine la distinguer d'une île où il y avait quelques arbres. Ici, nous étions exposés au vent venant de toute la largeur du lac et courions un peu de risque d'être submergés. Pendant que j'avais l'œil fixé sur l'endroit où un gros poisson avait bondi, nous avons pris un ou deux gallons d'eau, qui ont rempli mes genoux ; mais nous atteignîmes bientôt le rivage et passâmes le canot sur la barre, à l'île Sand-bar, large de quelques pieds seulement, et économisons ainsi une distance considérable. On débarquait d'abord dans un endroit plus abrité, et en faisant le tour, on attrapait le canot par la proue, pour éviter qu'il ne se blesse contre le rivage.

de nouveau une large baie en face de l'embouchure de la rivière Moose, avant d'atteindre l'étroit détroit du mont Kineo, faisons ce que les voyageurs appellent une *traversée* et trouvâmes l'eau assez agitée. Un très petit vent sur ces larges lacs soulève une mer qui inonderait un canot. En regardant du rivage, la surface peut paraître très peu agitée, presque lisse, à un mille de distance, ou si vous voyez quelques crêtes blanches, elles semblent presque au niveau du reste du lac ; mais quand vous sortirez aussi loin, vous trouverez peut-être toute une mer qui coule, et bientôt, avant que vous y pensiez, une vague rampera doucement sur le côté du canoë et remplira vos genoux, comme un monstre vous couvrant délibérément de son de la bave avant de vous avaler, sinon elle heurtera violemment le canot et s'y enfoncera. La même chose peut se produire lorsque le vent se lève soudainement, alors qu'il y était parfaitement calme et doux quelques minutes auparavant ; de sorte que rien ne peut vous sauver, à moins que vous ne puissiez nager jusqu'au rivage, car il est impossible de remonter dans un canot lorsqu'il est renversé. Puisque vous êtes assis à plat sur le fond, même si le danger ne devrait pas être imminent, un peu d'eau est un grand inconvénient, sans parler de mouiller vos provisions. Nous traversions rarement même une baie directement, d'un point à l'autre, lorsqu'il y avait du vent, mais nous faisions une légère courbe correspondant un peu au rivage, afin de pouvoir l'atteindre plus tôt si le vent augmentait.

Quand le vent est vers l'arrière et pas trop fort, l'Indien fait un spritsail avec sa couverture. Il parcourt ainsi facilement toute la longueur de ce lac en une journée.

L'Indien pagayait d'un côté, et l'un de nous de l'autre, pour maintenir le canot stable, et quand il voulait changer de main, il disait : « De l'autre côté ». Il a affirmé, en réponse à nos questions, qu'il n'avait jamais lui-même renversé un canot, bien qu'il ait pu l'être par d'autres.

Pensez à notre petite coquille d'œuf de canot qui se lance sur ce grand lac, un simple point noir pour l'aigle qui planait au-dessus !

Mon compagnon cherchait des truites pendant que nous pagayions, mais l'Indien l'avertissant qu'un gros poisson pourrait nous déranger, car il y en a de très gros, il accepta de lui passer rapidement la ligne à l'arrière s'il mordait. Outre la truite, j'ai entendu parler du brosme, du corégone, etc., que l'on trouve dans ce lac.

Pendant que nous traversions cette baie, où le mont Kineo s'obscurcissait devant nous, à deux ou trois milles, l'Indien répéta la tradition selon laquelle cette montagne aurait été autrefois une femelle orignal, comment un puissant chasseur indien, dont j'ai oublié le nom, réussit à tuant avec beaucoup de difficulté cette reine de la tribu des orignaux, tandis que son petit était tué quelque part parmi les îles de la baie de Penobscot, et, à ses yeux, cette montagne avait encore la forme de l'orignal en position couchée, son côté escarpé présentant les contours de sa tête. Il raconta cela assez longuement, même si cela ne signifiait pas grand-chose, et avec une bonne foi apparente, et nous demanda comment nous pensions que le chasseur avait pu tuer un élan aussi puissant , comment nous pouvions le faire. Sur quoi un navire de guerre fut suggéré pour lui tirer des bordées, etc. Un Indien raconte une telle histoire comme s'il pensait qu'elle méritait qu'on en parle beaucoup, seulement il n'a pas ce qu'il faut dire, et ainsi il compense cette lacune par un ton traînant, une longue haleine et un émerveillement muet qu'il espère contagieux.

Nous nous sommes approchés de nouveau de la terre à travers des eaux assez agitées, puis nous avons traversé directement le lac, dans sa partie la plus étroite, vers le côté est, et nous nous sommes bientôt retrouvés en partie sous le vent de la montagne, à environ un mile au nord de la maison Kineo, après avoir pagayé. une vingtaine de kilomètres. Il était maintenant environ midi.

Nous avions prévu de nous y arrêter cet après-midi et cette nuit-là, et avons passé une demi-heure à chercher le long de la côte vers le nord un endroit approprié pour camper. Nous avons sorti tous nos bagages en vain en un seul endroit, trop rocheux et inégal, et pendant que nous étions occupés à cette recherche, nous avons fait notre première connaissance avec la mouche de l'orignal. Enfin, à un demi-mille plus au nord, en enfonçant une demi-douzaine de tiges dans le bois dense d'épicéas et de sapins du flanc de la montagne, presque aussi sombre qu'une cave, nous trouvâmes un endroit suffisamment clair et suffisamment plat pour nous y coucher, après couper quelques buissons. Nous n'avions besoin que d'un espace de sept pieds sur six pour notre lit, le feu étant placé à quatre ou cinq pieds devant, même si la dureté du foyer n'avait aucune importance ; mais ce n'était pas toujours facile de trouver cela dans ces bois. L'Indien a d'abord frayé un chemin depuis le rivage avec sa hache, puis nous avons transporté tous nos bagages, planté notre tente et fait notre lit, afin d'être prêts pour le mauvais temps qui nous menaçait alors, et pour le nuit. Il rassembla une grande brassée de brindilles de sapin, les brisant, qui, selon lui, étaient les meilleures pour notre lit, en partie, pensai-je, parce qu'elles étaient les plus grosses et pouvaient être ramassées le plus rapidement. Il pleuvait plus ou moins depuis quatre ou cinq jours, et le bois était encore plus humide que d'habitude, mais il récupéra de l'écorce sèche pour le feu sous une ciguë morte et penchée, ce qu'il disait pouvoir toujours faire.

Ce midi, son esprit était occupé par une question de droit, et je le renvoyai à mon compagnon, qui était avocat. Il semblait qu'il avait récemment acheté un terrain (je pense qu'il s'agissait d'une centaine d'acres), mais il y avait probablement une charge sur ce terrain, quelqu'un d'autre prétendant y avoir acheté de l'herbe pour cette année. Il voulait savoir à qui appartenait l'herbe, et on lui répondit que si l'autre homme pouvait prouver qu'il avait acheté l'herbe avant que lui, Polis, n'achète la terre, le premier pourrait la prendre, que le second le sache ou non. Ce à quoi il a seulement répondu : « Étrange ! » Il y revint plusieurs fois, s'y assit assez, le dos à un arbre, comme s'il voulait nous enfermer désormais dans ce sujet ; mais comme il ne faisait aucun progrès, n'atteignant le point de départ de son émerveillement devant les institutions des hommes blancs qu'après chaque explication, nous avons laissé le sujet mourir.

Il a dit qu'il possédait cinquante acres d'herbe, de pommes de terre, etc., quelque part au-dessus de Oldtown, en plus de quelques-uns autour de sa maison ; qu'il engageait une grande partie de son travail, binage, etc., et préférait les hommes blancs aux Indiens, parce qu'« ils restent stables et savent comment ».

Après le dîner, nous sommes retournés vers le sud le long de la côte, en canot, à cause de la difficulté de grimper sur les rochers et les arbres tombés, et nous avons commencé à gravir la montagne le long du bord du précipice. Mais une belle averse survenant à ce moment-là, l'Indien se glissa sous son canot, pendant que nous, protégés par nos manteaux de caoutchouc, procédions à la botanisation. Nous l'avons donc renvoyé au camp pour se mettre à l'abri, convenant qu'il viendrait nous chercher avec son canoë vers la nuit. Il avait plu un peu dans la matinée, et nous pensions que ce serait l'averse de clarification, ce qui s'est avéré ; mais nos pieds et nos jambes étaient complètement mouillés par les buissons. Les nuages se dissipant un peu, nous avions, à mesure que nous remontions, une vue magnifique et sauvage du vaste lac avec sa surface fluctuante et ses nombreuses îles couvertes de forêts, s'étendant au-delà de notre vue au nord et au sud, et la forêt sans limites ondulant à l'écart de son des rivages de tous côtés, aussi denses qu'un champ de seigle, et enveloppant successivement des montagnes sans nom ; mais surtout, en regardant vers l'ouest au-dessus d'une grande île, on apercevait une partie très éloignée du lac, même si nous ne soupçonnions pas alors qu'il s'agissait de Moosehead : au début, une simple ligne blanche brisée aperçue à travers la cime des arbres de l'île, comme des chapeaux de foin, mais s'étendant jusqu'à un lac lorsque nous montions plus haut. Au-delà, nous avons vu ce qui semble être appelé Bald Mountain sur la carte, à environ vingt-cinq milles de distance, près des sources du Penobscot. C'était un lac des bois parfait. Mais ce n'était qu'une lueur passagère, car la pluie n'était pas tout à fait terminée.

En regardant vers le sud, le ciel était complètement couvert, les montagnes coiffées de nuages, et le lac avait généralement un aspect sombre et orageux, mais de sa surface juste au nord de Sugar Island, à six ou huit milles de distance, se reflétait vers nous à travers le ciel. un air brumeux, une teinte bleu vif provenant du ciel lointain et invisible d'une autre latitude au-delà. Il y avait probablement un ciel dégagé à Greenville, à l'extrémité sud du lac. Debout sur une montagne au milieu d'un lac, où chercheriez-vous le premier signe de l'approche du beau temps ? Pas dans les cieux, semble-t-il, mais dans le lac.

Encore une fois, nous avons pris un petit îlot rocheux aperçu à travers le « drisk », surmonté de troncs nus ou de souches plus hautes, pour le bateau à vapeur avec ses tuyaux de fumée, mais comme il n'avait pas changé de position au bout d'une demi-heure, nous n'avons pas été trompés. Tant les œuvres de l'homme ressemblent aux œuvres de la nature. Un élan pourrait prendre un bateau à vapeur pour une île flottante et ne pas avoir peur jusqu'à ce qu'il entende son souffle ou son sifflement.

Si je voulais voir une montagne ou un autre paysage sous les auspices les plus favorables, j'y allais par mauvais temps, afin d'être là quand il s'éclaircirait ;

nous sommes alors dans l'humeur la plus convenable, et la nature est la plus fraîche et la plus inspirante. Il n'y a pas de sérénité aussi belle que celle qui vient de s'établir dans un œil en larmes.

Jackson, dans son Report on the Geology of Maine, en 1838, dit à propos de cette montagne : « La Hornstone, qui répondra aux silex, se trouve dans diverses parties de l'État, où les roches pièges ont agi sur l'ardoise siliceuse. La plus grande masse de cette pierre connue dans le monde est le mont Kineo, sur le lac Moosehead, qui semble en être entièrement composé et s'élève à sept cents pieds au-dessus du niveau du lac. J'ai vu cette variété de pierre cornée dans toutes les régions de la Nouvelle-Angleterre sous la forme de pointes de flèches, de hachettes, de ciseaux, etc. indiens, qui ont probablement été obtenues de cette montagne par les habitants aborigènes du pays. J'ai moi-même trouvé des centaines de pointes de flèches faites du même matériau. Il est généralement de couleur ardoise, avec des taches blanches, devenant d'un blanc uniforme lorsqu'il est exposé à la lumière et à l'air, et il se brise avec une fracture conchoïdale, produisant un tranchant irrégulier. J'ai remarqué des creux conchoïdaux de plus d'un pied de diamètre. J'ai ramassé un petit morceau mince qui avait un bord si tranchant que je l'ai utilisé comme un couteau émoussé, et pour voir ce que je pouvais faire, j'ai coupé équitablement un tremble d'un pouce d'épaisseur avec, en le pliant et en faisant de nombreuses coupes ; même si je me suis gravement coupé les doigts avec le dos entre-temps.

Lac Moosehead, depuis le
mont Kineo

Du sommet du précipice qui forme les côtés sud et est de cette péninsule montagneuse et qui constitue sa caractéristique la plus remarquable, étant décrit comme étant haut de cinq ou six cents pieds, nous avons regardé et aurions probablement pu sauter jusqu'à l'eau, ou aux arbres apparemment nains sur l'étroit cou de terre qui le relie au principal. C'est un endroit dangereux pour tester la stabilité de vos nerfs. Hodge dit que ces falaises descendent « perpendiculairement à quatre-vingt-dix pieds » sous la surface de l'eau.

Les plantes qui ont principalement attiré notre attention sur cette montagne étaient la potentille des montagnes (*Potentilla tridentata*), abondante et en fleurs encore à la base même, au bord de l'eau, bien qu'elle soit habituellement confinée aux sommets des montagnes sous nos latitudes ; de très belles campanules surplombant le précipice ; baies d'oursons; le bleuet du Canada (*Vaccinium Canadense*), semblable au *V. Pennsylvanicum* , notre plus ancien, mais à feuilles entières et avec une tige et une feuille duveteuses (je ne l'ai pas vu au Massachusetts) ; *Diervilla trifida* ; *Microstyle ophioglossoides* , une plante orchidée nouvelle pour nous ; houx sauvage (*Nemopanthes Canadensis*) ; la grande orchis à feuilles rondes (*Platanthera orbiculata*), à floraison courte; *Spiranthes cernua* , en haut ; le bouquetin, rougissant à mesure que nous montions, vert au pied de la montagne, rouge au sommet ; et la petite fougère *Woodsia ilvensis* , poussant en touffes, maintenant en fruits. J'ai également reçu de cet endroit *du Liparis liliifolia* , ou bilame . Après avoir exploré les merveilles de la montagne et le temps étant maintenant entièrement dégagé, nous commençâmes la descente. Nous avons rencontré l'Indien, haletant et haletant, à environ un tiers de la hauteur, mais pensant qu'il devait être près du sommet, et disant que cela lui coupait le souffle. Je pensais que la superstition avait quelque chose à voir avec sa fatigue. Peut-être croyait-il qu'il grimpait sur le dos d'un énorme élan. Il a dit qu'il n'était jamais monté sur Kineo. En arrivant au canot, nous constatâmes qu'il avait attrapé un touladi pesant environ trois livres, à une profondeur de vingt-cinq ou trente pieds, pendant que nous étions sur la montagne.

Lorsque nous sommes arrivés au camp, le canot a été sorti et retourné, et une bûche a été posée dessus pour éviter qu'il ne soit emporté par le vent. Les Indiens coupaient de grosses bûches de bois dur, humide et pourri, pour les faire couver et entretenir le feu toute la nuit. La truite était frite pour le dîner. Notre tente était en toile de coton fine et assez petite, formant avec le sol un prisme triangulaire fermé à l'arrière, long de six pieds, large de sept et haut de quatre, de sorte que nous pouvions à peine nous asseoir au milieu. Il fallait deux piquets fourchus, un faîtage lisse et une douzaine de broches ou plus pour le lancer. Cela éloignait la rosée, le vent et la pluie ordinaire, et répondait assez bien à notre objectif. Nous nous y reposions jusqu'à l'heure du coucher, chacun avec son bagage sur la tête, ou bien nous nous asseyions autour du feu, après avoir suspendu nos vêtements mouillés à un poteau devant le feu pour la nuit.

Alors que nous étions assis là, juste avant la nuit, regardant à travers le bois sombre, l'Indien entendit un bruit qui, selon lui, était fait par un serpent. Il l'imita à ma demande, en émettant un sifflement sourd , — *pheet — pheet* , — répété deux ou trois fois, un peu comme le bip des hylodes , mais moins fort. En réponse à mes questions, il a dit qu'il ne les avait jamais vus en le faisant, mais qu'en se rendant sur place, il avait trouvé le serpent. C'était, dit-il à une autre occasion, un signe de pluie. Lorsque j'avais choisi cet endroit pour notre camp, il avait remarqué qu'il y avait là des serpents, il les avait vus. « Mais ils ne feront aucun mal », dis-je. « Oh non, répondit-il, comme vous le dites ; cela ne fait aucune différence pour moi.

Il s'est couché du côté droit de la tente, car, comme il l'a dit, il était en partie sourd d'une oreille et il voulait se coucher avec sa bonne oreille relevée. Alors que nous étions allongés là, il m'a demandé si j'avais déjà entendu des « chants indiens ». Je lui ai répondu que je ne l'avais pas fait souvent et lui ai demandé s'il ne nous gratifierait pas d'une chanson. Il acquiesça volontiers et, allongé sur le dos, enveloppé dans sa couverture, il commença un chant lent, quelque peu nasillard, mais musical, dans sa propre langue, probablement enseignée à sa tribu il y a longtemps par les missionnaires catholiques. Il nous l'a ensuite traduit, phrase par phrase, souhaitant voir si nous pouvions nous en souvenir. Il s'est avéré qu'il s'agissait d'un exercice religieux ou d'un hymne très simple, dont le message était qu'il n'y avait qu'un seul Dieu qui gouvernait le monde entier. Cela a été martelé (ou chanté) très finement, de sorte que certaines strophes ne signifiaient presque rien du tout, se contentant de maintenir l'idée. Il a alors dit qu'il nous chanterait une chanson latine ; mais nous n'y avons détecté aucun latin, seulement un ou deux mots grecs , le reste étant peut-être du latin avec la prononciation indienne.

Son chant m'a ramené à l'époque de la découverte de l'Amérique, à San Salvador et aux Incas, lorsque les Européens ont rencontré pour la première fois la foi simple des Indiens. Il y avait en effet une belle simplicité là-dedans ; rien de sombre et de sauvage, seulement du doux et de l'infantile. Les sentiments d'humilité et de respect étaient principalement exprimés.

C'était un bois d'épicéa et de sapin dense et humide dans lequel nous nous couchions, et, à l'exception de notre feu, parfaitement sombre ; et quand je me suis réveillé dans la nuit, j'ai entendu soit un hibou venant du plus profond de la forêt derrière nous, soit un huard venant de loin au-dessus du lac. Me levant quelque temps après minuit pour rassembler les tisons épars, pendant que mes compagnons dormaient profondément, j'observai, en partie dans le feu qui avait cessé de flamber, un anneau de lumière elliptique parfaitement régulier, d'environ cinq pouces dans son plus court diamètre, six ou sept en longueur et d'un huitième à un quart de pouce de largeur. Elle était aussi brillante que le feu, mais pas rougeâtre ou écarlate, comme un charbon, mais une lumière blanche et endormie, comme celle du ver luisant . Je ne pouvais le distinguer du feu que par sa blancheur. Je vis tout de suite qu'il devait s'agir de bois phosphorescent, dont j'avais si souvent entendu parler, mais que je n'avais jamais eu le hasard de voir. En mettant le doigt dessus, avec un peu d'hésitation, je découvris qu'il s'agissait d'un morceau de bois d'orignal mort (*Acer striatum*) que l'Indien avait coupé en biais la veille au soir. A l'aide de mon couteau, je découvris que la lumière provenait de la partie de l'aubier située immédiatement sous l'écorce, et présentait ainsi à son extrémité un anneau régulier, qui, en effet, paraissait élevé au-dessus du niveau du bois, et quand je coupai de l'écorce et coupé dans la sève, tout brillait le long de la bûche. Je fus surpris de trouver le bois assez dur et apparemment sain, bien que probablement la pourriture ait commencé dans la sève, et je découpai quelques petits copeaux triangulaires et, les plaçant dans le creux de ma main, les portai dans le camp, réveillai mon compagnon et les lui montra. Ils éclairaient l'intérieur de ma main, révélant les rides et les ridules, et ressemblant exactement à des charbons de feu portés à une chaleur blanche, et je vis tout de suite comment, probablement, les jongleurs indiens avaient imposé à leur peuple et aux voyageurs, prétendant tenir des charbons ardents dans leur bouche.

J'ai également remarqué qu'une partie d'une souche pourrie à quatre ou cinq pieds du feu, d'un pouce de large et de six pouces de long, du bois tendre et tremblant, brillait avec la même luminosité.

J'ai négligé de vérifier si notre incendie avait quelque chose à voir avec cela, mais la pluie de la veille et le temps humide qui a duré longtemps y étaient sans doute pour quelque chose.

J'étais extrêmement intéressé par ce phénomène et je me sentais déjà payé pour mon voyage. Cela n'aurait guère pu m'exciter davantage s'il avait pris la forme de lettres ou d'un visage humain. Si j'avais rencontré cet anneau de lumière en tâtonnant seul dans cette forêt, loin de tout feu, j'aurais été encore plus surpris. Je ne pensais pas qu'une telle lumière brillait pour moi dans les ténèbres du désert.

Le lendemain, l'Indien m'a dit quel était le nom de cette lumière, - *artoosoqu '* - et, lorsque je lui ai posé des questions sur le feu follet et les phénomènes similaires, il a dit que ses « parents » voyaient parfois des feux passer à proximité. différentes hauteurs, même aussi hautes que les arbres, et faisant du bruit. Après cela, j'étais prêt à entendre parler des phénomènes les plus surprenants et les plus inimaginables, dont «ses parents» seraient témoins; ils sont à l'étranger à toute heure et à toute saison dans des scènes si peu fréquentées par les hommes blancs. La nature a dû leur faire mille révélations qui nous restent encore secrètes.

Je ne regrettais pas de ne pas l'avoir vu auparavant, puisque je le voyais maintenant dans des circonstances si favorables. J'étais juste dans l'état d'esprit de voir quelque chose de merveilleux, et c'était un phénomène adapté à ma situation et à mes attentes, et cela m'a mis en alerte pour en voir davantage. J'exultais comme « un païen allaité par un credo » qui n'avait jamais été porté du tout, mais qui était flambant neuf et adapté à l'occasion. J'ai laissé la science glisser et je me suis réjoui de cette lumière comme si elle avait été une créature semblable. J'ai vu que c'était excellent et j'étais très heureux de savoir que c'était si bon marché. Une *explication scientifique* , comme on l'appelle, aurait été tout à fait déplacée. C'est pour la lumière du jour pâle. La science avec ses répliques m'aurait endormi ; c'est l'occasion d'ignorer que je me suis amélioré. Cela m'a suggéré qu'il y avait quelque chose à voir si l'on avait des yeux. Cela m'a rendu plus croyant qu'avant. Je crus que les bois n'étaient pas sans locataires, mais remplis d'honnêtes esprits aussi bons que moi tous les jours, non pas une chambre vide, dans laquelle la chimie était laissée travailler seule, mais une maison habitée, et pendant quelques instants je apprécié la communion avec eux. Votre soi-disant sage essaie de se persuader qu'il n'y a là aucune entité à part lui-même et ses pièges, mais il est beaucoup plus facile de croire la vérité. Cela suggère également que la même expérience donne toujours naissance au même type de croyance ou de religion. Une révélation a été faite à l'Indien, une autre à l'homme blanc. J'ai beaucoup à apprendre de l'Indien, rien du missionnaire. Je n'en suis pas sûr, mais tout ce qui me tenterait d'enseigner ma religion à l'Indien serait sa promesse de m'enseigner la *sienne* . J'avais assez longtemps entendu parler de choses sans importance ; maintenant, j'étais enfin heureux de faire connaissance avec la lumière qui habite le bois pourri. Où est passé tout ton savoir ? Il s'évapore complètement, car il n'a aucune profondeur.

J'ai gardé ces petits copeaux et je les ai mouillés à nouveau la nuit suivante, mais ils n'émettaient aucune lumière.

SAMEDI 25 juillet.

Au petit déjeuner de ce samedi matin, l'Indien, visiblement curieux de savoir ce qu'on attendrait de lui le lendemain, si nous devions l'accompagner ou non, m'a demandé comment j'avais passé le dimanche à la maison. Je lui ai dit que je m'asseyais habituellement dans ma chambre pour lire, etc., le matin, et que j'allais me promener l'après-midi. Sur quoi il secoua la tête et dit : « Euh, c'est très mauvais. » "Comment le dépensez-vous?" J'ai demandé. Il a dit qu'il ne travaillait pas, qu'il allait à l'église à Oldtown quand il était chez lui ; bref, il fit ce que les Blancs lui avaient enseigné. Cela a conduit à une discussion dans laquelle je me suis retrouvé en minorité. Il a déclaré qu'il était protestant et m'a demandé si je l'étais. Au début, je ne savais pas quoi dire, mais je pensais pouvoir répondre avec vérité que je l'étais.

Lorsque nous faisions la vaisselle dans le lac, de nombreux poissons, apparemment des chivins , se sont approchés de nous pour récupérer les particules de graisse.

Le temps semblait plus calme ce matin et nous partîmes de bonne heure afin de terminer notre remontée du lac avant que le vent ne se lève. Peu après le départ, l'Indien a dirigé notre attention vers le Northeast Carry, que nous pouvions clairement voir, distant d'environ treize milles dans cette direction, mesurée sur la carte, bien qu'il soit appelé beaucoup plus loin. Ce transport est un chemin de fer en bois grossier, allant du nord au sud sur environ deux milles, parfaitement droit, du lac au Penobscot, à travers une étendue basse, avec une clairière de trois ou quatre tiges de large ; mais, si bas qu'il soit, il passe là-bas sur les hauteurs des terres. Cette ouverture apparaissait comme un point clair ou lumineux dans l'horizon, reposant sur le bord du lac, dont un cheveu aurait pu couvrir la largeur à une distance considérable de l'œil et sans hauteur appréciable. Nous n'aurions pas soupçonné qu'il était visible si l'Indien n'avait pas attiré notre attention sur lui. C'était un type de lumière remarquable pour se diriger , la lumière du jour vue à travers une vue dans la forêt, mais visible aussi loin qu'une balise ordinaire la nuit.

Nous traversâmes une baie profonde et large qui s'étend vers l'est au nord de Kineo, laissant une île sur notre gauche et soutenant le côté oriental du lac. Tel ou tel chemin menait à quelque ruisseau Tomhegan ou *Socatarien , le long duquel l'Indien avait chassé, et où j'avais envie d'aller.* Le nom de famille, cependant, avait une sonorité fausse, trop sectaire pour moi, comme si un missionnaire l'avait trafiqué ; mais je savais que les Indiens étaient très libéraux. Je pense que j'aurais dû me tourner vers le Tomhegan en premier.

Nous traversâmes ensuite une autre large baie qui, comme nous ne pouvions plus observer particulièrement le rivage, nous offrait tout le temps de causer. L'Indien a déclaré qu'il avait gagné son argent en chassant, principalement dans les hauteurs du bras ouest du Penobscot et vers la tête du Saint-Jean ; il y avait chassé depuis son enfance et connaissait tout de cette région. Son gibier était le castor , la loutre, le chat noir (ou pêcheur), la zibeline, l'orignal, etc. Le loupcervier (ou lynx du Canada) était encore abondant dans les terrains brûlés. Pour se nourrir dans les bois, il utilise des perdrix, des canards, de la viande d'orignal séchée, des hérissons, etc. Les huards aussi étaient bons, seulement « bile 'em good » . Il nous raconta assez longuement comment il avait souffert de la faim lorsqu'il n'était qu'un jeune garçon, surpris par l'hiver alors qu'il chassait avec deux Indiens adultes dans la partie nord du Maine, et obligé d'abandonner leur canot à cause des glaces.

En désignant la baie, il dit que c'était le chemin menant à différents lacs qu'il connaissait. On ne voyait que de solennelles montagnes hantées par les ours, avec leurs grandes pentes boisées ; où, comme l'homme n'existe pas, nous supposons qu'il existe une autre puissance. Mon imagination personnifiait les pentes elles-mêmes, comme si, par leur longueur même , elles vous harcelaient et vous obligeaient à camper de nouveau dessus avant la nuit. Quelque glouton invisible semblerait tomber des arbres et ronger le cœur du chasseur solitaire qui parcourait ces bois ; et pourtant j'étais tenté de m'y promener. L'Indien a déclaré qu'il y était allé plusieurs fois.

Je lui ai demandé comment il se guidait dans les bois. "Oh," dit-il, "je peux le dire de bien des façons." Lorsque je le pressai davantage, il répondit : « Parfois, je regarde à flanc de colline », et il jeta un coup d'œil vers une haute colline ou une montagne sur la côte est, « une grande différence entre le nord et le sud, voyez où le soleil a le plus brillé. Ainsi les arbres, — les grandes branches se courbent vers le sud. Parfois, je regarde les serrures »(des roches). Je lui ai demandé ce qu'il avait vu sur les rochers, mais il n'a rien décrit de particulier, répondant vaguement, d'un ton mystérieux ou traînant : « Des écluses nues au bord du lac, — grande différence entre le nord, le sud, l'est, l'ouest, le côté, — je peux dire sur quoi le soleil a brillé. « Supposons, dis-je, que je vous emmène dans une nuit sombre, ici même au milieu des bois à une centaine de kilomètres, que je vous dépose et que je vous fasse demi-tour rapidement vingt fois, pourriez-vous vous diriger directement vers Oldtown ? » « Oh, vous , dit-il, vous avez fait à peu près la même chose. Je vais vous dire. Il y a quelques années , j'ai rencontré un vieux chasseur blanc à Millinocket ; très bon chasseur. Il a dit qu'il pouvait aller n'importe où dans les bois. Il voulait chasser avec moi ce jour-là, alors on commence. Nous poursuivons un orignal toute la matinée, en rond, jusqu'au milieu de l'après-midi, où nous le tuons. Alors je lui ai dit : « Maintenant, va directement au camp. Ne tournez pas en rond là où nous sommes allés, mais allez tout droit. Il a dit : « Je ne peux pas faire ça, je ne sais pas où je suis. » « Où pensez-vous camper ? » J'ai demandé. Il l'a souligné. Puis je me moque de lui. Je prends les devants et je pars tout de suite dans l'autre sens, je croise nos traces plusieurs fois, tout droit camp. "Comment tu fais ça?" ai-je demandé. « Oh, je ne peux pas vous le dire », a-t-il répondu. "Grande différence entre moi et l'homme blanc."

Il semblait que les sources d'information étaient si diverses qu'il n'accordait une attention distincte et consciente à aucune d'entre elles et qu'il ne pouvait donc pas facilement s'y référer lorsqu'on l'interrogeait à ce sujet, mais il trouvait son chemin à peu près comme le fait un animal. Peut-être que ce qu'on appelle communément l'instinct chez l'animal n'est dans ce cas qu'un sens aiguisé et éduqué. Souvent, lorsqu'un Indien dit : « Je ne sais pas », au sujet de la route qu'il doit emprunter, il ne pense pas par ces mots ce qu'un homme blanc penserait, car son instinct indien peut lui en dire autant que l'Indien. l'homme blanc le plus sûr de lui le sait. Il ne porte pas les choses dans sa tête et ne se souvient pas exactement de l'itinéraire, comme un homme blanc, mais il compte sur lui-même pour le moment. N'ayant pas éprouvé le besoin des autres sortes de connaissances, toutes étiquetées et classées, il ne les a pas acquises.

Le chasseur blanc avec qui j'ai parlé sur scène connaissait certaines des ressources de l'Indien. Il dit qu'il se dirigeait par le vent ou par les branches des pruches, qui étaient les plus grosses du côté sud ; aussi parfois, lorsqu'il savait qu'il y avait un lac à proximité, en tirant avec son arme et en écoutant la direction et la distance de l'écho venant de là-dessus.

La route que nous suivions sur ce lac, et sur d'autres depuis, était rarement directe, mais une succession de courbes de point à point, digressant considérablement dans chacune des baies ; et ce n'était pas seulement à cause du vent, car l'Indien, regardant vers le milieu du lac, disait qu'il était difficile d'y accéder, plus facile de se tenir près du rivage, parce qu'il le franchissait ainsi par tronçons successifs et voyait par le rivage, comment il s'entendait.

Ce qui suit suffira pour une expérience commune de traversée de lacs en canot. À mesure que la matinée avançait, le vent augmentait. La dernière baie que nous traversâmes avant d'atteindre la jetée désolée du Northeast Carry se trouvait à deux ou trois milles de large et le vent soufflait du sud-ouest. Après avoir parcouru un tiers du chemin, les vagues avaient grossi au point de venir parfois s'abattre sur le canot, et nous vîmes que la situation était de pire en pire devant nous. Au début , nous aurions pu faire demi-tour, mais nous n'étions pas disposés à le faire. Il eût été inutile de suivre le cours du rivage, car non seulement la distance eût été beaucoup plus grande, mais les vagues y montaient encore plus haut à cause de la plus grande portée du vent. En tout cas, il eût été dangereux maintenant de modifier notre route, car les vagues nous auraient frappés avec avantage. Il ne faut pas les rencontrer à angle droit, car alors ils se laveront des deux côtés, mais il faudra les couper en quartiers. L'Indien se leva donc dans le canot et déploya toute son habileté et toute sa force pendant un mille ou deux, tandis que je pagayais tout droit pour lui donner plus de direction. Pendant plus d'un mille, il ne laissa pas une seule vague frapper le canot comme elle le ferait, mais il le tourna rapidement d'un côté à l'autre, de sorte qu'il se trouvait toujours sur ou près de la crête d'une vague lorsqu'elle se brisait, où tous sa force était épuisée, et nous nous sommes simplement installés avec lui. Enfin je sautai sur l'extrémité de la jetée, contre laquelle les vagues se brisaient violemment, pour alléger le canot et l'attraper au débarcadère, qui n'était pas très abrité ; mais juste au moment où je sautais, nous avons absorbé deux ou trois gallons d'eau. J'ai fait remarquer à l'Indien : « Vous avez bien réussi cela », ce à quoi il a répondu : « Très peu d'hommes font cela. Un grand nombre de vagues ; quand j'en cherche un, un autre arrive vite.

Pendant que l'Indien allait chercher de l'écorce de cèdre, etc., pour transporter son canot, nous préparions le dîner sur le rivage, à cette extrémité du transport, au milieu d'une pluie battante.

Il prépara son canot pour ce transport. Il prit un bardeau ou une attelle de cèdre de dix-huit pouces de long et quatre ou cinq de large , arrondi à une extrémité, afin que les coins ne gênent pas, et il l'attacha avec de l'écorce de cèdre par deux trous pratiqués à mi-chemin, près du bord de chaque côté. à la traverse centrale du canot. Lorsque le canot était soulevé sur sa tête de bas en haut, ce bardeau, avec son extrémité arrondie vers le haut, répartissait le poids sur ses épaules et sa tête, tandis qu'une bande d'écorce de cèdre, attachée à la barre transversale de chaque côté du bardeau, passait autour de sa poitrine, et un autre plus long, en dehors du dernier, autour de son front ; de plus, une main sur chaque longeron servait à diriger le canot et à l'empêcher de basculer. Il le portait ainsi avec ses épaules, sa tête, sa poitrine, son front et ses deux mains, comme si la partie supérieure de son corps n'était qu'une seule main pour le serrer et le tenir. Si vous connaissez une meilleure méthode, j'aimerais en entendre parler. Un cèdre fournissait tout l'attirail dans cette affaire, ainsi que la boiserie du canot. L'une des pagaies reposait sur les barres transversales de la proue. J'ai pris le canot sur ma tête et j'ai constaté que je pouvais le porter facilement, même si les sangles n'étaient pas ajustées à mes épaules ; mais je le laissai le porter, sans vouloir établir un précédent différent, bien qu'il me dise que si je portais le canot, il emporterait tout le reste des bagages, sauf celui de mon compagnon. Ce bardeau restait attaché à la barre transversale tout au long du voyage, était toujours prêt pour le transport et servait également à protéger le dos d'un passager.

Nous fûmes obligés de repasser ce portage deux fois, tant notre charge était grande. Mais les charriages étaient d'une variété agréable, et nous profitâmes de l'occasion pour cueillir les plantes rares que nous avions vues, en revenant les mains vides.

Nous atteignîmes le Penobscot vers quatre heures et y trouvâmes des Indiens de Saint-François campés sur la rive, au même endroit où j'avais campé avec quatre Indiens quatre ans auparavant. Ils fabriquaient un canot et, comme alors, faisaient sécher de la viande d'orignal. La viande semblait très appropriée pour faire au moins un bouillon *noir*. Notre Indien a dit que ce n'était pas bon. Leur camp était recouvert d'écorce d'épicéa. Ils avaient récupéré un jeune élan, pris dans la rivière quinze jours auparavant, enfermé dans une sorte de cage de rondins entassés en torchis, hauts de sept ou huit pieds. Il était tout à fait apprivoisé, mesurait environ quatre pieds de haut et était couvert de mouches à orignaux. Il y avait une grande quantité de cornouiller (*C. stolonifera*), d'érable rouge, mais aussi de branches de saule et de tremble, coincées de tous côtés entre les bûches, la crosse tournée vers l'extérieur, et sur leurs feuilles, elles broutaient. Au début, on aurait dit qu'il se trouvait dans un berceau plutôt que dans un enclos.

Notre Indien a déclaré qu'il *utilisait* des racines d'épinette *noire* pour coudre des canots, qu'il obtenait des hautes terres ou des montagnes. Les Indiens de Saint-François pensaient que *les Blancs* les racines d'épinette pourraient être les meilleures. Mais le premier a dit : « Pas bon, casse-toi, je ne peux pas les diviser ; » aussi qu'ils étaient difficiles à obtenir, profondément enfoncés dans le sol, mais que les noirs étaient près de la surface, sur des terres plus élevées et plus résistants. Il a dit que l'épinette blanche était *subekoondark* , noire, *skusk* . Je lui ai dit que je pensais pouvoir fabriquer un canot, mais il en a exprimé de grands doutes ; en tout cas, il pensait que mon travail ne serait pas « soigné » du premier coup. Un Indien de Greenville m'avait dit que l'écorce d'hiver, c'est-à-dire l'écorce enlevée avant que la sève ne coule en mai, était plus dure et bien meilleure que l'écorce d'été.

Après avoir rechargé, nous avons descendu le Penobscot qui, comme l'Indien l'a fait remarquer, et même moi-même l'avons détecté, me rappelant à quoi il ressemblait auparavant, était inhabituellement plein. Peu de temps après, nous avons vu un magnifique lys jaune (*Lilium Canadense*) près du rivage, que j'ai cueilli. Il mesurait six pieds de haut et avait douze fleurs, réparties en deux verticilles, formant une pyramide, telle que j'en ai vue à Concord. Nous en avons ensuite vu beaucoup plus de cette taille le long de ce ruisseau, et aussi encore plus nombreux sur le bras est, et, sur ce dernier, un que je pensais encore plus proche du *Lilium superbe* . L'Indien a demandé comment nous l'appelions et a répondu que les « butins » (racines) étaient bons pour la soupe, c'est-à-dire pour cuisiner avec de la viande, pour l'épaissir, en remplacement de la farine. Ils les reçoivent à l'automne. J'en ai creusé et j'ai trouvé une masse de bulbes assez profonds dans la terre, de deux pouces de diamètre, ressemblant et ayant même un goût un peu comme du maïs vert cru sur l'épi.

Après avoir parcouru environ trois milles en bas du Penobscot, nous aperçûmes à travers la cime des arbres un orage qui montait à l'ouest, et nous regardâmes un terrain de camping en bonne saison, vers cinq heures, du côté ouest. , non loin de l'embouchure de ce que Joe Aitteon , en 1953, appelait Lobster Stream, venant de Lobster Pond. Notre Indien actuel n'admettait cependant pas ce nom, ni même celui de *Matahumkeag* , qui figure sur la carte, mais il appela le lac *Beskabekuk* .

Je vais décrire, une fois pour toutes, la routine du camping en cette saison. Nous disions généralement à l'Indien que nous nous arrêterions au premier endroit convenable, afin qu'il puisse le repérer. Après avoir observé une plage claire, dure et plate sur laquelle débarquer, exempte de boue et de pierres qui pourraient blesser le canot, on courait jusqu'à la berge pour voir s'il y avait assez d'espace ouvert et plat pour le camp entre les arbres. ou s'il pouvait être facilement dégagé, en préférant en même temps un endroit frais, à cause des insectes. Parfois, nous pagayions un kilomètre ou plus avant d'en trouver un qui nous convenait, car là où le rivage s'y prêtait, la berge était souvent trop abrupte, ou bien trop basse et herbeuse, et donc moustiquaire . Nous sortions ensuite les bagages et remontions le canot, le retournant parfois à terre pour des raisons de sécurité. L'Indien s'est frayé un chemin jusqu'à l'endroit que nous avions choisi, qui se trouvait habituellement à deux ou trois mètres de l'eau, et nous avons transporté nos bagages. L'un d'entre eux, peut-être, prend de l'écorce de bouleau en canot, toujours à portée de main, et du bois ou de l'écorce morte et sèche, et allume un feu à cinq ou six pieds devant l'endroit où nous avons l'intention de nous coucher. Il n'importe généralement pas de quel côté on se trouve, parce qu'il y a peu ou pas de vent dans un bois aussi dense à cette époque ; puis il prend une bouilloire d'eau de la rivière et sort le porc, le pain, le café, etc., de leurs différents paquets.

Un autre, pendant ce temps, muni d'une hache, coupe l'érable mort le plus proche ou tout autre bois dur et sec, ramassant plusieurs grosses bûches pour passer toute la nuit, ainsi qu'un pieu vert, avec une encoche ou une fourchette, qui est incliné au-dessus du feu. , reposant peut-être sur un rocher ou un pieu fourchu, pour y accrocher la bouilloire, ainsi que deux pieux fourchus et un poteau pour la tente.

Le troisième homme plante la tente, coupe une douzaine d'épingles ou plus avec son couteau, généralement en bois d'orignal, le sous-bois commun, pour la fixer, puis ramasse une brassée ou deux de brindilles de sapin, [8] arborvitæ , épicéa ou pruche, selon celui qui est à portée de main, et fait le lit, en commençant à chaque extrémité, et en posant les brindilles à l'envers, en rangées régulières, couvrant les extrémités de la dernière rangée ; Cependant, il faut d'abord remplir les creux, s'il y en a, avec un matériau plus grossier. Wrangel dit que ses guides en Sibérie ont d'abord répandu sur le sol une quantité de broussailles sèches, puis des brindilles de cèdre.

Généralement, au moment où le lit est fait, ou dans les quinze ou vingt minutes, l'eau bout, le porc est frit et le souper est prêt. Nous le mangeons assis par terre, ou une souche, s'il y en a, autour d'un gros morceau d'écorce de bouleau pour table, chacun tenant une louche dans une main et un morceau de pain de bateau ou de porc frit dans l'autre, fréquemment. faire une passe avec la main ou mettre la tête dans la fumée pour éviter les moustiques.

Ensuite, les pipes sont allumées par ceux qui fument, et les voiles sont mis par ceux qui en ont, et nous examinons et séchons à la hâte nos plantes, nous oignons le visage et les mains, et nous nous couchons – et – les moustiques.

Bien que vous n'ayez rien d'autre à faire que de visiter le pays, vous avez rarement du temps libre, à peine le temps d'examiner une plante, avant que la nuit ou la somnolence ne s'abattent sur vous.

Telle était l'expérience ordinaire, mais ce soir nous avions campé plus tôt à cause de la pluie et avions plus de temps.

Nous avons découvert que notre camp de ce soir se trouvait sur une ancienne route de ravitaillement, maintenant plus que d'habitude indistincte, qui longe la rivière. Ce qu'on appelle un chemin n'y présente ni ornières ni traces de roues, car elles ne sont pas utilisées ; ni même des patins, puisqu'ils ne sont utilisés qu'en hiver, lorsque la neige a plusieurs pieds d'épaisseur. Ce n'est qu'une vue indistincte à travers le bois, qu'il faut un œil expérimenté pour déceler.

A peine avions-nous planté notre tente que l'averse tomba sur nous, et nous nous glissâmes en toute hâte dessous, traînant nos sacs après nous, curieux de voir quel abri notre mince toit de coton allait nous servir dans cette excursion. Bien que la violence de la pluie ait forcé une fine averse à travers le tissu avant qu'il ne soit assez mouillé et rétréci, ce dont nous étions bien arrosés, nous avons réussi à rester assez sec, seule une boîte d'allumettes ayant été laissée de côté et gâtée, et avant de nous Nous en étions conscients, la douche était terminée et seuls les arbres dégoulinants nous emprisonnaient.

Voulant voir quels poissons il y avait dans la rivière, nous avons lancé nos lignes au-dessus des buissons humides du rivage, mais elles ont été entraînées à plusieurs reprises vers le courant rapide en vain. Ainsi, quittant l'Indien, nous avons pris le canot juste avant la nuit et avons descendu la rivière quelques cannes pour pêcher à l'embouchure d'un ruisseau lent du côté opposé. Nous avons poussé une ou deux tiges vers le haut, là où, peut-être, seul un canot se trouvait auparavant. Mais bien qu'il y ait là quelques petits poissons, principalement du chivin , nous avons été vite chassés par les moustiques. Pendant que nous y étions, nous entendîmes l'Indien tirer deux fois avec son fusil, si rapidement que nous pensions qu'il devait s'agir d'un double canon, bien que nous observions par la suite qu'il s'agissait d'un simple canon. Son but était de le nettoyer et de le sécher après la pluie, puis il le chargea de balle, se trouvant maintenant sur un terrain où il s'attendait à rencontrer du gros gibier. Ce bruit soudain, fort et fracassant dans les allées calmes de la forêt, m'a affecté comme une insulte à la nature, ou en tout cas comme de mauvaises manières, comme si l'on tirait avec un fusil dans une salle ou un temple. On ne l'entendait cependant pas loin, sauf le long de la rivière, le son étant rapidement étouffé ou absorbé par les arbres humides et le sol moussu.

L'Indien fit un petit feu étouffé avec des feuilles humides près de l'arrière du camp, afin que la fumée puisse passer à travers et éloigner les moustiques ; mais juste avant que nous nous endormions, cela s'est soudainement allumé et a failli mettre le feu à la tente. Nous avons été considérablement agressés par les moustiques dans ce camp.

DIMANCHE 26 juillet.

Le chant du moineau à gorge blanche, un son très inspirant mais presque nerveux, fut le premier entendu le matin, et tous les bois sonnèrent avec ce son. C'était l'oiseau dominant dans la partie nord du Maine. La forêt en était généralement pleine à cette saison, et ils étaient proportionnellement nombreux et musicaux autour de Bangor. Ils se reproduisent évidemment dans cet État. Bien que communément invisibles, leurs simples *ah, te-te-te , te-te-te , te-te-te* , si aigus et perçants, étaient aussi distincts à l'oreille que le passage d'une étincelle de feu projetée dans le plus sombre des lieux. la forêt serait à l'oeil. Je pensais qu'ils le prononçaient couramment pendant qu'ils volaient. J'entends cette note pendant quelques jours seulement au printemps, alors qu'ils traversent Concord, et à l'automne je les revois se diriger vers le sud, mais alors ils restent muets. Nous étions généralement très tôt excités par leur tension vive. Quel moment glorieux ils doivent vivre dans ce désert, loin des humains et du jour des élections !

J'ai dit à l'Indien que nous allions à l'église de Chesuncook ce (dimanche) matin, à une quinzaine de milles. Le temps était enfin réglé. Quelques hirondelles voltigaient au-dessus de l'eau, nous entendions les gorges jaunes du Maryland le long du rivage, les notes de phébé de la mésange et, je crois, des rouge-queue et des mouches d'orignal de grande taille nous poursuivaient au milieu du courant.

L'Indien a pensé que nous devrions rester tranquilles dimanche. Il dit : « Nous venons ici pour voir les choses, regardez tout autour ; mais dimanche prochain, fermez tout ça sous clé, et lundi, regardez à nouveau. Il parla d'un Indien de sa connaissance qui avait été avec certains ministres de Ktaadn et qui lui avait raconté comment ils se conduisaient. C'est ce qu'il décrivit d'une voix basse et solennelle. « Ils font une longue prière matin et soir et à chaque repas. Le dimanche venu, dit-il, ils les arrêtent , ils n'y vont pas du tout ce jour-là, ils restent tranquilles, ils prêchent toute la journée, d'abord l'un, puis l'autre, comme à l'église. Oh, très bons hommes. « Un jour, dit-il, en longeant une rivière, ils trouvèrent le corps d'un homme dans l'eau, noyé pendant un bon moment, tout prêt à tomber en morceaux. Ils vont jusqu'à terre, s'arrêtent là, ne vont pas plus loin ce jour-là, ils s'y réunissent, prêchent et prient comme le dimanche. Ensuite, ils prennent des bâtons et soulèvent le corps, puis ils reviennent et portent le corps avec eux. Oh, ce sont de bons hommes.

J'ai jugé d'après ce récit que chacun de leurs camps était un camp-meeting, et qu'ils s'étaient trompés de route : ils auraient dû aller à Eastham ; qu'ils voulaient avoir l'occasion de prêcher quelque part plus que de voir Ktaadn . J'ai entendu parler d'un autre groupe similaire qui semble avoir passé son temps là-bas à chanter les chants de Sion. J'étais content de ne pas être allé sur cette montagne avec des autocars aussi lents.

Cependant, l'Indien a ajouté, tout en faisant jouer sa pagaie, que si nous voulions y aller, il devait nous accompagner, lui notre homme, et il suppose que s'il ne paie pas pour ce qu'il fait le dimanche, alors il n'y a pas de mal , mais s'il doit payer, alors c'est faux. Je lui ai dit qu'il était plus strict que les hommes blancs. Néanmoins, j'ai remarqué qu'il n'oubliait pas enfin de compter sur le dimanche.

Il paraissait être un homme très religieux, et disait ses prières à haute voix, en indien, à genoux devant le camp, matin et soir, se relevant parfois en toute hâte quand il avait oublié cela, et les disant avec une grande rapidité. Au cours de la journée, il a déclaré, de manière peu originale : « Le pauvre se souvient plus de Dieu que le riche. »

Nous dépassâmes bientôt l'île où j'avais campé quatre ans auparavant, et je reconnus l'endroit même. L' eau morte , à un mille ou deux au-dessous, que les Indiens appelaient *Beskabekukskishtuk* , vient du lac *Beskabekuk* , qui se jette au-dessus. Cette eau morte , a-t-il dit, était « toujours un endroit idéal pour l'orignal ». Nous avons vu l'herbe courbée là où un orignal était sorti la nuit précédente, et l'Indien a dit qu'il pouvait en sentir une aussi loin qu'il pouvait le voir ; mais, ajouta-t-il, s'il en voyait cinq ou six aujourd'hui à proximité d'un canot, il ne leur tirerait pas dessus . En conséquence, comme il était le seul du groupe à avoir un fusil ou à être venu chasser, les orignaux étaient en sécurité.

Juste en dessous, un chat-hibou volait lourdement au-dessus du ruisseau, et lui, me demandant si je savais ce que c'était, imitait très bien le *hoo , hoo , hoo , hoorer , hoo* , commun de nos bois ; émettant un son dur et guttural, "Ugh, ugh, ugh,— ugh, ugh." Lorsque nous avons dépassé le Moose -horn, il a dit qu'il n'avait pas de nom. Ce que Joe Aitteon avait appelé Ragmuff , il l'a appelé *Paytaytequick* et a dit que cela signifiait Burnt Ground Stream. Nous nous arrêtâmes là où je m'étais arrêté auparavant et je me baignai dans cet affluent. L'eau était peu profonde mais froide, apparemment trop froide pour l'Indien qui regardait. Alors que nous repartions, un aigle à tête blanche a survolé nos têtes. Un tronçon à quelques kilomètres au-dessus de Pine Stream, où se trouvaient plusieurs îles, dit l'Indien, était *Nonglangyis*. Eau morte . Pine Stream , il l'appela Black River et dit que son nom indien était *Karsaootuk* . Il pourrait ainsi se rendre au lac Caribou.

Nous transportâmes une partie des bagages autour de Pine Stream Falls, pendant que l'Indien descendait en canot. Un marchand de Bangor nous avait raconté que deux hommes à son service s'étaient noyés il y a quelque temps en passant devant ces chutes dans un batteau, et qu'un troisième s'était accroché à un rocher toute la nuit et avait été enlevé le matin. Il y avait de magnifiques grandes orchidées à franges violettes sur ce port et sur les rives voisines. J'ai mesuré le plus gros bouleau de canoë que j'ai vu au cours de ce voyage vers la fin du transport. Il mesurait 14½ pieds de circonférence à deux pieds du sol, mais à cinq pieds divisé en trois parties. Les bouleaux de canoë des environs étaient généralement marqués par des crêtes en spirale sombres et bien visibles, avec une rainure entre elles, de sorte que j'ai d'abord pensé qu'ils avaient été frappés par la foudre, mais, comme le disait l'Indien, cela était évidemment dû au grain de l'arbre. Il coupa dans le tronc d'un sapin une petite pomme ligneuse, grosse comme un noisetier, apparemment une vieille vésicule de baume remplie de bois, qui, selon lui, était un bon médicament.

Après avoir embarqué et parcouru un demi-mile, mon compagnon se souvint qu'il avait oublié son couteau et nous retournâmes pour le récupérer, à contre-courant du courant fort et rapide. Cela nous a appris la différence entre monter et descendre le cours d'eau, car pendant que nous parcourions un quart de mille en arrière, nous aurions dû descendre au moins un mille et demi. Nous débarquâmes donc , et tandis que lui et l'Indien partaient le chercher, j'observais les mouvements de l'écume, sorte de sauvagine blanche près du rivage, quarante ou cinquante cannes plus bas. Il apparaissait et disparaissait alternativement derrière le rocher, entraîné par un tourbillon. Même ce semblant de vie était intéressant sur cette rivière solitaire.

Immédiatement en dessous de ces chutes se trouvait le Chesuncook Eaux mortes , causées par le reflux du lac. Pendant que nous pagayions lentement, l'Indien nous raconta une histoire de ses chasses dans les environs et quelque chose de plus intéressant sur lui-même. Il paraît qu'il avait représenté sa tribu à Augusta, ainsi qu'une fois à Washington, où il avait rencontré quelques chefs occidentaux. Il avait été consulté à Augusta et avait donné des conseils qui, selon lui, avaient été suivis concernant la limite orientale du Maine, telle que déterminée par les hautes terres et les cours d'eau, à l'époque des difficultés de ce côté. Il était employé avec les géomètres sur la ligne. Il avait également rendu visite à Daniel Webster à Boston, lors de son discours à Bunker Hill.

J'ai été surpris de l'entendre dire qu'il aimait aller à Boston, New York, Philadelphie, etc., etc. ; qu'il aimerait y vivre. Mais ensuite, comme pour céder un peu, quand il pensait à quel point il ferait mauvaise figure là-bas, il ajouta : « Je suppose que j'habite à New York, je suis le plus mauvais chasseur, je suppose. Il comprenait très bien sa supériorité et son infériorité par rapport aux Blancs. Il critiquait le peuple des États-Unis par rapport à d'autres nations, mais la seule idée distincte avec laquelle il travaillait était qu'il était « très fort », mais, comme certains individus, « trop rapide ». Il doit avoir le mérite de dire cela juste avant l'effondrement général des chemins de fer et des banques. Il avait une grande idée de l'éducation et il lui arrivait de lancer des expressions telles que celle-ci : « Kademy ... un-cad-e-ma... bonne chose... je suppose qu'ils utilisent le nom de Cinquième Lecteur là-bas... Vous avez été à l'université ?

De ces eaux mortes, les contours des montagnes autour de Ktaadn étaient visibles. Le sommet du Ktaadn était caché par un nuage, mais les montagnes Souneunk étaient plus proches et bien visibles. Nous avons traversé l'extrémité nord-ouest du lac, d'où nous avons regardé vers le sud-sud-est, sur toute sa longueur jusqu'à la montagne Joe Merry, vue au-dessus de son extrémité. C'est un changement agréable que de traverser un lac, après avoir été enfermé dans les bois, non seulement à cause de la plus grande étendue d'eau, mais aussi à cause de la vue du ciel. C'est une des surprises que la nature réserve au voyageur en forêt. Regarder en bas, dans ce cas, plus de dix-huit milles d'eau, était même libérateur et civilisateur. Sans doute, la courte distance à laquelle on peut voir dans les bois, et le crépuscule général, finiraient par réagir sur les habitants et en feraient des sauvetages. Les lacs révèlent également les montagnes et donnent une ampleur et une étendue amples à notre pensée. Les mouettes mêmes que nous voyions assises sur les rochers, comme des points blancs, ou tournant autour, me faisaient penser aux douaniers. Il y avait déjà une demi-douzaine de cabanes en rondins à cette extrémité du lac, bien que si éloignées d'une route. Je perçois que dans ces bois, les premiers établissements humains se sont, pour diverses raisons, regroupés autour des lacs, mais en partie, je pense, pour le bien du voisinage en tant que clairières les plus anciennes. Ce sont des écoles forestières déjà établies, de grands centres de lumière. L'eau est un pionnier que le colon suit en profitant de ses améliorations.

Jusqu'à présent seulement, je l'avais été auparavant. Vers midi, nous tournâmes vers le nord, remontâmes une large sorte d'estuaire, et à son angle nord-est trouvâmes la rivière Caucomgomoc , et après avoir parcouru environ un mile du lac, nous atteignîmes l' Umbazookskus , qui débouche sur la droite à un point où l'ancienne rivière , venant de l'ouest, tourne court vers le sud. Notre route remontait l' Umbazookskus , mais comme les Indiens connaissaient un bon terrain de camping, c'est-à-dire un endroit frais où il y avait peu de moustiques à environ un demi-mile plus haut du Caucomgomoc , nous y sommes allés. Cette dernière rivière, à en juger par la carte, est le cours d'eau le plus long et le plus principal, et par conséquent son nom doit prévaloir au-dessous du confluent. Si vite nous avons changé le ciel civilisateur de Chesuncook pour le bois sombre du Caucomgomoc . En arrivant au camping de l'Indien, du côté sud, où la berge avait une douzaine de pieds de haut, je lus sur le tronc d'un sapin, flambé par une hache, une inscription au fusain qui avait été laissée par lui. Il était surmonté d'un dessin représentant un ours pagayant sur un canot, qui, selon lui, était le signe qui avait toujours été utilisé par sa famille. Le dessin, bien que grossier, ne pouvait être confondu avec autre chose qu'un ours, et il doutait de ma capacité à le copier. L'inscription était ainsi rédigée *textuellement et littéralement* . J'interligne l'anglais de son Indien tel qu'il me l'a donné.

[La figure d'un ours dans un bateau.]
26 juillet 1853

---

niasoseb	
Nous seuls	Joseph
Polis	*Elioi*
Polis	commencer
sia	*olta*
pour	Vieille ville
onke	*ni*
droite	loin
Quambi	

---

15 juillet
1855
Niasoseb

Il ajouta maintenant ci-dessous :

1857
26 juillet. Polis

C'était l'une de ses maisons. J'ai vu où il avait parfois étendu ses peaux d'orignal sur la rive nord opposée ou ensoleillée de la rivière, là où se trouvait une prairie étroite.

Après avoir choisi un endroit pour notre camp et allumé notre feu, presque exactement sur le site du dernier camp des Indiens ici, il leva les yeux et observa : « Cet arbre est dangereux. C'était une partie morte, de plus d'un pied de diamètre, d'un gros bouleau à canoë, qui se ramifiait au niveau du sol. Cette branche, s'élevant à trente pieds ou plus, s'inclinait directement au-dessus de l'endroit que nous avions choisi pour notre lit. Je lui ai dit d'essayer avec sa hache ; mais il ne pouvait pas l'ébranler sensiblement et semblait donc enclin à l'ignorer, et mon compagnon exprima sa volonté de courir le risque. Mais il me semblait que nous serions insensés de nous coucher en dessous, car même si la partie inférieure était ferme, le sommet, pour autant que nous le sachions, était peut-être sur le point de tomber, et nous serions en tout cas très inquiets si le vent se levait. s'est levé dans la nuit. Il est courant que des hommes campant dans les bois soient tués par la chute d'un arbre. Le camp fut donc déplacé de l'autre côté du feu.

C'était, comme d'habitude, une forêt humide et hirsute, celle de Caucomgomoc , et tout ce qu'on en savait, c'est que d'un côté elle s'étendait vers les colonies, et de l'autre vers des régions encore moins fréquentées. Vous aviez toujours à l'esprit tant de topographie , et parfois cela semblait faire une différence considérable que vous soyez assis ou couché plus près des colonies, ou plus loin que vos compagnons, que vous soyez l'homme de l'arrière ou de la frontière du camp. Mais il y a en réalité la même différence entre nos positions partout où nous campons , et certains sont plus près des frontières sur des plumes dans les villes que d'autres sur des brindilles de sapin au fond des bois.

L'Indien a dit que l' Umbazookskus , étant un ruisseau mort avec de larges prairies, était un bon endroit pour l'orignal, et il venait fréquemment chasser ici, étant seul trois semaines ou plus de Oldtown. Il lui arrivait aussi d'aller chasser aux Lacs Séboois , de monter sur scène, avec son fusil et ses munitions, sa hache et ses couvertures, son pain dur et son porc, pendant peut-être une centaine de milles de chemin, et de sauter à l'endroit le plus sauvage. sur la route, où il était immédiatement chez lui, et chaque verge était pour lui une taverne. Puis, après un court voyage à travers les bois, il construisait en un jour un canot d'écorce d'épicéa, en y mettant peu de côtes, pour qu'il soit léger, et, après avoir chassé avec lui sur les lacs, il revenait avec ses fourrures par le même chemin qu'il était venu. Ainsi, vous avez un Indien qui profite astucieusement des avantages de la civilisation, sans rien perdre de son art du bois, mais se révélant être le chasseur le plus efficace.

Cet homme était très intelligent et apprenait rapidement tout ce qui concernait sa lignée. Notre tente était d'un genre nouveau pour lui ; mais quand il l'avait vu une fois lancé, il était surprenant avec quelle rapidité il trouvait et préparait le poteau et les piquets fourchus pour le lancer, les coupant et les plaçant correctement du premier coup, même si je suis sûr que la majorité des hommes blancs l'auraient fait. commis plusieurs gaffes.

Cette rivière provenait du lac Caucomgomoc , situé à une dizaine de milles plus haut. Même si le temps était lent ici, il y avait des chutes non loin au-dessus de nous, et nous en voyions passer l'écume de temps en temps. L'Indien a dit que *Caucomgomoc* signifiait lac Big-Gull (*c* . -à-d. Goéland argenté, je suppose), gomoc signifiant lac. C'était donc *Caucomgomoctake* , ou la rivière de ce lac. C'était le Penobscot *Caucomgomoctook* ; il y en avait un autre à Saint-Jean, non loin au nord. Il trouve les œufs de cette mouette, parfois vingt ensemble, gros comme des œufs de poule, sur des corniches rocheuses du côté ouest de la rivière Millinocket, par exemple, et les mange.

Maintenant, je pensais observer comment il passait son dimanche. Pendant que mon compagnon et moi regardions les arbres et la rivière, il s'endormit. En effet, il a amélioré chaque occasion de faire une sieste, quelle que soit la journée.

En me promenant dans les bois de ce camp, j'ai remarqué qu'ils étaient principalement constitués de sapins, d'épinettes noires et de quelques érables blancs, rouges, de bouleaux à canotage et, le long de la rivière, d'aulnes cendrés (Alnus *incana*) . Je les nomme par ordre d'abondance. Le *Viburnum nudum* était un arbuste commun, et parmi les plantes plus petites, il y avait le cornouiller nain, grande orchis à feuilles rondes, abondante et en fleur (une fleur blanc verdâtre poussant en petites communautés), Uvularia grandiflora, dont la tige avait le goût de *concombre* . , *Pyrola secunda* , apparemment la pyrola la plus commune dans ces bois, maintenant hors de floraison, *Pyrola elliptica* et *Chiogenes hispidule* . Le *Clintonia borealis* , aux baies mûres, y était très abondant et parfaitement à son aise. Ses feuilles, généralement disposées en triangles autour de sa tige, étaient tout aussi joliment formées et vertes, et ses baies aussi bleues et luisantes, comme si elle poussait le long du chemin favori de quelque botaniste.

Je pouvais tracer les contours de grands bouleaux tombés depuis longtemps, effondrés, pourris et transformés en terre, par de faibles lignes vert jaunâtre de mousse ressemblant à des plumes, dix-huit pouces de large et vingt ou trente pieds de long, traversées par d'autres lignes similaires.

J'ai entendu une paruline nocturne, une grive des bois, un martin-pêcheur, un oiseau-pince ou une paruline bicolore et un engoulevent. J'ai aussi entendu et vu des écureuils roux et entendu un ouaouaron. L'Indien a dit qu'il avait entendu un serpent.

Aussi sauvage que cela puisse être, il m'était difficile de me débarrasser des associations des colonies. Tout bruit régulier et monotone, auquel je ne prêtais pas attention distinctement, passait pour un bruit d'industrie humaine. Les cascades que j'entendais n'étaient pas sans barrages et moulins à mon imagination ; et plusieurs fois je m'aperçus que j'avais considéré le bruit constant et impétueux du vent venant des bois au-delà des rivières comme celui d'un train de wagons , les wagons de Québec. Partout, nos esprits, lorsqu'ils sont laissés à eux-mêmes, sont toujours ainsi occupés à tirer des conclusions à partir de fausses prémisses.

Je demandai à l'Indien de nous faire un sucrier en écorce de bouleau, ce qu'il fit en utilisant le grand couteau qui pendait dans un fourreau à sa ceinture ; mais l'écorce s'est cassée aux coins quand il l'a pliée, et il a dit qu'elle n'était pas bonne ; qu'il y avait une grande différence à cet égard entre l'écorce d'un bouleau de canot et celle d'un autre, *i . e .* , l'un craquait plus facilement que l'autre. J'ai utilisé quelques feuilles fines et délicates de cette écorce qu'il a fendue et coupée, dans mon livre de fleurs ; pensant qu'il serait bon de séparer les spécimens séchés du vert.

Mon compagnon, voulant distinguer l' épicéa noir et l'épicéa blanc, demanda à Polis de lui montrer une branche de ce dernier, ce qu'il fit aussitôt avec l'épicéa noir ; en fait, il pouvait les distinguer aussi loin qu'il pouvait les voir ; mais comme les deux brindilles se ressemblaient beaucoup, mon compagnon demanda à l'Indien de lui faire remarquer la différence ; sur quoi celui-ci, prenant les brindilles, remarqua aussitôt, en passant successivement sa main sur elles d'une manière caressante, que le blanc était rugueux (c'est-à-dire que les aiguilles se dressaient presque perpendiculairement), *mais que* le noir était lisse (c'est-à-dire que les aiguilles se dressaient presque perpendiculairement *) . e .* , comme plié ou peigné). C'était une différence évidente, tant au niveau de la vue que du toucher. Cependant, si je me souviens bien, cela ne permettrait pas de distinguer l'épinette blanche de la variété claire de l'épinette noire.

Je lui ai demandé de me laisser le voir chercher de la racine d'épinette noire et fabriquer du fil. Alors, sans regarder les arbres au-dessus de lui, il commença à fouiller dans la terre, distinguant instantanément les racines de l'épinette noire, et en en coupant une mince, longue de trois ou quatre pieds et grosse comme un tuyau de pipe, il fendit le il se terminait avec son couteau, et, en prenant une moitié entre le pouce et l'index de chaque main, il séparait rapidement toute sa longueur en deux moitiés semi-cylindriques égales ; puis, me donnant une autre racine, il dit : « Essayez. » Mais dans mes mains , il s'est immédiatement détaché d'un côté et je n'ai eu qu'un morceau très court. Bref, même si cela paraissait très simple, j'ai trouvé qu'il y avait un grand art à fendre ces racines. La fente est habilement comblée en se courbant avec telle ou telle main, et ainsi maintenue au milieu. Il enleva ensuite l'écorce de chaque moitié, pressant à deux mains un petit morceau d'écorce de cèdre contre le côté convexe, tandis qu'il tirait la racine vers le haut avec ses dents. Les dents d'un Indien sont fortes, et j'ai remarqué qu'il utilisait souvent les siennes là où nous aurions dû utiliser la main. Ils constituaient une troisième main. Il obtint ainsi, en un instant, une corde très soignée, résistante et flexible, qu'il pouvait nouer ou même transformer en ligne à poisson. On dit qu'en Norvège et en Suède, les racines de l'épicéa de Norvège (*Abies excelsa*) sont utilisées de la même manière et dans le même but. Il a dit que vous seriez obligé de donner un demi-dollar pour de la racine d'épinette, assez pour un canot ainsi préparé. Il avait loué la couture de son propre canot, mais il faisait tout le reste. La racine dans son canot était d'une couleur ardoise pâle, probablement acquise par l'exposition aux intempéries, ou peut-être après avoir été préalablement bouillie dans l'eau.

Il avait découvert la veille que son canot fuyait un peu et disait que c'était dû à un enfoncement violent qui faisait passer l'eau sous le bord des coutures horizontales du côté. Je lui ai demandé où il trouverait de la poix pour la réparer, car on utilise couramment de la poix dure, obtenue des blancs d'Oldtown. Il a dit qu'il pouvait fabriquer quelque chose de très semblable et d'égale qualité, non pas avec de la gomme d'épicéa ou quelque chose de semblable, mais avec du matériel que nous avions avec nous ; et il souhaitait que je devine quoi. Mais je ne pouvais pas, et il ne voulait pas me le dire, bien qu'il m'en ait montré une fois faite, une boule grosse comme un pois et comme de la poix noire, disant enfin qu'il y avait certaines choses qu'un homme ne disait pas. même sa femme. C'est peut-être sa propre découverte. Dans l'expédition d'Arnold, les pionniers utilisaient pour leur canot « de la térébenthine de pin et des restes de porc ».

Curieux de voir quelle sorte de poissons il y avait dans cette rivière sombre, profonde et paresseuse, je jetai ma ligne juste avant la nuit et attrapai plusieurs petits poissons ressemblant à des meuniers un peu jaunâtres, que l'Indien rejeta aussitôt, disant qu'ils étaient poisson *du Michigan (c'est -à-dire poisson mou* et *puant*) et bon à rien. De plus, il ne voulait pas toucher à une moue, que j'ai attrapée, et a dit que ni les Indiens ni les Blancs des environs n'en mangeaient jamais, ce que je trouvais singulier, puisqu'ils sont estimés dans le Massachusetts, et il m'avait dit qu'il mangeait des hérissons, des huards, etc. Mais il a dit que certains petits poissons argentés, que j'appelais chivin blanc, qui étaient semblables en taille et en forme au premier, étaient les meilleurs poissons des eaux de Penobscot, et si je voulais les lui jeter sur la rive, il je les cuisinerais pour moi. Après les avoir nettoyés, sans grand soin, laissant les têtes en place, il les posa sur les braises et les fit griller ainsi.

De retour d'une courte promenade, il apporta une vigne à la main et me demanda si je savais ce que c'était, disant que c'était le meilleur thé de tous les bois. C'était la symphorine rampante (*Chiogenes hispidula*), qui y était assez commune, ses baies venaient juste de pousser. Il l'a appelé *cowosnebagosar* , ce nom implique qu'il pousse là où les vieux troncs prostrés se sont effondrés et pourris. Nous avons donc décidé d'en faire du thé ce soir. Il avait un léger goût de damier et nous étions tous les deux d'accord pour dire qu'il était vraiment meilleur que le thé noir que nous avions apporté. Nous avons pensé que c'était une véritable découverte et qu'il pourrait très bien être séché et vendu dans les magasins. Cependant, pour ma part, je ne suis pas un vieux buveur de thé et je ne peux pas parler avec autorité aux autres. Il aurait été particulièrement bon d'emporter une boisson fraîche pendant la journée, l'eau à proximité étant invariablement chaude. L'Indien a dit qu'ils utilisaient aussi pour le thé une certaine herbe qui poussait dans les basses terres, qu'il n'y a pas trouvée, et le ledum, ou thé du Labrador, que j'ai depuis trouvé et essayé à Concord ; aussi des feuilles de pruche, les dernières surtout en hiver, lorsque les autres plantes étaient couvertes de neige ; et diverses autres choses ; mais il n'approuvait pas les arborvites , que je disais avoir bu dans ces bois. Nous aurions pu prendre un nouveau type de thé chaque soir.

Juste avant la nuit, nous avons vu une *courge musquée* (il n'a pas dit rat musqué), la seule que nous ayons vue au cours de ce voyage, nageant vers le bas de l'autre côté du ruisseau. L'Indien, voulant en manger un, nous fit taire en disant : « Arrêtez, je les appelle ; » et, assis à plat sur la berge, il commença à émettre avec ses lèvres un curieux son grinçant et raide, s'exerçant considérablement. J'ai été très surpris, et j'ai pensé que j'étais enfin arrivé dans le désert, et que c'était vraiment un homme sauvage, pour parler à une courge ! Je ne savais pas lequel des deux me paraissait le plus étrange. Il semblait avoir soudainement abandonné l'humanité et s'être rangé du côté de la musquash. Cependant, d'aussi près que j'ai pu voir, le musquash ne s'est pas détourné, bien qu'il ait peut-être hésité un peu, et l'Indien a dit qu'il avait vu notre feu ; mais il était évident qu'il avait l'habitude de lui appeler la musquash, comme il le disait. Une de mes connaissances, qui chassait l'orignal dans ces bois un mois plus tard, me raconte que son Indien appelait ainsi à plusieurs reprises, au clair de lune, les musquash à portée de sa pagaie et les frappait.

L'Indien a dit une prière particulièrement longue ce dimanche soir, comme pour expier le travail du matin.

LUNDI 27 juillet.

Après avoir chargé rapidement le canot, auquel les Indiens s'occupaient toujours soigneusement pour qu'il soit bien réglé, et chacun ayant jeté un coup d'œil, comme d'habitude, pour s'assurer qu'il ne restait rien, nous repartîmes en descendant le Caucomgomoc et en tournant vers le nord-est vers le haut . les *Umbazookskus* . Ce nom, disait l'Indien, signifiait Much Meadow River. Nous avons trouvé que c'était un ruisseau très herbeux, aux eaux mortes , et maintenant très large à cause des pluies, bien que, dit-il, il soit parfois assez étroit. L'espace entre les bois, constitué principalement de prairies dénudées, avait de cinquante à deux cents bâtons de largeur, et constitue un endroit rare pour l'orignal. Cela m'a rappelé le Concord; et ce qui augmentait la ressemblance, c'était une vieille maison de courge presque à flot.

Dans l'eau des prairies poussaient en abondance des carex, des graminées à laine, le pavillon bleu commun, dont la fleur se montre juste au-dessus des hautes eaux, comme si elle était un nénuphar bleu, et plus haut dans les prairies un grand nombre de touffes d'un saule à feuilles étroites (*Salix petiolaris*), commun dans nos prairies fluviales. C'était celle qui prédominait ici, et l'Indien disait que la courge en mangeait une grande partie ; et ici poussait aussi l'osier rouge (*Cornus stolonifera*), dont les gros fruits sont maintenant blanchâtres.

Même s'il était encore tôt le matin, nous avons vu des engoulevents tourner au-dessus de la prairie et, comme d'habitude, nous avons entendu le pepe (*Muscicapa Cooperi*), qui est l'un des oiseaux dominants dans ces bois, et le rouge-gorge.

C'était inhabituel que les bois soient si éloignés du rivage, et il y avait tout un écho de leur part, mais alors que je criais pour le réveiller, l'Indien m'a rappelé que je devais effrayer l'orignal qu'il surveillait. pour lequel nous voulions tous voir. Le mot pour écho était *Pockadunkquaywayle* .

Une large ceinture de mélèzes morts le long de la lisière lointaine de la prairie, contre la forêt de chaque côté, augmentait le caractère sauvage habituel du paysage. Les Indiens appelaient ces genévriers et disaient qu'ils avaient été tués par le remous causé par le barrage à la sortie du lac Chesuncook , distant d'une vingtaine de milles. J'ai cueilli au bord de l'eau l' *Asclepias incarnata* , aux fleurs assez belles, d'un rouge plus vif que notre variété (la *pulchra*). C'était la seule forme que j'y ai vue.

Après avoir parcouru plusieurs kilomètres en remontant l' Umbazookskus , celui-ci s'est soudainement réduit à un simple ruisseau, étroit et rapide, les mélèzes et autres arbres s'approchant de la rive et ne laissant aucune prairie ouverte, et nous avons atterri pour obtenir un poteau d'épinette noire pour pousser contre le ruisseau. C'était la première occasion d'en faire un. Celui choisi était assez mince, coupé d'environ dix pieds de long, simplement taillé en pointe et dont l'écorce était rasée. Le ruisseau, quoique étroit et rapide, était encore profond, avec un fond boueux, comme je le prouvai en y plongeant. A côté des plantes que j'ai mentionnées, j'ai observé sur la berge ici les *Salix cordata* et *rostrata* , *Ranunculus recurvatus* et *Rubus triflorus* aux fruits mûrs.

Pendant que nous étions ainsi occupés, deux Indiens dans un canot voltigeaient en vue autour des buissons qui descendaient le courant. Notre Indien connaissait l'un d'eux, un vieil homme, et il entra en conversation avec lui en indien. Sa place était au pied de Moosehead. L'autre était d'une autre tribu. Ils revenaient de la chasse. J'ai demandé au plus jeune s'ils avaient vu des orignaux, ce à quoi il a répondu non ; mais moi, voyant les peaux d'orignal sortir d'un gros paquet fait avec leurs couvertures au milieu du canot, j'ajoutai : « Seulement leurs peaux. Comme il était étranger, il a peut-être voulu me tromper, car il est illégal pour les hommes blancs et les étrangers de tuer l'orignal dans le Maine à cette saison. Mais peut-être n'avait-il pas besoin de s'alarmer, car les gardiens d'orignaux ne sont pas très pointilleux. J'ai entendu parler très directement d'un homme à qui un homme blanc se rendant dans les bois lui demandait ce qu'il dirait s'il tuait un orignal et qui répondait : « Si vous m'en apportez un quart, je suppose que vous ne serez pas dérangé. » Son devoir était, comme il l'a dit, uniquement d'empêcher leur massacre « aveugle » pour leurs peaux. Je suppose qu'il considérerait cela comme un massacre *aveugle* alors qu'un quart ne lui était pas réservé. Tels sont les avantages de cette fonction.

Nous continuâmes notre chemin à travers le bois de mélèzes le plus étendu que j'aie jamais vu, des arbres hauts et élancés aux branches fantastiques. Mais même si c'était l'arbre dominant ici, je ne me souviens pas que nous en ayons vu par la suite. On ne trouve pas ici et là des arbres épars de cette espèce dans le bois, mais plutôt une petite forêt. Il en est de même des pins blancs et rouges et de quelques autres arbres, ce qui est grandement à l'avantage du bûcheron . Ils sont d'habitude sociale, poussant en « veines », en « touffes », en « groupes » ou en « communautés », comme les appellent les explorateurs, en les distinguant au loin, du sommet d'une colline ou d'un arbre, les pins blancs. dominant la forêt environnante, ou bien ils forment à eux seuls de vastes forêts. J'aurais aimé rencontrer une importante communauté de pins, qui n'avait jamais été envahie par l'armée des bûcherons.

Nous vîmes quelques traces fraîches d'orignaux le long de la rive, mais l'Indien dit que les orignaux n'étaient pas chassés du bois par les mouches, comme c'est l'habitude en cette saison, à cause de l'abondance de l'eau partout. Le ruisseau n'avait qu'une largeur d'un mètre et demi à trois mètres, assez sinueux, avec de temps en temps de petites îles, des prairies et quelques endroits très rapides et peu profonds. Quand nous arrivions sur une île, l'Indien n'hésitait jamais de quel côté prendre, comme si le courant lui disait lequel était le plus court et le plus profond. C'était une chance pour nous que l'eau soit si haute. Nous n'avons dû marcher qu'une seule fois sur ce ruisseau, portant une partie du chargement, à un tronçon rapide et peu profond, tandis qu'il se levait avec le canot, n'étant pas obligé de sortir, bien qu'il ait dit que c'était une eau très forte. Une ou deux fois nous avons croisé l'épave rouge d'un bateau qui avait été incendié au printemps.

En faisant ce portage, j'ai vu de nombreux spécimens splendides de la grande orchis à franges violettes, hauts de trois pieds. Il est remarquable que des fleurs aussi délicates ornent ici ces sentiers sauvages.

Après avoir repris place dans le canot, je sentis l'Indien m'essuyer le dos sur lequel il avait accidentellement craché. Il a dit que c'était le signe que j'allais me marier.

La rivière Umbazookskus s'appelle dix milles de long. Après avoir parcouru la partie la plus étroite à environ trois ou quatre milles, la prochaine ouverture dans le ciel se trouvait au-dessus du lac Umbazookskus , dans lequel nous sommes soudainement entrés vers onze heures du matin. Il s'étend vers le nord-ouest sur quatre ou cinq milles, avec ce que les Indiens appelaient la montagne Caucomgomoc bien au-delà. C'était un changement agréable.

Ce lac était très peu profond à une grande distance du rivage, et j'ai vu des tas de pierres au fond, comme ceux de l' Assabet chez moi. Le canot en a heurté un. Les Indiens pensaient qu'ils étaient fabriqués par une anguille. Joe Aitteon en 1853 pensait qu'ils étaient fabriqués à partir de chevesnes. Nous avons traversé l'extrémité sud-est du lac jusqu'au port d'entrée de Mud Pond.

Umbazookskus est la tête du Penobscot dans cette direction, et Mud Pond est la tête la plus proche de l' Allegash , une des principales sources du Saint-Jean. Hodge, qui a emprunté ce chemin jusqu'au Saint-Laurent au service de l'État, appelle le portage ici un mille et trois quarts de long, et déclare que Mud Pond s'est avéré être quatorze pieds plus haut que le lac Umbazookskus . Comme le bras ouest du Penobscot au port de Moosehead est considéré comme environ vingt-cinq pieds plus bas que le lac Moosehead, il semble que le Penobscot, dans la partie supérieure de son cours, coule dans une vallée large et peu profonde, entre le Kennebec et le Saint-Jean. , et inférieur à l'un ou l'autre, cependant, à en juger par la carte, on pourrait s'attendre à ce qu'il soit le plus élevé.

Mud Pond est à peu près à mi-chemin d' Umbazookskus jusqu'au lac Chamberlain, dans lequel il se jette et auquel nous devions nous rendre. L'Indien a dit que c'était le port le plus humide de l'État, et comme la saison était très humide, nous nous attendions à une promenade désagréable. Comme d'habitude, il fit un gros paquet de fût de porc, d'ustensiles de cuisine et d'autres pièges lâches, en les attachant dans sa couverture. Nous serions obligés de parcourir le trajet deux fois, et notre méthode consistait à en transporter une moitié, puis à revenir en arrière pour le reste.

Notre chemin passait tout près de la porte d'une cabane en rondins dans une clairière à cette extrémité du carry, que l'Indien, qui y entra seul, trouva occupée par un Canadien et sa famille, et que l'homme était aveugle depuis un moment. année. Il semblait particulièrement malheureux d'être devenu aveugle là où il y avait si peu d'yeux pour voir pour lui. Il ne pouvait même pas être emmené hors de ce pays par un chien, mais il devait être emmené dans les rapides aussi passivement qu'un baril de farine. Ce fut la première maison au-dessus de Chesuncook et la dernière sur les eaux de Penobscot, et elle fut construite ici, sans aucun doute, parce que c'était la route des bûcherons en hiver et au printemps.

Après une légère ascension du lac à travers le sol élastique de la clairière du Canadien, nous entrâmes sur un sentier plat, très humide et rocailleux à travers la forêt universelle, dense et sempervirente, un simple caniveau mal pavé, où nous sautâmes de rocher en rocher et de côte à côte, dans la vaine tentative de rester à l'écart de l'eau et de la boue. Nous avons conclu qu'il s'agissait encore d'eau de Penobscot, bien qu'il n'y ait aucun écoulement vers celle-ci. C'est sur ce carry que le chasseur blanc que j'ai rencontré sur scène, comme il me l'a raconté, avait abattu deux ours quelques mois auparavant. Ils se tenaient directement sur le chemin et ne se présentaient pas pour lui. Ils pourraient être excusés de ne pas s'y rendre ou de ne prendre que le droit prévu par la loi. Il a dit qu'à cette saison, on trouvait des ours sur les montagnes et sur les flancs des collines à la recherche de baies, et qu'ils avaient tendance à se montrer impertinents, afin que nous puissions les rencontrer en remontant le ruisseau Trout ; et il ajouta, ce que j'ai peine à croire, que beaucoup d'Indiens dormaient dans leurs canots, n'osant pas dormir à terre, à cause d'eux.

Ici commence ce qu'on appelait, il y a vingt ans, les meilleures terres à bois de l'État. Cet endroit même a été décrit comme « couvert de la plus grande abondance de pins », mais maintenant cet arbre me paraissait, comparativement, un arbre rare là-bas, — et pourtant vous ne voyiez pas où d'autres auraient pu se tenir, au milieu de la végétation dense de cèdres. , sapin, etc. On proposa alors de creuser ici un canal de lac à lac, mais l'exutoire fut finalement réalisé plus à l'est, au lac Telos, comme nous le verrons.

L'Indien avec son canot disparut bientôt devant nous ; mais peu de temps après, il revint et nous dit de prendre un chemin qui tournait vers l'ouest, car il valait mieux marcher, et, sur ma suggestion, il accepta de laisser une branche dans le transport régulier à cet endroit, afin que nous ne puissions pas la dépasser. erreur. Par la suite, a-t-il dit, nous devions conserver le chemin principal, et il a ajouté : « Vous voyez mes traces. » Mais je n'avais pas vraiment confiance que nous puissions distinguer ses traces, puisque d'autres avaient dépassé le portage en quelques jours.

Nous tournâmes au bon endroit, mais nous fûmes bientôt confus par de nombreux sentiers forestiers, arrivant dans celui où nous nous trouvions, par lesquels des bûcherons étaient allés cueillir les pins dont j'ai parlé. Cependant, nous avons gardé ce que nous considérions comme le chemin principal, même s'il était sinueux, et nous y distinguions, à de longs intervalles, une légère trace de pas. Cette route, bien que relativement peu utilisée, était au début une meilleure route, ou, du moins, une route plus sèche que la route régulière que nous avions laissée. Elle traversait un désert arboré du caractère le plus sinistre. Les grands arbres tombés et pourris avaient été coupés et roulés de côté, et leurs énormes troncs aboutaient de chaque côté du sentier, tandis que d'autres gisaient encore en travers, à deux ou trois pieds de haut. Il nous était impossible de discerner la trace de l'Indien dans la mousse élastique qui, comme un épais tapis, recouvrait chaque rocher et chaque arbre tombé, ainsi que la terre. Il m'arrivait néanmoins de déceler la trace d'un homme, et je m'en accordais un certain mérite. Je portais tout mon chargement à la fois, un lourd sac à dos et un grand sac en caoutchouc , contenant notre pain et une couverture, balancés sur une pagaie ; en tout, environ soixante livres ; mais mon compagnon préférait faire deux voyages, à petites étapes, pendant que je l'attendais. Nous ne pouvions pas être sûrs de ne pas déposer nos chargements chaque fois plus loin du vrai chemin.

Tandis que j'attendais mon compagnon, il semblait parti depuis longtemps et j'avais amplement l'occasion de faire des observations sur la forêt. J'ai alors commencé à être sérieusement agressé par la mouche noire, une mouche très petite mais parfaitement formée de cette couleur, longue d'environ un dixième de pouce, que j'ai d'abord sentie, puis vue, en essaims autour de moi, alors que j'étais assis à côté. une bifurcation plus large et plus que d'habitude douteuse dans ce sombre chemin forestier. Les chasseurs racontent des histoires sanglantes à leur sujet, comment ils s'installent en anneau autour de votre cou, avant que vous ne vous en rendiez compte, et sont effacés en grand nombre avec votre sang. Mais me rappelant que j'avais dans mon sac à dos un nettoyant préparé par une main réfléchie de Bangor, je me dépêchai de l'appliquer sur mon visage et mes mains, et j'étais heureux de le trouver efficace, pourvu qu'il soit frais, ou pendant vingt minutes. , non seulement contre les mouches noires, mais contre tous les insectes qui nous agressaient. Ils ne se poseraient pas sur la partie ainsi défendue. Il était composé d'huile douce et d'huile de térébenthine, avec un peu d'huile de menthe verte et de camphre. Mais j'ai finalement conclu que le remède était pire que le mal. C'était tellement désagréable et incommode d'avoir le visage et les mains recouverts d'un tel mélange.

Trois grands oiseaux couleur ardoise du genre geai (*Garrulus Canadensis*), le geai du Canada, l'orignal, l'oiseau de viande, ou autre, se sont approchés silencieusement et progressivement vers moi, et ont sauté le long des membres avec curiosité jusqu'à sept ou huit pieds. Ils étaient plus maladroits et loin d'être aussi beaux que le geai bleu . Les faucons poissons, venus du lac, poussaient leurs sifflements aigus au-dessus de la cime de la forêt près de chez moi, comme s'ils s'inquiétaient d'un nid là-bas.

Après m'être assis là quelque temps, j'ai remarqué à cette bifurcation du chemin un arbre qui avait été flambé, et les lettres « Chamb . L." écrit dessus à la craie rouge. Je savais que cela signifiait le lac Chamberlain. J'ai donc conclu que, dans l'ensemble, nous étions sur la bonne route, même si, comme nous avions parcouru près de deux milles et que nous n'avions vu aucun signe de Mud Pond, j'avais le soupçon que nous pourrions être sur une route directe vers le lac Chamberlain, laissant de côté Étang de boue. Ce que j'ai trouvé sur ma carte serait à environ cinq milles au nord-est, et j'ai ensuite pris le relèvement avec ma boussole.

Mon compagnon étant revenu avec son sac, et s'étant également défendu le visage et les mains avec le nettoyant anti-insectes, nous repartîmes . La marche devint rapidement pire et le sentier plus indistinct, et enfin, après avoir traversé une parcelle de *Calla palustris* , encore abondamment fleurie, nous nous trouvâmes dans un marais plus ouvert et plus régulier, rendu moins praticable que d'habitude par l'humidité inhabituelle. de la saison. Nous nous enfoncions d'un pied de profondeur dans l'eau et la boue à chaque pas, et parfois jusqu'aux genoux, et la piste était presque effacée, n'étant rien de plus que celle qu'une courge musquée laisse dans des endroits similaires lorsqu'elle sépare le carex flottant. En fait, il s'agissait probablement d'un sentier de courgettes à certains endroits. Nous avons conclu que si Mud Pond était aussi boueux que son approche était humide, il méritait certainement son nom. Il eût été amusant de voir avec quelle allure obstinée et délibérée nous entrions dans ce marécage, sans échanger un mot, comme si nous étions déterminés à le traverser, même s'il nous montait au cou. Après avoir pénétré une distance considérable dans cette zone et trouvé une touffe sur laquelle nous pourrions déposer nos chargements, bien qu'il n'y ait pas de place pour nous asseoir, mon compagnon revint chercher le reste de sa meute. J'avais pensé observer sur ce portage lorsque nous franchissions la ligne de démarcation entre le Penobscot et St. John, mais comme mes pieds étaient à peine sortis de l'eau sur toute la distance et que tout était plat et stagnant, je commençai à désespérer de trouver il. Je me souviens avoir beaucoup entendu parler des « hautes terres » séparant les eaux du Penobscot de celles du Saint-Jean, ainsi que du Saint-Laurent, à l'époque du différend sur la frontière nord-est, et j'ai observé sur ma carte que la ligne revendiquée par la Grande-Bretagne comme frontière avant 1842 passait entre le lac Umbazookskus et Mud Pond, de sorte que nous l'avions traversée ou que nous nous trouvions alors dessus. Telles étaient donc, selon *son* interprétation du traité de 83, les « hautes terres qui séparent les rivières qui se jettent dans le Saint-Laurent de celles qui se jettent dans l'océan Atlantique ». C'est vraiment un endroit intéressant où se tenir , si c'était cela, même si on ne pouvait pas s'y asseoir. Je pensais que si les commissaires eux-mêmes, et le roi de Hollande avec eux, avaient passé quelques jours ici, avec leurs sacs sur le dos, à la recherche de cette « montagne », ils auraient passé un moment intéressant, et peut-être cela aurait-il été le cas. ont quelque peu modifié leur vision de la question. Le roi de Hollande aurait été dans son élément. Telles étaient mes méditations pendant que mon compagnon allait chercher son sac.

C'était un marécage de cèdres, à travers lequel résonnait haut et fort la note particulière du moineau à gorge blanche. Là poussaient la fleur à selle latérale, le thé du Labrador, *Kalmia glauca* , et, ce qui était nouveau pour moi, le bouleau bas (*Betula pumila*), un petit arbuste à feuilles rondes, haut de deux ou trois pieds seulement. Nous avons pensé donner à ce marais le nom de ce dernier.

Au bout d'un long moment, mon compagnon revint, accompagné de l'Indien. Nous avions pris un mauvais chemin et l'Indien nous avait perdus. Il était très sagement retourné au camp du Canadien et lui avait demandé par où nous étions probablement allés, car il comprenait mieux les mœurs des hommes blancs, et il lui avait répondu avec raison que nous avions sans aucun doute emprunté la route de ravitaillement jusqu'au lac Chamberlain (mince fournitures qu'ils obtiendraient sur une telle route à cette saison). L'Indien fut grandement surpris que nous aurions dû emprunter ce qu'il appelait une route de « remorquage » (*c'est- à-* dire un chemin de transport ou de ravitaillement), au lieu d'un chemin de transport, — que nous n'avions pas suivi ses traces, — a dit que c'était « étrange » et il ne pensait manifestement pas à notre artisanat du bois.

Après avoir tenu une consultation et mangé une bouchée de pain, nous avons conclu qu'il serait peut-être plus près pour nous deux maintenant de continuer jusqu'au lac Chamberlain, en omettant Mud Pond, que de revenir en arrière et de recommencer vers le dernier endroit, bien que les Indiens n'avait jamais vécu ce genre de situation et n'en savait rien. En attendant, il reviendrait et finirait de transporter son canot et son paquet jusqu'à Mud Pond, le traverserait, descendrait son exutoire et remonterait le lac Chamberlain, en espérant nous y retrouver avant la nuit. Il était maintenant un peu plus de midi. Il supposait que l'eau dans laquelle nous nous trouvions revenait de Mud Pond, qui ne pouvait être très loin vers l'est, mais était inaccessible à travers le marais dense de cèdres.

En continuant notre route, nous fûmes bientôt agréablement déçus d'atteindre un terrain plus ferme, et nous traversâmes une crête où le sentier était plus distinct, mais sans jamais avoir de vue sur la forêt. En descendant cette dernière, j'ai vu de nombreux spécimens de grandes orchis à feuilles rondes, de grande taille ; celui que j'ai mesuré avait des feuilles, comme d'habitude, plates sur le sol, neuf pouces et demi de long et neuf de large , et mesurait deux pieds de haut. La nature sombre et humide est favorable à certaines de ces plantes d'orchidées, bien qu'elles soient trop délicates pour être cultivées. J'ai vu aussi la groseille des marais (*Rides lacustre*), à fruit vert, et dans tous les terrains bas, où il n'était pas trop humide, le *Rubus triflorus* en fruit. À un endroit, j'ai entendu une note très claire et perçante provenant d'un petit faucon, comme une seule note d'un moineau à gorge blanche, mais beaucoup plus forte, alors qu'il se précipitait à travers la cime des arbres au-dessus de ma tête. Je m'étonnais qu'il se laisse déranger par notre présence, car il semblait qu'il ne pourrait pas facilement retrouver lui-même son nid dans ce désert. Nous vîmes et entendîmes aussi plusieurs fois l'écureuil roux, et souvent, comme nous l'avons observé précédemment, les écailles bleutées des pommes de sapin qu'il avait laissées sur un rocher ou un arbre tombé. C'est, selon l'Indien, le seul écureuil trouvé dans ces bois, à l'exception d'un très petit nombre d'écureuils rayés. Il doit passer un moment solitaire dans cette sombre forêt sempervirente, où il y a si peu de vie, à soixante-quinze milles d'une route par laquelle nous étions venus. Je me demandais comment il pouvait appeler tel arbre en particulier sa maison ; et pourtant il courait le long de la tige d'une des myriades, comme si c'était un ancien chemin qui menait à lui. Comment un faucon peut-il le trouver là-bas ? J'imaginais qu'il devait être content de nous voir, même s'il semblait nous gronder. Un de ces sombres bois de sapins et d'épicéas n'est pas complet à moins que l'on n'entende de ses recoins caverneux moussus et ramifiés son bel alarum, — sa voix d'épicéa, comme le travail de la sève à travers quelque fissure dans un arbre, — le travail de l'épicéa. bière. Un type aussi impertinent essayait parfois d'alarmer le bois à mon sujet. « Oh, dis-je, je connais bien votre famille, je connais très bien vos cousins de Concord. Je suppose que le courrier est irrégulier dans cette région, et vous aimeriez avoir de leurs nouvelles . Mais mes démarches étaient vaines, car il se retirerait par ses autoroutes aériennes jusqu'à un sommet de cèdre plus éloigné et relancerait son hochet.

Nous entrâmes ensuite dans un autre marécage, à un rythme nécessairement lent, où la marche était plus pénible que jamais, non seulement à cause de l'eau, mais des bois tombés, qui effaçaient souvent entièrement le sentier indistinct. Les arbres tombés étaient si nombreux que, sur de longues distances, le parcours se faisait à travers une succession de petites cours, où nous escaladions des clôtures aussi hautes que nos têtes, descendions dans l'eau souvent jusqu'aux genoux, puis franchissions une autre clôture pour entrer dans une deuxième cour. , et ainsi de suite; et, revenant chercher son sac, mon compagnon s'égara un jour et revint sans le sac. Dans de nombreux endroits, le canot aurait couru sans le bois tombé. Encore une fois, l'endroit serait plus ouvert, mais tout aussi humide, trop humide pour que les arbres puissent pousser, et il n'y aurait aucun endroit où s'asseoir. C'était un marais moussu qu'il fallait pour traverser de longues pattes d'orignal, et il est très probable que nous en avons effrayé quelques-uns pendant notre passage, bien que nous n'en ayons vu aucun. Il était prêt à faire écho au grognement d'un ours, au hurlement d'un loup ou au cri d'une panthère ; mais lorsque vous arrivez au milieu d'une de ces forêts sinistres, vous êtes surpris de constater que les plus grands habitants ne sont généralement pas chez eux, et n'ont laissé qu'un chétif écureuil roux pour aboyer contre vous. D' une manière générale , une nature sauvage hurlante ne hurle pas : c'est l'imagination du voyageur qui hurle. J'ai cependant vu un porc-épic mort ; peut-être avait-il succombé aux difficultés du chemin. Ces gaillards hérissés sont un petit fruit très approprié dans ces déserts négligés.

Créer un chemin forestier dans les bois du Maine s'appelle « l'inonder », et ceux qui effectuent le travail sont appelés « sampers ». Je percevais maintenant la pertinence du terme. C'était la route la plus parfaitement inondée que j'aie jamais vue. Ici, la nature a dû coopérer avec l'art. Cependant, je suppose qu'ils vous diront que ce nom tire son origine du fait que le travail principal des constructeurs de routes dans ces bois est de rendre les marécages praticables. Nous arrivâmes à un ruisseau où le pont, qui était fait de rondins liés ensemble avec de l'écorce de cèdre, avait été démoli, et nous le franchissâmes comme nous le pouvâmes. Celui-ci se déversait probablement dans Mud Pond, et peut-être que l'Indien aurait pu le remonter et nous y emmener s'il l'avait su. Tel qu'il était, ce pont en ruine était la preuve principale que nous étions sur un chemin quelconque.

Nous avons ensuite traversé un autre terrain peu élevé et moi, qui portais des chaussures, j'ai eu l'occasion d'essorer mes bas, mais mon compagnon, qui portait des bottes, avait constaté que ce n'était pas une expérience sûre pour lui, car il ne pourrait peut-être pas pour remettre ses bottes mouillées. Il parcourut toute la terre, ou l'eau, trois fois, ce qui rendit notre progression très lente ; en outre, l'eau adoucissait nos pieds et les rendait, dans une certaine mesure, impropres à la marche. Alors que je l'attendais, il semblait naturellement inexplicable qu'il soit parti. Ainsi, comme je voyais à travers les bois que le soleil baissait, et qu'on ne savait pas à quelle distance se trouverait le lac, même si nous étions sur la bonne voie, et dans quelle partie du monde nous nous trouverions à la tombée de la nuit, Je proposai de passer le plus vite possible, en laissant des branches pour marquer mon chemin, de retrouver le lac et l'Indien, si possible, avant la nuit, et de renvoyer ce dernier porter le sac de mon compagnon.

Après avoir parcouru environ un mile et regagné un terrain bas, j'entendis un bruit semblable à celui d'un hibou, que je découvris bientôt comme étant celui de l'Indien, et, lui répondant, nous nous rapprochâmes bientôt. Il avait atteint le lac, après avoir traversé Mud Pond et couru quelques rapides en contrebas, et avait parcouru environ un mille et demi sur notre chemin. S'il n'était pas revenu à notre rencontre, nous ne l'aurions probablement pas retrouvé cette nuit-là, car le sentier bifurquait une ou deux fois avant d'atteindre cette partie particulière du lac. Il est donc reparti chercher mon compagnon et son sac, pendant que je poursuivais mon chemin. Après avoir traversé un autre ruisseau, où le pont de rondins avait été brisé et à moitié flotté , - et ce n'était pas tout à fait pire que notre marche ordinaire, car elle était moins boueuse, - nous avons continué, à travers alternativement de la boue et de l'eau, vers la rive du lac Apmoojenegamook , que nous atteignîmes à temps pour un souper tardif, au lieu d'y dîner, comme nous l'avions prévu, étant restés sans dîner. Le chemin que nous avions parcouru faisait au moins cinq milles, et comme mon compagnon avait parcouru la majeure partie du chemin trois fois, il avait parcouru une bonne douzaine de milles, aussi mauvais que cela puisse être. En hiver, lorsque l'eau est gelée et que la neige atteint quatre pieds de profondeur, c'est sans aucun doute un chemin supportable pour un valet de pied. Dans l'état actuel des choses, je n'aurais pas manqué cette promenade pour beaucoup. Si vous voulez une recette exacte pour faire une telle route, prenez une part de Mud Pond et diluez-la avec des parts égales d' Umbazookskus et d'Apmoojenegamook ; puis envoyez une famille de musquash pour le localiser, occupez-vous des niveaux et des ponceaux, et terminez-le dans leur esprit, et laissez un ouragan suivre pour faire la clôture.

Nous étions arrivés sur une pointe s'étendant jusqu'à Apmoojenegamook , ou lac Chamberlain, à l'ouest de l'embouchure de Mud Pond, où se trouvait une large rive graveleuse et rocheuse, encombrée de rondins et d'arbres blanchis. Nous étions heureux de voir des choses aussi sèches dans cette partie du monde. Mais au début , nous ne nous préoccupions pas tant de la sécheresse que de la boue et de l'humidité. Nous sommes tous les trois allés dans le lac jusqu'à notre milieu pour laver nos vêtements.

C'était un autre lac noble, appelé douze milles de long, à l'est et à l'ouest ; si l'on y ajoute le lac Telos, qui, depuis la construction du barrage, lui est relié par des eaux mortes, ce sera vingt ; et sa largeur est apparemment comprise entre un mille et demi et deux milles. Nous étions à peu près à mi-chemin, du côté sud. Nous apercevions la seule clairière de la région, appelée « Ferme Chamberlain », avec deux ou trois bâtiments en rondins rapprochés, sur la rive opposée, à environ deux milles et demi de distance. La fumée de notre feu sur le rivage a amené deux hommes en canot de la ferme, c'est un signal commun convenu lorsqu'on veut traverser. Il leur fallut environ une demi-heure pour venir, et cette fois ils eurent leur travail pour leurs douleurs. Même le nom anglais du lac avait une consonance sauvage et boisée, me rappelant ce chambellan qui a tué Paugus lors du combat de Lovewell.

Après avoir revêtu les vêtements secs que nous avions et suspendu les autres pour les faire sécher sur le poteau que l'Indien avait disposé au-dessus du feu, nous avons dîné et nous sommes couchés sur le rivage de galets, les pieds près du feu, sans planter notre tente. , formant un mince lit d'herbe pour recouvrir les pierres.

Ici, j'ai d'abord été agressé par le petit moucheron appelé le no-see- em (*Simulium nocivum* , — ce dernier mot n'est pas le latin pour ne pas voir) , surtout sur le sable au bord de l'eau, car c'est une sorte de phlébotome. Vous ne les observeriez pas sans leurs ailes de couleur claire. On dit qu'ils se glissent sous vos vêtements et produisent une chaleur fébrile, ce que j'imagine être ce que j'ai ressenti cette nuit-là.

Nos ennemis insectes au cours de cette excursion, pour les résumer, étaient, d'abord, les moustiques, les principaux, mais seulement gênants la nuit, ou lorsque nous restions tranquilles sur le rivage le jour ; deuxièmement, les mouches noires (*Simulium molestum*), qui nous molestaient plus ou moins pendant les cours d'eau de jour, comme je l'ai déjà décrit, et quelquefois dans les parties plus étroites du cours d'eau. Harris se trompe lorsqu'il dit qu'ils ne seront plus revus après juin. Troisièmement, les mouches à orignaux. Les plus grands, a déclaré Polis, s'appelaient *Bososquasis* . C'est une grosse mouche brune, un peu comme un taon, longue d'environ onze seizièmes de pouce, généralement de couleur rouille en dessous, avec des ailes non tachetées. Ils peuvent mordre intelligemment, selon Polis, mais sont facilement évités ou tués. Quatrièmement, les non-voir mentionnés ci-dessus. De tous ceux-là, les moustiques sont les seuls qui m'ont sérieusement inquiété ; mais, comme j'ai reçu un linge et un voile, ils n'ont pas fait une profonde impression.

L'Indien n'utilisait pas notre lessive pour se protéger le visage et les mains, de peur que cela ne blesse sa peau, et il n'avait pas non plus de voile ; il souffrait donc des insectes maintenant et tout au long de ce voyage, plus que nous deux. Je pense qu'il a souffert plus que moi, alors qu'aucun de nous n'était protégé. Il attachait régulièrement son visage dans son mouchoir et l'enfouissait dans sa couverture, et maintenant il finissait par s'allonger sur le sable entre nous et le feu, à cause de la fumée qu'il essayait de faire entrer dans sa couverture autour de son visage. et dans le même but il alluma sa pipe et souffla la fumée dans sa couverture.

Alors que nous étions ainsi sur le rivage, sans rien entre nous et les étoiles, je lui demandai quelles étoiles il connaissait ou pour lesquelles il avait des noms. Il s'agissait de la Grande Ourse, qu'il appelait ainsi, des Sept Étoiles, pour lesquelles il n'avait pas de nom anglais, de « l'étoile du matin » et de « l'étoile du nord ».

Au milieu de la nuit, comme d'ailleurs à chaque fois que nous nous reposions au bord d'un lac, nous entendions la voix du huard, forte et distincte, venant de loin au-dessus du lac. C'est un son très sauvage, tout à fait en harmonie avec le lieu et les circonstances du voyageur, et très différent de la voix d'un oiseau. Je pourrais rester éveillé pendant des heures à l'écouter, c'est tellement excitant. Lorsque vous campez dans une nature aussi sauvage que celle-ci, vous êtes prêt à entendre les sons de certains de ses habitants qui donneront une voix à sa nature sauvage. Une idée d'ours, de loups ou de panthères vous vient naturellement à l'esprit, et quand cette note se fait entendre pour la première fois très loin à minuit, alors que vous êtes couché, l'oreille contre terre, la forêt étant parfaitement immobile autour de vous, vous la prenez. car il est vrai que c'est la voix d'un loup ou de quelque autre bête sauvage, car on n'entend que la dernière partie à distance, - vous en concluez que c'est une meute de loups, aboyant vers la lune, ou, par hasard, galopant après un élan. Aussi étrange que cela puisse paraître, le « meuglement » d'une vache à flanc de montagne se rapproche le plus de mon idée de la voix d'un ours ; et le message de cet oiseau ressemblait à cela. C'était le bruit infaillible et caractéristique de ces lacs. Nous n'avons pas eu la chance d'entendre des loups hurler, même si c'est une sérénade occasionnelle. Certains de mes amis, qui ont remonté la rivière Caucomgomoc il y a deux ans , ont eu la sérénade des loups alors qu'ils chassaient l'orignal au clair de lune. Ce fut un éclat soudain, comme si une centaine de démons s'étaient brisés lâche, un son assez surprenant qui, le cas échéant, vous ferait dresser les cheveux sur la tête, et tout redeviendrait calme. Cela n'a duré qu'un instant, et on aurait cru qu'ils étaient vingt, alors qu'il n'y en avait probablement que deux ou trois. Ils ne l'entendirent que deux fois, et dirent qu'il exprimait le désert qui lui manquait auparavant. J'ai entendu parler de certains hommes qui, récemment, alors qu'ils écorchaient un élan dans ces bois, avaient été chassés de la carcasse par une meute de loups qui l'avaient mangée.

Ce cri du huard – je ne parle pas de son rire, mais de son huard – est pour ainsi dire un long appel, parfois singulièrement humain à mon oreille, – *hoo-hoo-ooooo* , comme le cri d'un homme sur un bateau. très aigu, après avoir jeté sa voix dans sa tête. J'ai entendu un son exactement semblable à celui-ci lorsque je respirais fortement par mes propres narines, à moitié éveillé à dix heures du soir, suggérant mon affinité avec le huard ; comme si sa langue n'était qu'un dialecte à moi, après tout. Autrefois, lorsque j'étais éveillé à minuit dans ces bois, j'écoutais quelques mots ou syllabes de leur langue, mais il se trouvait que j'écoutais en vain jusqu'à ce que j'entende le cri du huard. Je l'ai entendu occasionnellement sur les étangs de ma ville natale, mais là, sa sauvagerie n'est pas mise en valeur par le paysage environnant.

J'ai été réveillé à minuit par un oiseau lourd volant à basse altitude, probablement un huard, qui battait des ailes au-dessus de ma tête, le long du rivage. Alors, tournant l'autre côté de mon corps à moitié vêtu vers le feu, j'ai cherché à nouveau le sommeil.

MARDI 28 juillet.

À notre réveil, nous avons trouvé une épaisse rosée sur nos couvertures. Je me suis réveillé très tôt et j'ai écouté le son clair et strident *ah, te te , te te , te* du moineau à gorge blanche, répété à intervalles rapprochés, sans la moindre variation, pendant une demi-heure, comme s'il ne pouvait pas assez exprimer son bonheur. Que mes compagnons l'aient entendu ou non, je l'ignore, mais c'était pour moi une sorte de matines et l'événement de cette matinée.

C'était un lever de soleil agréable et nous avions une vue sur les montagnes du sud-est. Ktaadn est apparu du sud-est au sud. Une montagne à double sommet, orientée sud-est par est, et une autre partie de la même, est-sud-est. Ce dernier, l'Indien appela Nerlumskeechticook et dit que c'était à la tête de la branche Est et que nous devrions passer près d'elle en revenant par cette voie.

Nous avons fait encore une lessive dans le lac ce matin, et avec nos vêtements accrochés aux arbres morts et aux rochers, la rive ressemblait à une journée de lessive à la maison. L'Indien, comprenant l'allusion, emprunta le savon et, marchant dans le lac, lava sur lui sa seule chemise de coton, puis enfila son pantalon et le laissa sécher sur lui.

J'ai observé qu'il portait une chemise en coton, blanche à l'origine, une flanelle verdâtre par-dessus, mais pas de gilet, des tiroirs en flanelle et un pantalon en lin ou en canard résistant, qui était également blanc, des bas de laine bleus, des bottes en peau de vache et un chapeau Kossuth. . Il n'emportait aucun vêtement de rechange, mais enfila une veste solide et épaisse qu'il posa de côté dans le canot, et saisit une hache de grande taille, son fusil et ses munitions, ainsi qu'une couverture qui ferait l'affaire d'une voile ou d'un sac à dos. s'il le voulait, et attachant sa ceinture, qui contenait un grand couteau dans son fourreau, il s'en allait aussitôt, prêt à partir tout l'été. Cela semblait très indépendant ; quelques outils simples et efficaces, et pas de vêtements en caoutchouc . Il était toujours le premier prêt à partir le matin, et s'il n'avait pas retenu une partie de nos biens, il n'aurait pas été obligé de retrousser sa couverture. Au lieu de transporter un gros paquet de ses propres vêtements supplémentaires, etc., il rapportait les capotes d'orignal attachées dans sa couverture. J'ai trouvé que sa tenue était le résultat d'une longue expérience et, dans l'ensemble, ne pouvait guère être améliorée, sauf par un lavage et une chemise supplémentaire. Voulant un bouton ici, il se dirigea vers un endroit où des Indiens avaient récemment campé et en chercha un, mais je crois en vain.

Après avoir ramolli nos bottes et nos chaussures raidies avec la graisse de porc, disposition habituelle de ce qui restait au petit-déjeuner, nous traversâmes le lac de bonne heure, nous dirigeant en diagonale, vers le nord-est, sur environ quatre milles, jusqu'à l'exutoire, qui ne devait être découvert que lorsque nous en étions proches. Le nom indien *Apmoojenegamook* signifie lac qui est traversé, car le cours habituel se situe à travers et non le long de celui-ci. C'est le plus grand des lacs Allegash et c'est la première eau de Saint-

Jean sur laquelle nous avons flotté. Sa forme principale ressemble à celle de Chesuncook . Il n'y a pas de montagnes ou de hautes collines à proximité. À Bangor, on nous avait parlé d'un township à plusieurs milles plus au nord-ouest ; il nous fut indiqué comme renfermant les terres les plus élevées des environs, où, en grimpant à tel arbre de la forêt, nous pouvions nous faire une idée générale du pays. Je n'ai aucun doute que ce dernier conseil était un bon conseil, mais nous n'y sommes pas allés. Nous n'avions pas l'intention de descendre très loin dans l' Allegash , mais simplement d'avoir une vue sur les grands lacs qui en sont la source, et de revenir ensuite par cette voie au bras est du Penobscot. L'eau, à juste titre, coulait désormais vers le nord, si l'on pouvait dire qu'elle coulait du tout.

Après avoir atteint le milieu du lac, nous trouvâmes les vagues, comme d'habitude, assez hautes, et l'Indien avertit mon compagnon, qui hochait la tête, qu'il ne devait pas se permettre de s'endormir dans le canot de peur de nous déranger ; ajoutant que lorsque les Indiens veulent dormir dans un canot, ils se couchent directement sur le fond. Mais dans cette salle bondée, c'était impossible. Cependant, il a dit qu'il lui donnerait un coup de coude s'il le voyait hocher la tête.

Une ceinture d'arbres morts se dressait tout autour du lac, certains au loin dans l'eau, d'autres prosternés derrière eux, et ils rendaient la rive, pour la plupart, presque inaccessible. C'est l'effet du barrage à la sortie. Ainsi, la rive naturelle, sablonneuse ou rocheuse, avec sa frange verte, fut dissimulée et détruite. Nous côtoyâmes vers l'ouest le long du côté nord, à la recherche du débouché, distant d'environ un quart de mille de ce rivage à l'aspect sauvage, sur lequel les vagues se brisaient violemment, sachant qu'il pourrait facilement être caché au milieu de ces décombres, ou par le chevauchement des eaux. du rivage. Il est remarquable de constater à quel point ces importantes portes d'accès à un lac sont peu blasonnées. Il n'y a pas d'arc de triomphe au-dessus de la modeste entrée ou sortie, mais à un moment donné, il coule à travers la forêt ininterrompue, presque comme à travers une éponge.

Nous avons atteint l'exutoire en une heure environ et y avons transporté le barrage, qui est une structure assez solide, et environ un quart de mille plus loin, il y avait un deuxième barrage. Le lecteur comprendra que le résultat de ce barrage particulier autour du lac Chamberlain est que les eaux d'amont du Saint-Jean sont amenées à s'écouler par Bangor. Ils ont ainsi endigué tous les grands lacs, élevant leurs larges surfaces de plusieurs pieds ; Moosehead, par exemple, long d'une quarantaine de milles, avec son bateau à vapeur à bord ; retournant ainsi les forces de la nature contre elle-même, afin qu'elles puissent faire flotter leur butin hors du pays. Ils chassent rapidement de ces immenses forêts tous les pins les plus beaux et les plus accessibles, et laissent ensuite les ours surveiller les barrages en décomposition, sans défricher ni cultiver la terre, ni construire de routes, ni construire de maisons, mais en laissant un désert comme ils l'ont trouvé. Dans de nombreuses régions, il ne reste que ces barrages, comme des barrages de castors abandonnés. Pensez à l'étendue de terre qu'ils ont parcourue, sans demander la permission à la nature ! Lorsque l'État veut doter une académie ou une université, il lui accorde un terrain forestier : une scie représente une académie ; un gang, une université.

Le désert connaît une montée soudaine de tous ses ruisseaux et de ses lacs. Elle sent dix mille vermines ronger le pied de ses arbres les plus nobles. Beaucoup d'entre eux les entraînent, se débattent contre les racines des survivants et les jettent dans le ruisseau le plus proche, jusqu'à ce que, la plus belle étant tombée, ils s'enfuient pour saccager un nouveau désert, et tout redevient calme. C'est comme lorsqu'une armée de souris migratrice encercle une forêt de pins. Le broyeur abat des arbres pour les mêmes raisons que la souris les ronge : pour gagner sa vie. Tu me dis qu'il a une famille plus intéressante que la souris. C'est comme ça que ça se passe. Il parle d'une « couchette » de bois, un bon endroit où il peut entrer, tout comme le ferait un ver. Lorsque le coupeur faisait l'éloge d'un pin, il vous dira communément que celui qu'il a coupé était si gros qu'une paire de bœufs se tenait sur sa souche ; comme si c'était pour cela que le pin avait poussé, pour devenir le marchepied des bœufs. Dans mon esprit, je peux voir ces cerfs apprivoisés et encombrants, avec un joug les liant ensemble et des cornes aux pointes d'airain trahissant leur servitude, prenant position successivement sur la souche de chaque pin géant dans toute cette forêt et ruminant. là, jusqu'à ce que ce ne soit plus qu'un pâturage pour bœufs, et je m'enfuis. Comme si c'était bon pour les bœufs, et qu'un peu de térébinthine ou autre qualité médicinale montait dans leurs narines. Ou bien leur position élevée est-elle simplement destinée à symboliser le fait que la vie pastorale vient après la vie de sylvestre ou de chasseur ?

Le caractère de l'admiration du bûcheron est trahi par la manière même de l'exprimer. S'il racontait tout ce qu'il avait en tête, il dirait : il était si gros que je l'ai coupé et qu'une paire de bœufs pouvait alors se tenir sur son moignon. Il admire la bûche, la carcasse ou le cadavre, plus que l'arbre. Eh bien, mon cher monsieur, l'arbre aurait pu se tenir sur sa propre souche, et bien plus confortablement et plus fermement qu'une paire de bœufs, si vous ne l'aviez pas abattu. De quel droit avez-vous le droit de célébrer les vertus de l'homme que vous avez assassiné ?

L'Anglo-Américain peut en effet abattre et arracher toute cette forêt ondulante, prononcer un discours sur les souches et voter pour Buchanan sur ses ruines, mais il ne peut pas converser avec l'esprit de l'arbre qu'il abat, il ne peut pas lire la poésie et mythologie qui se retire à mesure qu'il avance. Il efface par ignorance des tablettes mythologiques afin d'y imprimer ses prospectus et ses mandats de réunion municipale. Avant d'avoir appris son a b c dans la belle mais mystique histoire du désert que Spenser et Dante venaient juste de commencer à lire, il le coupe, monnaye un shilling *de pin* (comme pour signifier la valeur du pin pour lui), met dans une école *très* stricte et présente le livre d'orthographe de Webster.

En aval du dernier barrage, la rivière étant rapide et peu profonde, bien qu'assez large, nous avons marché environ un demi-mile pour alléger le canoë. J'avais pour règle de porter mon sac à dos lorsque je marchais, et aussi de le garder attaché à une barre transversale lorsque j'étais dans le canot, afin qu'il puisse être retrouvé avec le canot si nous devions nous renverser.

J'ai entendu le criquet caniculaire ici, puis sur les carrys, un son que je n'avais associé qu'à des pays plus ouverts, sinon sédentaires. La zone réservée aux criquets doit être petite dans les bois du Maine.

Nous étions maintenant à peu près sur la rivière Allegash , dont le nom, selon notre Indien, signifiait l'écorce de pruche. Ces eaux coulent vers le nord sur environ cent milles, d'abord très faiblement, puis vers le sud-est sur deux cent cinquante milles supplémentaires jusqu'à la baie de Fundy. Après peut-être deux milles de rivière, nous entrâmes dans le lac Heron, appelé sur la carte *Pongokwahem* , effrayant quarante ou cinquante jeunes *shecorways* , sheldrakes, à l'entrée, qui couraient sur l'eau avec une grande rapidité, comme d'habitude en une longue file.

C'était le quatrième grand lac, situé au nord-ouest et au sud-est, comme Chesuncook et la plupart des longs lacs des environs, et, à en juger par la carte, il a une longueur d'environ dix milles. Nous y étions entrés par le côté sud-ouest et avons vu une montagne sombre au nord-est du lac, ni très loin ni très haut, que les Indiens appelaient Peaked Mountain et que les explorateurs utilisaient pour chercher du bois. Il y avait aussi d'autres hautes terres plus à l'est. Les rives étaient dans le même état déchiqueté et inesthétique, encombrées de bois morts, tombés et debout, que dans le dernier lac, à cause du barrage sur l'Allegash en contrebas . Certains points bas ou îles ont failli être noyés.

J'ai vu quelque chose de blanc à un mille de distance sur l'eau, qui s'est avéré être une grosse mouette sur un rocher au milieu, que l'Indien aurait été heureux de tuer et de manger, mais elle s'est envolée bien avant que nous soyons proches ; et aussi une volée de canards d'été qui l'accompagnaient sur le rocher. Je lui ai posé des questions sur les hérons, puisqu'il s'agissait du lac Heron, il m'a répondu qu'il avait trouvé les nids du héron bleu dans les feuillus. J'ai cru voir un objet de couleur claire se déplacer le long de la rive opposée ou nord, à quatre ou cinq milles de distance. Il ne savait pas ce que cela pouvait être, à moins que ce ne soit un élan, bien qu'il n'en ait jamais vu d'orignal blanc ; mais il a dit qu'il pouvait distinguer un orignal « n'importe où sur la rive, clairement de l'autre côté du lac ».

Après avoir contourné un point, nous avons traversé une baie pendant un mille et demi ou deux milles, en direction d'une grande île, située à trois ou quatre milles en aval du lac. Nous avons rencontré des éphémères (mouches) à mi-chemin, à environ un mille du rivage, et ils survolent évidemment tout le lac. À Moosehead, j'avais vu une grosse aiguille du diable à un demi-mille du rivage, venant du milieu du lac, où elle avait au moins trois ou quatre milles de largeur. Il avait probablement traversé. Mais à la fin, bien sûr, on arrive à des lacs si grands qu'un insecte ne peut pas les traverser en survol ; et cela servira peut-être à distinguer un grand lac d'un petit.

Nous avons débarqué sur le côté sud-est de l'île, qui était plutôt élevé et densément boisé, avec une côte rocheuse, en saison pour un dîner matinal. Quelqu'un y avait campé peu de temps auparavant et avait laissé le cadre sur lequel il étendait une peau d'orignal, que notre Indien critiquait sévèrement, estimant qu'elle ne montrait que peu d'objets en bois. Il y avait là une abondance de coquilles d'écrevisses ou de homards d'eau douce qui avaient été rejetées sur le rivage et qui ont donné un nom à certains étangs et à certains ruisseaux. Ils mesurent généralement quatre ou cinq pouces de long. L'Indien se mit aussitôt à couper un bouleau de canoë, l'inclina contre un autre arbre sur le rivage, l'attacha avec une corde et s'allongea pour dormir à son ombre.

Lorsque nous étions sur le Caucomgomoc , il nous a recommandé un nouveau chemin de retour, celui-là même auquel nous avions d'abord pensé, par le Saint-Jean. Il dit même que c'était plus facile et ne prendrait guère plus de temps que l'autre, par le bras est du Penobscot, quoique beaucoup plus éloigné ; et prenant la carte, il nous montra où nous devions être chaque nuit, car il connaissait la route. D'après son calcul, nous devrions atteindre les colonies françaises la nuit suivante, en continuant vers le nord le long de l' Allegash , et lorsque nous arriverions dans la rue principale de Saint-Jean, les rives seraient plus ou moins colonisées sur tout le chemin ; comme si c'était une recommandation. Il n'y aurait qu'une ou deux chutes, avec des lieux de transport courts, et nous descendrions le courant très vite, même cent milles par jour, si le vent le permettait ; et il a indiqué où nous devrions continuer jusqu'à la rivière Eel pour éviter un coude en aval de Woodstock au Nouveau-Brunswick, et ainsi dans le lac Schoodic , et de là jusqu'au Mattawamkeag . Il y aurait environ trois cent soixante milles jusqu'à Bangor par cette voie, mais seulement environ cent soixante par l'autre ; mais dans le premier cas, nous devions explorer le Saint-Jean depuis sa source sur les deux tiers de son cours, ainsi que le lac Schoodic et Mattawamkeag , — et nous fûmes encore une fois tentés de suivre cette voie. Je craignais cependant que les rives du Saint-Jean ne fussent trop peuplées. Quand je lui ai demandé quelle route nous mènerait à travers le pays le plus sauvage, il m'a répondu la route par la branche Est. En partie à cause de cette considération, ainsi qu'à cause de sa brièveté, nous décidâmes de nous en tenir à cette dernière route, et peut-être de gravir Ktaadn en chemin. Nous avons fait de cette île la limite de notre excursion dans cette direction.

Nous avions maintenant vu le plus grand des lacs Allegash . Le barrage suivant « se trouvait à environ quinze milles » plus au nord, en aval de l' Allegash , et jusqu'à présent, c'était de l'eau morte. On nous avait parlé à Bangor d'un homme qui vivait seul, une sorte d'ermite, à ce barrage, pour en prendre soin, qui passait son temps à lancer une balle d'une main dans l'autre, faute d'emploi, - comme si nous pourrions vouloir lui faire appel. Cette sorte de rapport du tac au tac entre ses deux mains, balançant çà et là un sujet de plomb, semble avoir été son symbole pour la société.

Cette île, d'après la carte, était située à environ cent dix milles en ligne droite au nord-nord-ouest de Bangor, et à environ quatre-vingt-dix-neuf milles à l'est-sud-est de Québec. Il y avait une autre île visible vers l'extrémité nord du lac, avec une clairière surélevée ; mais nous apprîmes par la suite qu'il n'était pas habité, qu'il servait seulement de pâturage au bétail qui passait l'été dans ces bois, bien que notre informateur ait dit qu'il y avait une cabane sur le continent près de l'embouchure du lac . Cet endroit anormalement rasé et carré, au milieu d'une forêt par ailleurs ininterrompue, ne faisait que nous rappeler à quel point le pays était inhabité. On s'attendrait plutôt à rencontrer un ours qu'un bœuf dans une telle clairière. Quoi qu'il en soit, les ours ont dû être surpris lorsqu'ils l'ont découvert. Ceci, vu de loin ou de près, vous savez immédiatement que c'est l'œuvre de l'homme, car la nature ne le fait jamais. Afin de laisser entrer la lumière sur la terre comme sur un lac, il défriche la forêt sur les coteaux et les plaines, et saupoudre de fines graines d'herbe, comme un enchanteur, et tapisse ainsi la terre d'une pelouse ferme.

Polis était évidemment plus curieux que nous à l'égard des quelques colons de ces bois. Si rien n'était dit, il tenait pour acquis que nous voulions aller directement à la cabane en rondins suivante. Ayant observé que nous passons devant les cabanes en rondins de Chesuncook et que les Canadiens aveugles de Mud Pond transportent sans s'arrêter pour communiquer avec les habitants, il profite maintenant de l'occasion pour suggérer que la manière habituelle était, lorsqu'on s'approchait d'une maison, de allez-y et dites aux habitants ce que vous avez vu ou entendu, et ensuite ils vous raconteront ce qu'ils ont vu ; mais nous avons ri et avons dit que nous en avions assez des maisons pour le moment et que nous étions venus ici en partie pour les éviter.

Pendant ce temps, le vent, augmentant, soufflait le bouleau de l'Indien, et créait une telle mer que nous nous trouvâmes prisonniers sur l'île, la rive la plus proche, qui était la rive ouest, étant peut-être à un mille de distance, et nous sortîmes le canot. pour éviter qu'il ne s'éloigne. Nous ne le savions pas mais nous serions obligés d'y passer le reste de la journée et de la nuit. Quoi qu'il en soit, l'Indien s'est rendormi à l'ombre de son bouleau, mon compagnon s'est occupé de sécher ses plantes, et j'ai longé la rive vers l'ouest, qui était toute caillouteuse et obstruée d'arbres tombés, blanchis ou dérivants pendant quatre heures. ou cinq tiges de largeur. J'ai trouvé poussant sur cette large côte rocheuse et graveleuse le *Salix rostrata* , *discolor* et *lucida* , *Ranunculus recurvatus* , *Potentilla Norvegica* , *Scutellaria. lateriflora* , *Eupatorium purpureum* , *Aster Tradescanti* , *Mentha Canadensis* , *Epilobium angustifolium* (abondant), *Lycopus sinuatus* , *Solidago lanceolata* , *Spirée salicifolia* , *Antennes margaraticea* , *Prunella* , *Rumex Acetosella* , framboises, laineuse, *Onoclea* , etc. Les arbres les plus proches étaient *Betula papyracea* et *excelsa* , et *Populus tremuloides* . Je donne ces noms parce que c'était mon point le plus au nord.

Notre Indien a dit qu'il était médecin et qu'il pouvait me donner des indications sur les usages médicinaux de chaque plante que je pouvais lui montrer. Je l'ai immédiatement essayé. Il a dit que l'écorce interne du tremble (*Populus tremuloides*) était bonne pour les yeux endoloris ; et ainsi de suite avec diverses autres plantes, se révélant à la hauteur de sa parole. Selon son récit, il avait acquis ces connaissances dans sa jeunesse auprès d'un vieil Indien sage avec qui il fréquentait, et il déplorait que la génération actuelle d'Indiens « ait beaucoup perdu ».

Il a dit que le caribou était un « très grand coureur », qu'il n'y en avait plus aucun autour de ce lac maintenant, même s'il y en avait beaucoup, et pointant du doigt la ceinture d'arbres morts causée par les barrages, il a ajouté : « Aucun likum moignon, — quand il voit cela, il a peur.

Pointant vers le sud-est, au-dessus du lac et de la forêt lointaine, il observa : « Je pars à Oldtown dans trois jours. » Je lui ai demandé comment il allait surmonter les marécages et les arbres tombés. "Oh," dit-il, "en hiver, tout couvert, allez n'importe où en raquettes, à travers les lacs." Quand je lui ai demandé comment il était allé, il a répondu : « D'abord je vais à Ktaadn , côté ouest, puis je vais à Millinocket, puis à Pamadumcook , puis à Nicketow , puis à Lincoln, puis à Oldtown », ou bien il a fait un chemin plus court par le Piscataquis. Quelle promenade en pleine nature pour un homme seul ! Aucun de vos marécages d'un demi-mile, aucun de vos bois d'un mile de large simplement, comme aux abords de nos villes, sans hôtels, seulement une montagne sombre ou un lac pour guide et station, au-dessus du sol en grande partie infranchissable en été. !

Cela m'a rappelé Prometheus Bound. C'était là un voyage du vieux genre héroïque à travers la face inchangée de la nature. De l' Allegash , ou rivière Hemlock, et du lac Pongoquahem , à travers le grand Apmoojenegamook , et laissant la montagne Nerlumskeechticook sur sa gauche, il se dirige sous les pentes hantées par les ours des montagnes Souneunk et Ktaadn jusqu'à Pamadumcook et les mers intérieures de Millinocket (où souvent les œufs de mouettes peuvent augmenter son stock), et ainsi de suite jusqu'aux fourches du Nicketow (*niasoseb* , « nous seuls Joseph », voyant ce que voient nos gens), repoussant toujours les branches de sapin et d'épicéa, avec son chargement de des fourrures, luttant jour et nuit, nuit et jour, avec la végétation démoniaque hirsute, voyageant à travers le cimetière moussu des arbres. Ou bien il pourrait s'appeler « cette dent rugueuse de la mer », Kineo, grande source de flèches et de lances pour les anciens, à l'époque où l'on utilisait des armes de pierre. Voir et entendre des orignaux, des caribous, des ours, des porcs-épics, des lynx, des loups et des panthères. Des endroits où il pourrait vivre et mourir sans jamais entendre parler des États-Unis, qui font tant de bruit dans le monde, sans jamais entendre parler de l'Amérique, ainsi appelée du nom d'un gentleman européen.

Il y a un chemin forestier appelé chemin du Lac-Aigle , depuis les Séboois jusqu'au côté est de ce lac. Il peut paraître étrange qu'une route traversant une telle nature sauvage soit praticable, même en hiver, lorsque la neige atteint trois ou quatre pieds d'épaisseur, mais à cette saison, partout où des opérations forestières sont activement menées, les équipes passent continuellement sur la seule piste. , et cela devient aussi lisse presque qu'un chemin de fer. On me dit que dans la région d'Aroostook, la loi exige que les traîneaux aient une largeur unique (quatre pieds), et que les traîneaux doivent être modifiés pour s'adapter à la piste, de sorte qu'un coureur puisse aller dans une ornière et que l'autre suive le cheval. Pourtant, le résultat est très mauvais.

Nous avions depuis quelque temps vu un orage venir de l'ouest sur les bois de l'île, et entendu le grondement du tonnerre, même si nous doutions qu'il parviendrait jusqu'à nous ; mais alors que l'obscurité grandissait rapidement et qu'une brise fraîche faisait bruisser la forêt, nous avons installé en toute hâte les plantes que nous avions séchées et, d'un commun accord, nous nous sommes précipités vers le matériel de la tente et avons commencé à la monter. Un endroit fut choisi, des piquets et des épingles coupés dans le plus bref délai possible, et nous étions en train de l'épingler de peur qu'il ne soit emporté par le vent, lorsque la tempête éclata soudain sur nous.

Tandis que nous étions blottis les uns contre les autres sous la tente, qui fuyait considérablement sur les côtés, avec nos bagages à nos pieds, nous écoutions quelques-uns des tonnerres les plus grandioses que j'aie jamais entendus : des carillons rapides, ronds et dodus, bang, bang, bang , successivement, comme l'artillerie d'une forteresse dans le ciel ; et l'éclair était proportionnellement brillant. L'Indien dit : « Ce doit être de la bonne poudre. » Tout cela pour le bien des élans et de nous, avec un écho au-delà des lacs cachés. Je pensais que ce devait être un endroit que le tonnerre aimait, où la foudre s'entraînait à garder sa main, et où il ne ferait pas de mal de briser quelques pins. Qu'étaient alors devenus les éphémères et les aiguilles du diable ? Ont-ils été assez prudents pour chercher refuge avant la tempête ? Peut-être que leurs mouvements pourraient guider le voyageur.

En regardant au loin, je m'aperçus que la violente averse tombant sur le lac avait presque instantanément aplati les vagues, — le commandant de cette forteresse nous l'avait ainsi aplanie, — et, l'eau s'étant dissipé, nous résolus de partir immédiatement, avant que le vent ne les soulève. encore.

En sortant, j'ai dit que j'avais encore vu des nuages au sud-ouest et que j'y avais entendu du tonnerre. L'Indien a demandé si le tonnerre était devenu « fort » (rond), disant que si c'était le cas , nous devrions avoir plus de pluie. Je pensais que c'était le cas. Nous embarquâmes néanmoins et pagayâmes rapidement vers les barrages. Les moineaux à gorge blanche sur le rivage chantaient : *Ah, te -ee, te -ee, te* , ou bien *ah, te -ee, te -ee, te -ee, te -ee* .

A la sortie du lac Chamberlain, nous fûmes rattrapés par une autre tempête de pluie en rafales, qui nous obligea à nous abriter, l'Indien sous son canot sur la rive, et nous courâmes sous le bord du barrage. Cependant, nous avions plus peur que mouillé. De ma couverture, je pouvais voir l'Indien jeter un coup d'œil sous son canot pour voir ce qu'était devenue la pluie. Après avoir pris nos places respectives ainsi une ou deux fois, la pluie ne tombant pas sérieusement, nous commençâmes à nous promener dans les environs, car le vent avait alors soulevé de telles vagues sur le lac que nous ne pouvions plus bouger, et nous craignions que nous serions obligés d'y camper. Nous avons dîné tôt sur le barrage et avons essayé d'y pêcher, en attendant que le tumulte se calme. Les poissons étaient non seulement peu nombreux, mais petits et sans valeur, et l'Indien déclara qu'il n'y avait pas de bons poissons dans les eaux de Saint-Jean ; que nous devons attendre d'arriver aux eaux de Penobscot.

Enfin, peu avant le coucher du soleil, nous repartîmes. Ce fut une soirée folle lorsque nous avons remonté la rive nord de ce lac Apmoojenegamook . Un orage venait de se terminer, et les vagues qu'il avait soulevées couraient toujours avec violence, et on voyait maintenant un autre orage se lever au sud-ouest, loin au-dessus du lac ; mais cela pourrait être pire le matin, et nous souhaitions aller le plus loin possible en remontant le lac pendant que nous le pouvions. Le vent soufflait fort contre la côte nord, à environ un huitième de mille de distance sur notre gauche, et il y avait autant de mer que notre canot peu profond pouvait en supporter, sans que nous y prenions des précautions inhabituelles. Ce que nous gardions à distance et vers lequel les vagues se dirigeaient était un rivage aussi morne et sans port qu'on peut le concevoir. Sur une demi-douzaine de tiges de largeur, c'était un parfait labyrinthe d'arbres submergés, tous morts, nus et blanchissant, certains debout à la moitié de leur hauteur d'origine, d'autres prostrés et s'entrecroisant, au-dessus ou au-dessous de la surface, et mêlés à eux étaient lâches. des arbres, des branches et des souches, battant partout. Imaginez les quais de la plus grande ville du monde, délabrés, et la terre et les planches emportées, laissant les flèches debout en ordre lâche, mais souvent d'une hauteur double de la hauteur ordinaire, et se mêlant et battant contre elles les épaves de dix mille marines. , tous leurs espars et leurs bois, tandis que s'élève du bord de l'eau le désert le plus dense et le plus sinistre, prêt à fournir davantage de matériaux lorsque le premier échoue, et vous pouvez avoir une vague idée de cette côte. Nous n'aurions pas pu débarquer si nous l'avions voulu, sans courir le plus grand danger d'être submergés ; aussi violent soit-il, nous devons compter sur notre capacité à nous en sortir. C'était aussi le crépuscule et ce nuage orageux avançait rapidement derrière nous. C'était une excitation agréable, et pourtant nous étions heureux d'atteindre enfin, au crépuscule, la rive dégagée de la ferme Chamberlain.

Nous débarquâmes là sur une pointe basse et peu boisée, et pendant que mes compagnons plantaient la tente, je courus à la maison chercher du sucre, nos six livres ayant disparu ; ce n'était pas étonnant qu'ils le soient, car Polis avait un bonbon. dent. Il remplissait d'abord sa louche à près d'un tiers de sucre, puis y ajoutait le café. Il y avait ici une clairière s'étendant du lac jusqu'au sommet d'une colline, avec quelques bâtiments en rondins de couleur sombre et un entrepôt, et une demi-douzaine d'hommes debout devant la cabane principale, avides de nouvelles. Parmi eux se trouvait l'homme qui entretenait le barrage de l' Allegash et qui avait lancé la balle. Celui-ci, responsable des barrages, et apprenant que nous allions à Webster Stream le lendemain, me dit que certains de leurs hommes, qui faisaient la fenaison au lac Telos, avaient fermé le barrage au niveau du canal afin d'attraper la truite, et si nous voulions plus d'eau pour nous amener à travers le canal, nous pourrions relever la porte, car il aimerait qu'elle soit surélevée. La ferme Chamberlain est sans aucun doute une joyeuse ouverture dans les bois, mais l'heure était telle qu'elle n'a laissé dans mon esprit qu'une sombre impression. Comme je l'ai dit, l'afflux de lumière n'est que civilisateur, et pourtant je m'imaginais qu'ils se promenaient le dimanche dans leur clairière un peu comme dans une cour de prison.

Ils n'étaient pas disposés à épargner plus de quatre livres de cassonade , — ouvrant l'entrepôt pour l'obtenir, — puisqu'ils n'en gardaient qu'une petite quantité pour des cas comme celui-ci, et qu'ils facturaient vingt cents la livre pour cela, ce qui valait certainement la peine d'en acheter. amène-le là-haut.

Quand je suis revenu sur le rivage, il faisait assez sombre, mais nous avions un feu allumé pour nous réchauffer et nous sécher, et un appartement confortable derrière. L'Indien monta à la maison pour s'enquérir d'un frère qui était absent à la chasse depuis un an ou deux, et tandis qu'une autre averse commençait, je tâtonnais pour couper des brindilles d'épinette et d'arborvitae pour faire un lit. Je préférais les arborvites à cause de leur parfum, et je les étalais particulièrement épaisses sur les épaules. Il est remarquable avec quelle pure satisfaction le voyageur dans ces bois arrive à son camping à la veille d'une nuit orageuse comme celle-ci, comme s'il était arrivé à son auberge, et, s'enroulant dans sa couverture, s'étend sur ses six bras. -un lit pieds sur deux de brindilles de sapin dégoulinantes, avec une fine feuille de coton pour toit, confortablement installé comme un souris des prés dans son nid. Invariablement, nos meilleures nuits étaient celles où il pleuvait, car nous n'étions pas gênés par les moustiques.

On en vient vite à négliger la pluie lors de telles excursions, du moins en été, car il est si facile de se sécher, à supposer qu'il ne soit pas possible d'avoir des vêtements de rechange secs. Vous pouvez vous sécher bien plus tôt avec un feu tel que celui que vous pouvez faire dans les bois que dans la cuisine de n'importe qui, la cheminée étant d'autant plus grande et le bois d'autant plus abondant. Une tente en forme de hangar captera et reflétera la chaleur comme un boulanger Yankee, et vous pourrez peut-être sécher pendant que vous dormez.

Certains de ceux qui ont des toits qui fuient dans les villes ont peut-être été tenus éveillés, mais nous avons été rapidement endormis par une pluie battante et continue qui a duré toute la nuit. Cette nuit, la pluie n'étant pas venue tout de suite avec violence, les brindilles furent bientôt séchées par la chaleur réfléchie.

MERCREDI 29 juillet.

Quand nous nous sommes réveillés, il avait fini de pleuvoir, même si le temps était encore nuageux. Le feu fut éteint et les bottes de l'Indien, qui se trouvaient sous l'avant-toit de la tente, étaient à moitié pleines d'eau. Il était beaucoup plus imprévoyant que nous deux à cet égard, et il dut nous remercier de garder sa poudre sèche. Nous décidâmes de traverser le lac immédiatement, avant le petit déjeuner, ou pendant que nous le pourrions ; et avant de partir, je pris le relèvement du rivage que nous voulions atteindre, au SSE à environ trois milles de distance, de peur qu'une pluie soudaine et brumeuse ne le cache lorsque nous serions à mi-chemin. Bien que la baie dans laquelle nous nous trouvions soit parfaitement calme et lisse, nous trouvâmes le lac déjà bien éveillé à l'extérieur, mais pas de manière dangereuse ou désagréable ; néanmoins, quand on se promène sur un de ces lacs dans un canot comme celui-ci, on n'oublie pas qu'on est complètement à la merci du vent, et que c'est une puissance capricieuse. Les vagues ludiques peuvent à tout moment devenir trop grossières pour vous dans leur sport et jouer sur vous. Nous avons vu quelques *shecorways* et un poisson faucon si tôt, et après avoir pagayé et dansé avec beaucoup de régularité sur les vagues sombres d' Apmoojenegamook , nous nous sommes retrouvés dans le voisinage de la terre du sud, avons entendu les vagues se briser sur elle et avons tourné nos pensées entièrement vers ce côté. Après avoir parcouru un mile ou deux vers l'est le long de cette côte , nous déjeunâmes sur une pointe rocheuse, le premier endroit pratique qui s'offrait.

C'était bien que nous ayons traversé si tôt, car les vagues étaient maintenant assez hautes et nous aurions été obligés de faire un tour quelque peu, mais au-delà de ce point, nous avions une eau relativement calme. On peut communément longer un côté ou l'autre d'un lac, alors qu'on ne peut pas le traverser.

L'Indien regardait de temps en temps les crêtes de feuillus et dit qu'il aimerait acheter quelques centaines d'acres quelque part autour de ce lac, en nous demandant conseil. Il s'agissait d'acheter le plus près possible du point de passage.

Mon compagnon et moi, discutant une minute sur quelque point d'histoire ancienne, fûmes amusés de l'attitude que prit l'Indien, qui ne savait pas de quoi nous parlions. Il se constituait arbitre, et, à en juger par notre air et nos gestes, il disait de temps en temps très sérieusement : « tu as battu », ou « il a battu ».

Laissant sur notre gauche une baie spacieuse, prolongement nord-est du lac Chamberlain, nous entrâmes par un court détroit dans un petit lac situé à quelques milles de là, appelé sur la carte Telasinis, mais les Indiens n'avaient pas de nom distinct pour cela, et *de* là dans le lac *Telos* , qu'il appela *Paytaywecomgomoc* , ou lac Burnt-Ground. Celui-ci s'incurvait vers le nord-est et pouvait avoir une longueur de trois ou quatre milles pendant que nous pagayions. Il n'était pas venu ici depuis 1825. Il ne savait pas ce que Telos voulait dire ; Je pensais que ce n'était pas indien. Il a utilisé le mot « *spokelogan* » (pour désigner une crique sur la côte qui ne menait nulle part), et lorsque je lui ai demandé sa signification, il a répondu qu'il n'y avait «pas d'Indien dedans » . Il y avait une clairière, avec une maison et une grange, sur la rive sud-ouest, temporairement occupée par quelques hommes qui allaient chercher le foin, comme on nous l'avait dit ; aussi une clairière pour un pâturage sur une colline du côté ouest du lac.

Nous avons atterri sur une pointe rocheuse du côté nord-est, pour observer quelques pins rouges (*Pinus resinosa*), les premiers que nous avions remarqués, et récupérer quelques cônes, car les quelques-uns qui poussent à Concord n'en portent pas.

L'exutoire du lac dans le bras est du Penobscot est artificiel, et il n'était pas très évident où il se trouvait exactement, mais le lac s'incurvait loin vers le nord-est en deux vallées ou ravins étroits, comme s'il s'était écoulé depuis longtemps. le temps s'est frayé un chemin à tâtons vers les eaux de Penobscot, ou s'est souvenu de l'époque où il y coulait autrefois ; en observant où l'horizon était le plus bas, et en suivant le plus long d'entre eux, nous arrivâmes enfin au barrage, après avoir parcouru environ une douzaine de milles du dernier camp. Quelqu'un avait laissé une ligne tendue pour la truite et le couteau avec lequel l'appât avait été coupé sur le barrage à côté, preuve que l'homme était proche, et sur une bûche déserte à proximité, une miche de pain cuite dans un boulanger yankee. Ceux-ci se révélèrent être la propriété d'un chasseur solitaire, que nous rencontrâmes bientôt, et le canot, le fusil et les pièges n'étaient pas loin. Il nous dit qu'il y avait vingt milles plus loin sur notre route jusqu'au pied du Grand Lac, où l'on pouvait attraper autant de truites que l'on voulait, et que la première maison au pied du lac, sur le bras Est, était celle de Hunt, environ quarante-cinq milles plus loin ; bien qu'il y en ait un à environ un mille et demi en amont de Trout Stream, à environ quinze milles plus loin, mais c'était plutôt une route aveugle pour y accéder. Il s'avéra que, bien que le ruisseau fût en notre faveur, nous ne parvînmes à la maison voisine que le matin du troisième jour suivant. La maison habitée en permanence la plus proche derrière nous était maintenant à une douzaine de milles de distance, de sorte que l'intervalle entre les deux maisons les plus proches sur notre route était d'environ soixante milles.

Ce chasseur, qui était un tout petit homme hâlé, ayant déjà transporté son canot et cuit son pain, n'avait rien de plus intéressant et de plus urgent à faire que d'observer notre passage. Il était sorti seul depuis un mois ou plus. Combien sa vie est plus sauvage et aventureuse que celle du chasseur des bois de Concord, qui retourne chaque nuit à sa maison et au barrage du moulin ! Pourtant, dans les villes, ceux qui ont de la folle avoine à semer la sèment généralement sur un terrain cultivé et relativement épuisé. Et quant au monde tapageur des grandes villes, il est si peu entreprenant qu'il ne s'aventure jamais dans cette direction, mais comme des clubs de vermine réunis dans les ruelles et les débits de boissons, son plus haut accomplissement, peut-être, est de courir à côté d'un camion de pompiers et jetez des briquettes. Mais le premier est relativement un homme indépendant et prospère, gagnant sa vie comme il l'entend, sans déranger ses voisins humains. Combien plus respectable est aussi la vie du pionnier ou du colon solitaire dans ces bois, ou dans n'importe quel autre bois, — rencontrant de réelles difficultés, qui ne sont pas de sa propre création, tirant sa subsistance directement de la nature, — que celle des multitudes impuissantes dans les villes qui dépendent de la satisfaction des besoins extrêmement artificiels de la société et sont mis au chômage par les temps difficiles !

Ici, pour la première fois, nous avons trouvé les framboises vraiment en abondance, c'est-à-dire en passant la hauteur de terre entre l' Allegash et le bras est du Penobscot ; il en était de même pour les myrtilles.

Le lac Telos, la tête du Saint-Jean de ce côté, et l'étang Webster, la tête de la branche est du Penobscot, ne sont qu'à environ un mille l'un de l'autre, et ils sont reliés par un ravin dans lequel il n'a fallu que peu de creuser. faire couler l'eau de la première, qui est la plus élevée, dans la seconde. Ce canal, qui mesure moins d'un mile de long et environ quatre mètres de large, a été construit quelques années avant ma première visite dans le Maine. Depuis lors, le bois du haut Allegash et de ses lacs a parcouru le Penobscot, c'est-à-dire remontant l' Allegash , qui consiste ici principalement en une chaîne de grands lacs stagnants, dont les voies de communication, ou liaisons fluviales, ont été faites presque également stagné par la construction de barrages, puis vers le bas du Penobscot. La ruée de l'eau a produit de tels changements dans le canal qu'il a maintenant l'apparence d'un ruisseau de montagne très rapide coulant à travers un ravin, et vous ne soupçonneriez pas qu'il a fallu creuser pour persuader les eaux du Saint-Jean de se jettent dans le Penobscot ici. C'était si sinueux qu'on ne pouvait voir que peu de profondeur.

Springer affirme, dans son « Forest Life », que la raison pour laquelle ce canal a été creusé était la suivante : selon le traité de 1842 avec la Grande-Bretagne, il était convenu que tout le bois coulerait dans le fleuve Saint-Jean, qui s'élève. dans le Maine, « lorsqu'ils se trouvent dans la province du Nouveau-Brunswick... seront traités comme s'ils étaient le produit de ladite province », ce qui, à notre avis, signifiait qu'ils devraient être exempts d'impôts. Immédiatement, la province, désireuse d'obtenir quelque chose des Yankees, préleva un droit sur tout le bois qui transitait par le Saint-Jean ; mais pour satisfaire ses propres sujets, « il accorda une réduction correspondante sur les droits de coupe imposés à ceux qui transportaient du bois depuis les terres de la couronne ». Le résultat fut que les Yankees firent couler le Saint-Jean dans l'autre sens, ou vers le Penobscot, de sorte que la province perdit à la fois son devoir et son eau, tandis que les Yankees, grandement enrichis, avaient des raisons de la remercier de cette suggestion.

C'est merveilleux à quel point ce pays est bien arrosé. En pagayant sur un lac, des baies vous seront indiquées, en les suivant, et peut-être le ruisseau affluent qui s'y jette, vous pourrez, après un court portage, ou peut-être, à certaines saisons, aucun, entrer dans une autre rivière, qui se jette loin de celle sur laquelle vous vous trouvez. Généralement, on peut aller dans toutes les directions en canot, en faisant des portages fréquents mais pas très longs. Vous ne faites que vous rendre compte une fois de plus de ce que toute la nature se souvient ici distinctement, car sans doute les eaux coulaient ainsi dans une ancienne époque géologique, et, au lieu d'être un pays de lacs, c'était un archipel. Il semble que les courants les plus jeunes et les plus impressionnants puissent difficilement résister aux nombreuses invitations et tentations de quitter leur lit natal et de parcourir les chaînes de leurs voisins. Vos carrys s'effectuent souvent sur des terrains à moitié immergés, sur les canaux secs d'une époque ancienne. En transportant d' une rivière à l'autre, je n'ai pas parcouru un terrain aussi élevé et rocailleux qu'en contournant les chutes de la même rivière. Car dans le premier cas, je me suis perdu une fois dans un marais, comme je l'ai raconté, et, de nouveau, j'ai trouvé un canal artificiel qui semblait naturel.

Je me souviens avoir rêvé un jour de pousser un canot sur les rivières du Maine, et que, lorsque j'étais arrivé si haut que les canaux étaient à sec, j'avais continué à travers les ravins et les gorges, presque aussi bien qu'avant, en poussant un peu plus fort. et maintenant il me semblait que mon rêve se réalisait en partie.

Partout où il y a un canal pour l'eau, il y a une route pour le canoë. Le pilote du bateau à vapeur qui partait d'Oldtown pour remonter le Penobscot en 1854 m'a dit qu'il ne dessinait que quatorze pouces et qu'il courrait facilement dans deux pieds d'eau, même s'ils n'aimaient pas cela. On dit que certains bateaux à vapeur occidentaux peuvent naviguer avec une forte rosée, d'où nous pouvons imaginer ce que peut faire un canot. Montresor, qui fut envoyé de Québec par les Anglais vers 1760 pour explorer la route du Kennebec, par laquelle Arnold passa plus tard, approvisionna en eau le Penobscot près de sa source en ouvrant les barrages de castors, et il dit : « Cela se fait souvent .» Il déclare ensuite que le gouverneur du Canada avait interdit de molester les castors près de la sortie du Kennebec du lac Moosehead, à cause du service que rendaient leurs barrages en élevant l'eau pour la navigation.

Ce canal, ainsi appelé, était une rivière considérable, extrêmement rapide et rocheuse. L'Indien décida qu'il y avait assez d'eau dedans sans soulever le barrage, ce qui ne ferait que le rendre plus violent, et qu'il le coulerait seul, tandis que nous porterions la plus grande partie du bagage. Notre provision étant à moitié consommée, il en restait le moins dans le canot. Nous avions jeté le fût de porc et enveloppé son contenu dans de l'écorce de bouleau, qui est le papier d'emballage sans égal des bois.

Suivant une piste humide à travers la forêt, nous atteignîmes la tête de l'étang Webster à peu près au même moment que l'Indien, malgré la rapidité avec laquelle il se déplaçait, notre route étant la plus directe. Le nom indien du Webster Stream, dont cet étang est la source, est, selon lui, *Madunkchunk* , *je . e.* , Hauteur du terrain et de l'étang, *Madunkchunk-gamooc* , ou Hauteur de l'étang du terrain. Ce dernier mesurait deux ou trois milles de long. Nous passâmes près d'un pin sur sa rive qui avait été brisé par la foudre, peut-être la veille. Ce fut la première véritable eau de Penobscot de la branche Est à laquelle nous sommes arrivés.

A la sortie du lac Webster se trouvait un autre barrage, auquel nous nous arrêtâmes pour cueillir des framboises, pendant que l'Indien descendait le ruisseau pendant un demi-mille à travers la forêt, pour voir à quoi il avait à faire face. Il y avait ici un camp en rondins désert, apparemment utilisé l'hiver précédent, avec sa « masure » ou grange pour le bétail. Dans la cabane se trouvait un grand lit en brindilles de sapin, surélevé de deux pieds du sol, occupant une grande partie de l'unique appartement, une longue table étroite contre le mur, avec un gros banc en rondins devant elle, et au-dessus de la table une petite fenêtre. il n'y en avait qu'une qui laissait passer une faible lumière. C'était un fort simple et solide, érigé contre le froid, et suggérait le vaillant travail de tranchée qui avait été accompli là-bas. J'ai découvert dans les bois voisins un ou deux curieux pièges en bois, qui n'avaient plus été utilisés depuis longtemps . La partie principale consistait en une perche longue et fine.

Nous avons dîné sur le rivage, sur la partie supérieure du barrage. Alors que nous étions assis près de notre feu, caché par le talus de terre du barrage, une longue file de sheldrakes, à moitié adultes, est venue se dandiner dessus depuis l'eau en contrebas, passant à l'intérieur autour d'une tige d'entre nous, de sorte que nous pourrions presque avoir les a attrapés entre nos mains. Ils étaient très abondants sur tous les ruisseaux et lacs que nous visitions, et toutes les deux ou trois heures, ils se précipitaient en longue file au-dessus de l'eau devant nous, vingt à cinquante d'entre eux à la fois, volant rarement, mais courant avec de grands efforts. rapidité vers le haut ou vers le bas du ruisseau, même au milieu des rapides les plus violents, et apparemment aussi rapide vers le haut que vers le bas, ou bien traversant en diagonale, les vieux, comme il apparaissait, derrière, et les conduisant, et volant vers l'avant de temps en temps. au temps, comme pour les diriger. Nous avons également vu de nombreux petits plongeurs noirs, qui se comportaient de la même manière, et, une ou deux fois, quelques canards noirs.

Un Indien d'Oldtown nous avait dit que nous serions obligés de parcourir dix milles entre le lac Telos sur le Saint-Jean et le lac Second sur le bras est du Penobscot ; mais les bûcherons que nous rencontrâmes nous assurèrent qu'il n'y aurait pas plus d'un mille de transport. Il s'est avéré que l'Indien, qui avait récemment emprunté cette route, était le plus à droite, en ce qui nous concerne. Cependant, si l'un de nous avait pu aider l'Indien à conduire le canot dans les rapides, nous aurions pu parcourir la plus grande partie du chemin ; mais comme il était seul dans la conduite du canot dans de tels endroits, nous étions obligés de marcher la plus grande partie. Je ne me sentais pas tout à fait prêt à tenter une telle expérience sur Webster Stream, qui a si mauvaise réputation. D'après mon observation, un batteau, correctement équipé, lance naturellement des rapides qu'un seul Indien avec un canot transporte.

Mon compagnon et moi portâmes une bonne partie du bagage sur nos épaules, tandis que l'Indien prenait celui qui serait le moins blessé par la pluie dans le canot. Nous ne savions pas quand nous le reverrions, car il n'était plus ainsi depuis le percement du canal, ni depuis plus de trente ans. Il accepta de s'arrêter lorsqu'il parviendrait à aplanir l'eau, de remonter et de trouver notre chemin s'il le pouvait, et de nous saluer, et après avoir attendu un temps raisonnable, de continuer et d'essayer à nouveau, - et nous devions le surveiller de la même manière . .

Il commença par courir à travers l'écluse et le barrage, comme d'habitude, debout dans son canot lancé, et fut bientôt hors de vue derrière une pointe dans une gorge sauvage. Ce ruisseau Webster est bien connu des bûcherons comme étant difficile. Il est extrêmement rapide et rocheux, et aussi peu profond, et peut difficilement être considéré comme navigable, à moins que cela ne signifie que ce qui y est lancé est sûr d'être emporté rapidement vers le bas, même s'il peut être brisé en morceaux en cours de route. C'est un peu comme naviguer dans un tonnerre. Généralement poussé par une force irrésistible, il faut choisir à chaque instant sa route, entre rochers et bas-fonds, et s'y engager, en avançant toujours avec la plus grande modération possible, et en s'y tenant souvent, si on le peut, afin que vous puissiez inspecter les rapides devant vous.

Dans la direction des Indiens, nous avons emprunté un vieux chemin du côté sud, qui semblait suivre le cours d'eau, bien qu'à une distance considérable de celui-ci, coupant des virages, peut-être vers Second Lake, après avoir d'abord suivi le cap sur la carte avec une boussole. , qui se dirigeait vers le nord-est, pour des raisons de sécurité. C'était un sentier boisé sauvage, avec quelques traces de bœufs qui avaient été conduites dessus, probablement vers une ancienne clairière de camp, pour le pâturage, mêlées aux traces d'orignaux qui l'avaient récemment utilisé. Nous avons continué notre route pendant environ une heure sans déposer nos sacs, tournant de temps à autre ou escaladant un arbre tombé, la plupart du temps loin de la vue et de l'ouïe de la rivière ; jusqu'à ce qu'après avoir marché environ trois milles, nous fussions heureux de constater que le chemin rejoignait la rivière près d'un ancien terrain de camping, où il y avait une petite ouverture dans la forêt, où nous nous arrêtâmes. Alors que coulait ici la rivière peu profonde et rocheuse, un rapide continu avec des vagues dansantes, j'ai vu, alors que j'étais assis sur le rivage, une longue chaîne de sheldrakes, qui quelque peu effrayés, couraient de l'autre côté du ruisseau à côté de moi, avec le même facilité qu'ils le faisaient habituellement, touchant simplement la surface des vagues et recevant une impulsion de leur part lorsqu'elles coulaient sous elles ; mais ils revinrent bientôt, chassés par l'Indien, qui avait pris un peu de retard sur nous à cause des détours. Il contourna une pointe juste au-dessus et vint accoster près de nous avec beaucoup d'eau dans son canot. Il avait trouvé, comme il le disait, « une eau très forte » et avait été obligé d'accoster une fois auparavant pour vider ce qu'il avait pris. Il se plaignait de ce qu'il lui était difficile de pagayer si fort pour maintenir son canot droit sa route, n'ayant personne à la proue pour l'aider, et, aussi peu profonde qu'elle soit, il a déclaré que ce ne serait pas une plaisanterie de s'y renverser, car la force de l'eau était telle qu'il avait envie que je le frappe par-dessus la tête avec une pagaie car l'eau l'a frappé. Le voir sortir de cette brèche, c'était comme s'il fallait verser de l'eau dans une auge inclinée et en zigzag, puis y déposer une coquille de noix et, en prenant un raccourci jusqu'au fond, y arriver à temps pour la voir sortir, malgré le bruit. ruée et tumulte, à l'endroit, et seulement partiellement rempli d'eau.

Après un moment de répit, pendant que je tenais son canot, il fut bientôt de nouveau hors de vue au détour d'un autre virage, et nous, portant nos sacs sur l'épaule, reprenâmes notre route.

Nous ne retombons pas immédiatement sur notre chemin, mais nous nous frayâmes un chemin avec difficulté le long du bord de la rivière, jusqu'à ce qu'enfin, pénétrant vers l'intérieur des terres à travers la forêt, nous le retrouvâmes. Avant de parcourir un kilomètre et demi , nous entendîmes l'Indien nous appeler. Il était remonté à travers les bois et le long du chemin pour nous trouver, ayant atteint une eau suffisamment calme pour justifier qu'il nous y accueille. Le rivage était à environ un quart de mille de distance, à travers une forêt dense et sombre, et tandis qu'il nous conduisait De retour vers lui, serpentant rapidement à droite et à gauche, j'eus la curiosité de baisser les yeux attentivement et de constater qu'il suivait ses pas à reculons. Je ne pouvais qu'occasionnellement apercevoir sa trace dans la mousse, et pourtant il ne parut pas baisser les yeux ni hésiter un instant, mais nous conduisit exactement jusqu'à son canot. Cela m'a surpris ; car sans boussole, sans la vue ou le bruit de la rivière pour nous guider, nous n'aurions pas pu maintenir notre cap plusieurs minutes, et nous n'aurions pu revenir sur nos pas que sur une courte distance, avec beaucoup de peine et très lentement, en utilisant un une circonspection laborieuse. Mais il était évident qu'il pouvait retourner à travers la forêt partout où il avait été pendant la journée.

Après cette marche difficile dans les bois sombres , ce fut un changement agréable de redescendre la rivière rapide en canot. Cette rivière, qui avait à peu près la dimension de notre Assabet (à Concord), quoique encore très rapide, était ici presque parfaitement lisse, et présentait une déclivité très visible, un plan régulièrement incliné, sur plusieurs milles, comme un miroir placé un peu de biais. , sur lequel nous nous sommes arrêtés. Cette descente régulière très évidente, particulièrement nette lorsque je regardais la ligne de flottaison contre les rives, me fit une impression singulière, que la rapidité de notre mouvement augmenta probablement, de sorte que nous semblâmes glisser sur une pente beaucoup plus raide que nous ne l'étions. , et que nous ne pourrions pas nous épargner des rapides et des chutes si nous y arrivions soudainement. Mon compagnon n'a pas perçu cette pente, mais j'ai des yeux de géomètre, et je me suis assuré qu'il ne s'agissait pas d'une illusion oculaire. En approchant d'une telle rivière, vous pouviez dire d'un seul coup d'œil dans quelle direction l'eau coulait, même si vous ne perceviez aucun mouvement. J'ai observé l'angle selon lequel une ligne de niveau frapperait la surface et j'ai calculé l'ampleur de la chute d'une tige, qui n'avait pas besoin d'être remarquablement grande pour produire cet effet.

C'était très exaltant, et la perfection du voyage, tout à fait différente de flotter sur notre morte rivière Concord, de descendre ce miroir incliné, qui serpentait de temps en temps doucement, le long d'une montagne, en fait, entre deux forêts à feuilles persistantes, bordées de hautes terres mortes . des pins blancs, parfois inclinés à mi-hauteur du ruisseau, et destinés bientôt à le combler. J'y ai vu quelques monstres , presque dépourvus de branches, et dont le diamètre ne diminuait guère sur quatre-vingts ou quatre-vingt-dix pieds.

Pendant que nous avancions ainsi, notre Indien répétait d'un ton délibéré et traînant les mots « Daniel Webster, grand avocat », qui lui rappelaient apparemment le nom du ruisseau, et il décrivit sa visite une fois à Boston, à ce qu'il avait fait. on suppose que c'était sa pension. Il n'avait rien à faire avec lui, il allait simplement lui rendre hommage, comme on dirait. En réponse à nos questions, il a assez bien décrit sa personne. C'était le lendemain du discours de Webster à Bunker Hill, que Polis a entendu, je crois. La première fois qu'il a appelé, il a attendu d'être fatigué sans le voir, puis il est parti. La fois suivante, il le vit passer plusieurs fois la porte de la chambre dans laquelle il attendait, en manches de chemise, sans le remarquer. Il pensait que s'il était venu voir des Indiens, ils ne l'auraient pas traité ainsi. Enfin, après un très long délai, il entra, se dirigea vers lui et lui demanda d'une voix forte et bourrue : « Que veux-tu ? et lui, pensant d'abord, par le mouvement de sa main, qu'il allait le frapper, se dit : « Tu ferais mieux de prendre garde ; si vous essayez, je saurai quoi faire. Il ne l'aimait pas et déclarait que tout ce qu'il disait « ne valait pas la peine de parler d'une courge ». Nous avons suggéré que M. Webster était probablement très occupé et qu'il recevait à ce moment-là de nombreux visiteurs.

Arrivant aux chutes et aux rapides, notre progression facile fut brusquement interrompue. L'Indien est allé le long du rivage pour inspecter l'eau, pendant que nous grimpions sur les rochers pour cueillir des baies. La croissance particulière des myrtilles au sommet des gros rochers donnait ici l'impression de hautes terres, et en effet il s'agissait du ruisseau des hauteurs de terre. Lorsque l'Indien revint, il remarqua : « Tu dois marcher ; eau très forte. Alors, sortant son canot, il le relança sous les chutes et fut bientôt hors de vue. Dans de tels moments, il montait dans le canot, prenait sa pagaie et, d'un air mystérieux, partait, regardant loin en aval et gardant son propre conseil, comme s'il absorbait en lui toute l'intelligence de la forêt et du ruisseau. ; mais je décelais parfois un peu de gaieté dans son visage, qui pouvait céder la place à mon sourire sympathique, car il était de toute bonne humeur. Pendant ce temps, nous longeions le rivage avec nos sacs, sans aucun chemin. C'était la dernière de *notre* navigation de la journée.

La roche dominante ici était une sorte d'ardoise dressée sur ses bords, et mon compagnon, qui était récemment venu de Californie, pensait que c'était exactement comme celui dans lequel se trouve l'or, et a dit que s'il avait eu une poêle, il aurait aimé laver un peu de sable ici.

L'Indien s'en sortait désormais beaucoup plus vite que nous et nous attendait de temps en temps. J'ai trouvé ici la seule source fraîche où j'ai bu pendant toute cette excursion, un peu d'eau remplissant un creux dans le talus sablonneux. Ce fut un événement tout à fait mémorable, et en raison de l'élévation du pays, car partout où nous étions allés, l'eau des rivières et des ruisseaux qui s'y déversaient était morte et chaude, comparée à celle d'une région montagneuse. C'était très pénible de marcher le long du rivage, au-dessus d'arbres, de buissons et de rochers tombés et flottants, de temps en temps en se balançant au-dessus de l'eau, ou bien en s'approchant d'un banc de gravier ou en pénétrant à l'intérieur des terres. A un endroit, l'Indien étant en tête, je fus obligé de me déshabiller pour traverser à gué un ruisseau petit mais profond qui se déversait, tandis que mon compagnon, qui était à l'intérieur des terres, trouva un pont grossier, en haut des bois, et Je ne l'ai plus revu depuis un certain temps. J'y ai vu des traces d'orignal très fraîches, j'ai trouvé une nouvelle verge d'or (peut-être *Solidago thyrsoidea*), et j'ai croisé une bûche de pin blanc, qui s'était logée, dans la forêt près du bord du ruisseau, qui mesurait pas moins de cinq pieds de diamètre à la crosse. C'est probablement sa taille qui l'a retenu.

Peu de temps après, je rattrapai l'Indien au bord d'une terre brûlée, qui s'étendait sur trois ou quatre milles au moins, commençant à environ trois milles au-dessus du Second Lac, que nous comptions atteindre cette nuit-là, et qui est à environ dix milles du lac Telos. . Cette région brûlée était encore plus rocheuse qu'auparavant, mais, quoique relativement ouverte, nous ne pouvions pas encore voir le lac. N'ayant pas vu mon compagnon depuis quelque temps, j'escaladai, avec l'Indien, un singulier rocher élevé au bord de la rivière, formant une crête étroite d'un pied ou deux de large seulement au sommet, afin de le chercher ; et, après avoir appelé à plusieurs reprises, je l'entendis enfin répondre à une distance considérable à l'intérieur des terres, il ayant emprunté un sentier qui partait de la rivière, peut-être directement jusqu'au lac, et était maintenant à la recherche de la rivière. Apercevant un rocher beaucoup plus élevé, du même caractère, à environ un tiers de mille plus à l'est, ou en aval, je me dirigeai vers lui, à travers les terres brûlées, afin de chercher le lac de son sommet, en supposant que l'Indien il descendait le courant dans son canot et criait tout le temps que mon compagnon pourrait me rejoindre en chemin. Avant de nous réunir, j'ai remarqué qu'un élan, que j'avais peut-être effrayé par mes cris, venait apparemment de courir le long d'un gros tronc de pin pourri, ce qui faisait un pont de trente ou quarante pieds de long au-dessus d'un creux, aussi pratique pour se promener. lui comme pour moi. Les traces étaient aussi grandes que celles d'un bœuf, mais un bœuf n'aurait pas pu y passer. Cette terre brûlée était une région extrêmement sauvage et désolée. À en juger par les mauvaises herbes et les pousses, il semblait avoir été brûlé environ deux ans auparavant. Il était couvert de troncs calcinés, soit prostrés, soit debout, qui écorchaient nos vêtements et nos mains, et nous n'aurions pas facilement pu y distinguer un ours par sa couleur. De grandes coquilles d'arbres, parfois non brûlées à l'extérieur, ou brûlées d'un seul côté, mais noires à l'intérieur, s'élevaient à vingt ou quarante pieds de haut. Le feu était monté à l'intérieur, comme dans une cheminée, laissant derrière lui l'aubier. Parfois nous traversions un ravin rocheux de cinquante pieds de large, sur un tronc tombé ; et il y avait de tous côtés de grands champs d'épilobe (*Epilobium angustifolium*), *les plus étendus que j'aie jamais vus, qui présentaient* de grandes masses de rose. Entremêlés à ceux-ci se trouvaient des myrtilles et des framboisiers.

Ayant franchi une seconde crête rocheuse comme la première, alors que je commençais à gravir la troisième, l'Indien, que j'avais laissé sur le rivage à une cinquantaine de verges derrière moi, me fit signe de venir à lui, mais je fis signe que je le ferais d'abord. je gravis le plus haut rocher devant moi, d'où je m'attendais à voir le lac. Mon compagnon m'a accompagné jusqu'au sommet. Celui-ci s'est formé comme les autres. Frappé du parallélisme parfait de ces singulières collines rocheuses, même si l'une pouvait être en avance sur l'autre, j'ai sorti ma boussole et j'ai découvert qu'elles se trouvaient au nord-ouest et au sud-est, le rocher étant sur son bord et leurs arêtes vives. Celui-ci, pour parler de mémoire, mesurait peut-être un tiers de mille de longueur, mais assez étroit, s'élevant graduellement du nord-ouest jusqu'à une hauteur d'environ quatre-vingts pieds, mais abrupt à l'extrémité sud-est. Le côté sud-ouest était aussi raide qu'un toit ordinaire, ou aussi raide que nous pouvions l'escalader en toute sécurité ; le nord-est était un précipice abrupt d'où l'on pouvait sauter jusqu'au fond, près duquel coulait la rivière ; tandis que le sommet plat de la crête sur laquelle vous marchiez n'avait qu'un à trois ou quatre pieds de largeur. Pour une illustration grossière, prenez la moitié d'une poire coupée en deux dans le sens de la longueur, posez-la sur son côté plat, la tige au nord-ouest, puis coupez-la en deux verticalement dans le sens de sa longueur en gardant la moitié sud-ouest. Telle était la forme générale.

Il y avait une série remarquable de ces grandes vagues rocheuses révélées par l'incendie ; disjoncteurs, pour ainsi dire. Il n'est pas étonnant que la rivière qui les traversait soit rapide et obstruée par des chutes. Sans doute l'absence de terre sur ces rochers, ou sa sécheresse là où il y en avait, a fait que ce fut un brûlage très complet. Nous pouvions voir le lac au-dessus des bois, à deux ou trois milles plus loin, et que la rivière faisait un virage brusque vers le sud autour de l'extrémité nord-ouest de la falaise sur laquelle nous nous trouvions, ou un peu au-dessus de nous, de sorte que nous avions coupé un virage. , et qu'il y avait une chute importante à peu de distance au-dessous de nous. Je pouvais voir le canot à une centaine de mètres derrière, mais maintenant sur la rive opposée, et je supposai que l'Indien avait décidé de franchir et de contourner quelques mauvais rapides de ce côté, et que c'était peut-être pour cela qu'il m'avait fait signe ; mais après avoir attendu un moment, je ne pouvais toujours rien voir de lui, et j'ai fait remarquer à mon compagnon que je me demandais où il était, même si je commençais à soupçonner qu'il était allé à l'intérieur des terres pour chercher le lac depuis quelque sommet d'une colline de ce côté, alors que nous avait fait. Cela s'est avéré être le cas ; car après avoir commencé à retourner au canot, j'entendis un faible halloo et je l'aperçus au sommet d'une colline rocheuse lointaine de ce côté. Mais comme, après un long moment, je revoyais encore son canot au même endroit, et qu'il n'y était pas revenu et ne paraissait pas pressé de le faire, et d'ailleurs, comme je me souvenais qu'il m'avait fait signe auparavant moi, j'ai pensé qu'il y avait peut-être quelque chose de plus qui le retardait que je ne le pensais, et j'ai commencé à revenir vers le nord-ouest, le long de la crête, vers l'angle de la rivière. Mon compagnon, qui venait d'être séparé de nous, et qui avait même envisagé la nécessité de camper seul, voulant ménager ses pas et rester avec nous, me demanda où j'allais ; ce à quoi je répondis que j'allais assez loin pour communiquer avec l'Indien, et qu'alors je pensais que nous ferions mieux de longer le rivage ensemble et de le garder en vue.

Lorsque nous atteignîmes le rivage, l'Indien apparut des bois du côté opposé, mais à cause du rugissement de l'eau, il était difficile de communiquer avec lui. Il longea la rive vers l'ouest jusqu'à son canot, tandis que nous nous arrêtâmes à l'angle où le ruisseau tournait vers le sud autour du précipice. J'ai encore dit à mon compagnon que nous continuerions le long du rivage et garderions l'Indien en vue. Nous commençâmes à le faire, étant rapprochés, l'Indien derrière nous ayant remis à l'eau son canot, mais à ce moment-là j'aperçus ce dernier, qui était passé à nos côtés, quarante ou cinquante cannes derrière, me faisant signe, et j'appelai mon mon compagnon, qui venait de disparaître derrière de gros rochers à la pointe du précipice, trois ou quatre cannes devant moi, en descendant le ruisseau, que j'allais aider un instant l'Indien. Je l'ai fait , j'ai aidé le canot à franchir une chute, je me suis couché avec ma poitrine sur un rocher et j'ai tenu une extrémité pendant qu'il le recevait en dessous, et au bout de dix ou quinze minutes au plus, j'étais de retour à l'endroit où la rivière Je me tournai vers le sud pour rattraper mon compagnon, tandis que Polis descendait seul la rivière, parallèlement à moi. Mais à ma grande surprise, lorsque j'ai contourné le précipice, bien que la rive soit dénuée d'arbres et sans rochers, sur au moins un quart de mille, mon compagnon n'a pas été vu. C'était comme s'il s'était enfoncé dans la terre. Cela m'était d'autant plus inexplicable que je savais que ses pieds étaient très douloureux depuis notre promenade dans les marais, et qu'il souhaitait rester avec le groupe ; et en plus, c'était très difficile de marcher, de grimper sur ou autour des rochers. Je me précipitai, le criant et le cherchant, pensant qu'il pouvait être caché derrière un rocher, mais doutant s'il n'avait pas franchi l'autre côté du précipice, mais l'Indien avait progressé encore plus vite dans son canot, jusqu'à ce qu'il soit arrêté par les chutes, à environ un quart de mille en contrebas. Il débarqua alors et dit que nous ne pouvions pas aller plus loin cette nuit-là. Le soleil se couchait et, à cause des chutes et des rapides, nous serions obligés de quitter cette rivière et de poursuivre notre route vers une autre plus à l'est. La première chose alors fut de retrouver mon compagnon, car j'étais maintenant très inquiet à son sujet, et j'envoyai l'Indien le long du rivage en aval, qui commençait à se recouvrir de bois non brûlé juste au-dessous des chutes, tandis que je cherchais en arrière. sur le précipice que nous avions franchi. L'Indien montra une certaine réticence à s'exercer, se plaignant qu'il était très fatigué, à cause de sa journée de travail, et qu'il lui avait été très pénible de descendre seul tant de rapides ; mais il s'en alla en appelant un peu comme un hibou. Je me souvenais que mon compagnon était myope, et je craignais qu'il ne soit tombé du précipice, ou qu'il ne s'évanouisse et ne coule au milieu des rochers en dessous. J'ai crié et cherché au-dessus et au-dessous de ce précipice dans le crépuscule jusqu'à ce que je ne puisse plus voir, n'espérant rien de moins que de trouver son corps en dessous. Pendant une demi-heure, j'ai prévu et cru au pire. J'ai réfléchi à ce que je devrais faire le lendemain si je ne le trouvais pas, à ce que je *pourrais* faire dans un tel désert et à ce que ressentiraient ses proches si je revenais sans lui. Je sentais que s'il était réellement perdu là-bas, loin de la rivière, ce serait une entreprise désespérée de le retrouver ; et où étaient ceux qui pouvaient vous aider ? Que serait-ce de soulever un pays où il n'y avait que deux ou trois camps, distants de vingt ou trente milles, sans route, et peut-être personne à la maison ? Pourtant, nous devons faire plus d'efforts, moins nous avons de chances de succès.

Je me précipitai de ce précipice jusqu'au canot pour tirer avec le fusil de l'Indien, mais je trouvai que mon compagnon avait les casquettes. Je pensais encore à l'enlever quand l'Indien revint. Il ne l'avait pas trouvé, mais il disait avoir vu ses traces une ou deux fois le long du rivage. Cela m'a beaucoup encouragé. Il s'est opposé au coup de feu, disant que si mon compagnon l'entendait, ce qui était peu probable à cause du rugissement du ruisseau, cela l'inciterait à venir vers nous et il pourrait se briser le cou dans l'obscurité. C'est pour la même raison que nous nous sommes abstenus d'allumer du feu sur le plus haut rocher. J'ai proposé que nous descendions tous les deux le cours d'eau jusqu'au lac, ou que j'y aille en tout cas, mais l'Indien a répondu : « Inutile, je ne peux rien faire dans le noir ; venez matin, alors nous les trouverons . Pas de mal, il les fait camper. Pas de mauvais animaux ici, pas d'ours crasseux, comme en Californie, où il a été, une nuit chaude, il est aussi aisé que vous et moi. J'ai considéré que s'il allait bien, il pourrait se passer de nous. Il venait de vivre huit ans en Californie et avait beaucoup d'expérience avec les bêtes sauvages et les hommes plus sauvages, et était particulièrement habitué à faire de grands voyages ; mais s'il était malade ou mort, il était près de chez nous. L'obscurité dans les bois était par là si épaisse qu'elle seule décidait de la question. Nous devons camper là où nous étions. Je savais qu'il avait son sac à dos, avec des couvertures et des allumettes, et que, s'il allait bien, il ne s'en sortirait pas plus mal que nous, sauf qu'il n'aurait ni souper ni société.

Ce côté de la rivière étant si encombré de rochers, nous traversâmes vers la rive orientale ou plus lisse, et nous nous installâmes là-bas, à deux ou trois mètres des chutes. Nous n'avons pas dressé de tente, mais nous sommes allongés sur le sable, mettant quelques poignées d'herbe et de brindilles sous nous, car il n'y avait pas de feuilles persistantes à portée de main. Comme carburant, nous avions quelques souches carbonisées. Nos divers sacs de provisions étaient devenus assez mouillés dans les rapides, et je les disposai près du feu pour les faire sécher. La chute à proximité était la principale de ce ruisseau, et elle ébranlait la terre sous nos pieds. C'était une nuit fraîche, parce que rosée ; d'autant plus probablement en raison de la proximité des chutes. L'Indien se plaignit beaucoup et pensa par la suite qu'il y avait attrapé un rhume qui provoquait une maladie plus grave. En tout cas, nous n'avons pas été très dérangés par les moustiques. Je restai beaucoup éveillé à cause de l'anxiété, mais, sans que je m'en rende compte, j'étais enfin relativement à l'aise à son égard. Au début , j'avais craint le pire, mais maintenant je n'avais plus aucun doute sur le fait que je le retrouverais le matin. De temps en temps, il me semblait entendre sa voix appeler à travers le rugissement des chutes, de l'autre côté de la rivière ; mais il est douteux que nous ayons pu l'entendre de l'autre côté du ruisseau. Parfois, je doutais que l'Indien ait réellement repéré ses traces, car il manifestait une réticence à faire de grandes recherches, et alors mon anxiété revenait.

C'était la région la plus sauvage et la plus désolée dans laquelle nous avions campé, où l'on pouvait s'attendre à rencontrer des habitants dignes de ce nom, mais j'entendais seulement le couinement d'un engoulevent qui passait par-dessus. La lune dans son premier quartier, dans la première partie de la nuit, se couchant sur les collines rocheuses nues garnies de souches ou de coquilles d'arbres hautes, carbonisées et creuses, servait à révéler la désolation.

JEUDI 30 juillet.

J'ai réveillé l'Indien tôt ce matin pour qu'il parte à la recherche de notre compagnon, espérant le trouver à moins d'un mile ou deux, plus loin en aval du ruisseau. L'Indien voulait d'abord son petit-déjeuner, mais je lui rappelai que mon compagnon n'avait pris ni petit-déjeuner ni dîner. Nous fûmes d'abord obligés de transporter notre canot et nos bagages dans un autre cours d'eau, le bras principal Est, distant d'environ trois quarts de mille, car le cours d'eau Webster n'était pas navigable plus loin. Nous avons parcouru deux fois ce port, et les buissons rosés nous ont mouillés comme de l'eau jusqu'au milieu ; De temps en temps, je hurlais à voix haute, même si je ne m'attendais guère à pouvoir être entendu malgré le rugissement des rapides, et, de plus, nous étions nécessairement de l'autre côté du ruisseau que lui. En franchissant ce portage la dernière fois, l'Indien, qui était devant moi avec le canot sur la tête, trébucha et tomba lourdement une fois, et resta un moment silencieux, comme s'il souffrait. Je m'avançai précipitamment pour l'aider, lui demandant s'il était très blessé, mais après un moment de pause, sans répondre, il se releva d'un bond et s'avança. Il fut tout au long du trajet sujet à des crises taciturnes, mais inoffensives.

Nous avions lancé notre canot et n'avions parcouru que peu de chemin le long du bras Est, lorsque j'entendis un cri de réponse de mon compagnon, et peu après je le vis debout sur une pointe où il y avait une clairière à un quart de mille en contrebas, et la fumée de son feu montait à proximité . Avant de le voir , j'ai naturellement crié encore et encore, mais l'Indien a fait remarquer sèchement : « Il vous entend », comme si une fois suffisait. C'était juste en dessous de l'embouchure du Webster Stream. Quand nous arrivâmes, il fumait sa pipe et nous dit qu'il avait passé une nuit assez confortable, quoiqu'il fasse un peu froid à cause de la rosée.

Il est apparu que lorsque nous étions ensemble la veille au soir et que je criais à l'Indien de l'autre côté de la rivière, celui-ci, étant myope, n'avait vu ni l'Indien ni son canot, et lorsque je suis retourné à l'aide de l'Indien, je n'ai pas vu l'Indien . J'ai vu dans quelle direction j'allais, et j'ai supposé que nous étions en dessous et non au-dessus de lui, et ainsi, se hâtant de le rattraper, il s'est enfui de nous. Ayant atteint cette clairière, à un mille ou plus au-dessous de notre camp, la nuit le rattrapa, et il fit un feu dans un petit creux et s'allongea près de lui dans sa couverture, pensant toujours que nous étions devant lui. Il pensa qu'il avait probablement entendu l'appel indien une fois la veille au soir, mais il le prit pour un hibou. Il avait vu une rareté botanique avant la nuit tombée : *l'Epilobium angustifolium* d'un blanc pur au milieu des champs de roses, dans les terres brûlées. Il avait déjà collé le reste d'une chemise de bûcheron , trouvé sur la pointe, sur un poteau au bord de l'eau, pour un signal, et y avait attaché une note, pour nous informer qu'il était allé au lac, et que si il ne nous a pas trouvés là-bas, il serait de retour dans quelques heures. S'il ne nous avait pas retrouvés bientôt, il songeait à retourner à la recherche du chasseur solitaire que nous avions rencontré au lac Telos, dix milles plus loin, et, s'il réussissait, à l'engager pour l'emmener à Bangor. Mais si ce chasseur s'était déplacé aussi vite que nous, il aurait été à vingt milles à ce moment-là, et qui pourrait deviner dans quelle direction ? Cela eût été comme chercher une aiguille dans une faucheuse, le chercher dans ces bois. Il se demandait combien de temps il pourrait vivre uniquement de baies.

Nous avons substitué à son billet une carte contenant nos noms, notre destination et la date de notre visite, que Polis a soigneusement enfermée dans un morceau d'écorce de bouleau pour la garder au sec. Ceci a probablement été lu par un chasseur ou un explorateur avant cela.

Nous avions tous bon appétit pour le petit-déjeuner que nous nous empressions de préparer ici, puis, après avoir partiellement séché nos vêtements, nous descendîmes rapidement le ruisseau sinueux vers Second Lake.

À mesure que les rives devenaient plus plates avec de fréquents bancs de gravier et de sable, et que le ruisseau devenait plus sinueux dans les terres inférieures près du lac, des ormes et des frênes firent leur apparition ; aussi le lys jaune sauvage (*Lilium Canadense*), dont j'ai récolté certains bulbes pour une soupe. Sur certaines crêtes, les terres brûlées s'étendaient jusqu'au lac. C'était un très beau lac, long de deux ou trois milles, avec de hautes montagnes du côté sud-ouest, le (comme disait notre Indien) *Nerlumskeechticook* , *i . e.* , Montagne Eau Morte . Il semble que ce soit le même nom appelé Carbuncle Mountain sur la carte. Selon Polis, il s'étend sur des élévations distinctes tout au long de ce lac et du lac suivant, qui est beaucoup plus grand. Le lac aussi, je pense, porte le même nom, ou peut-être avec l'ajout de *gamoc* ou *mooc* . La matinée était lumineuse, parfaitement calme et sereine, le lac aussi lisse que du verre, nous formions la seule ondulation alors que nous y pagayions. Les montagnes sombres qui l'entouraient étaient visibles à travers une brume glauque, et les tiges blanches et brillantes des bouleaux de canoë se mêlaient aux autres bois qui l'entouraient. La grive des bois chantait sur la rive lointaine, et le rire de quelques huards, jouant dans une baie cachée à l'ouest, comme inspirés par le matin, nous parvenait distinctement au-dessus du lac, et, ce qui était plus remarquable, l'écho qui parcourait le lac était beaucoup plus bruyant que la note originale ; probablement parce que, le huard se trouvant dans une baie régulièrement courbée sous la montagne, nous étions justement au centre de nombreux échos, le son étant réfléchi comme la lumière d'un miroir concave. La beauté de la scène a peut-être été rehaussée à nos yeux par le fait que nous venions de nous retrouver après une nuit d'anxiété. Cela m'a rappelé le lac Ambejijis sur la branche ouest, que j'ai traversé lors de ma première venue dans le Maine. Après avoir parcouru les trois quarts du lac, nous nous arrêtâmes pendant que mon compagnon descendait pêcher. Une mouette blanche (ou blanchâtre) était assise sur un rocher qui s'élevait au-dessus de la surface au milieu du lac, non loin de là, tout à fait en harmonie avec la scène ; et tandis que nous nous reposions là sous le chaud soleil, nous entendîmes un bruit fort d'écrasement ou de crépitement venant de la forêt, à quarante ou cinquante bâtons éloignés, comme celui d'un bâton brisé par le pied de quelque gros animal. Même là, c'était un incident intéressant. Au milieu de nos rêves de touladis géants, déjà censés grignoter, nos pêcheurs ont dressé une minuscule perche rouge, et nous avons repris nos pagaies en toute hâte.

On ne savait pas où se trouvait l'exutoire de ce lac, et tandis que l'Indien pensait que c'était dans une direction, je pensais que c'était dans une autre. Il a dit : « Je parie que quatre pence sont là », mais il a quand même tenu bon dans ma direction, qui s'est avérée être la bonne. Alors que nous approchions du point de vente, alors qu'il était encore tôt dans la matinée, il s'est soudainement exclamé : « Moose ! élan!" et nous a dit de rester tranquilles. Il mit une casquette sur son fusil et, debout à l'arrière, poussa rapidement le canot droit vers le rivage et l'orignal. C'était une femelle orignal, distante d'une trentaine de bâtons, debout dans l'eau au bord de l'exutoire, en partie derrière des bois et des buissons tombés, et à cette distance, elle n'avait pas l'air très grande. Elle battait ses grandes oreilles et, de temps en temps, repoussait les mouches avec son nez d'une partie de son corps. Elle ne semblait pas très alarmée par notre quartier, tournait seulement occasionnellement la tête et nous regardait droit dans les yeux, puis reportait à nouveau son attention sur les mouches. À mesure que nous nous rapprochions , elle sortit de l'eau, se leva plus haut et nous regarda avec plus de méfiance. Polis poussa le canot régulièrement en avant dans les eaux peu profondes, et j'oubliai un instant l'orignal en m'occupant de jolis Polygonums roses qui s'élevaient à peine au-dessus de la surface, mais le canot s'échoua bientôt dans la boue à huit ou dix tiges de l'orignal. , et l'Indien saisit son fusil et se prépara à tirer. Après être restée immobile un moment, elle s'est retournée lentement, comme d'habitude, de manière à exposer son côté, et il a amélioré ce moment pour tirer, au-dessus de nos têtes. Elle s'éloigna alors de huit ou dix cannes à pas modéré, à travers une baie peu profonde, jusqu'à son ancien emplacement, derrière des érables rouges tombés, sur la rive opposée, et là elle s'arrêta de nouveau à une douzaine ou quatorze cannes de nous, tandis que l'Indien la chargeait à la hâte et lui tirait dessus à deux reprises, sans qu'elle bouge. Mon compagnon, qui lui passa ses casquettes et ses balles, dit que Polis était excité comme un garçon de quinze ans, que sa main tremblait, et qu'il remit une fois sa baguette à l'envers. C'était remarquable pour un chasseur aussi expérimenté. Peut-être avait-il hâte de réussir un bon coup devant nous. Le chasseur blanc m'avait dit que les Indiens n'étaient pas de bons tireurs, parce qu'ils étaient excités, mais il avait dit que nous avions un bon chasseur avec nous.

L'Indien repoussa alors rapidement et tranquillement, et parcourut une longue distance, afin d'entrer dans le débouché, car il avait tiré par-dessus le col d'une péninsule entre celui-ci et le lac, jusqu'à ce que nous approchions de l'endroit où l'orignal avait se leva, quand il s'exclama : « Elle est fichue ! et j'ai été surpris que nous ne l'ayons pas vue aussi vite que lui. Là, bien sûr, elle gisait parfaitement morte, la langue pendante, juste là où elle s'était tenue pour recevoir les derniers coups de feu, paraissant étonnamment grande et ressemblant à un cheval, et nous avons vu où les balles avaient marqué les arbres.

À l'aide d'un ruban adhésif, j'ai découvert que l'orignal mesurait seulement six pieds de l'épaule à la pointe du sabot et mesurait huit pieds de long lorsqu'elle gisait. Certaines parties du corps, sur un pied de diamètre, étaient presque couvertes de mouches, apparemment les mouches communes de nos bois, avec une tache sombre sur l'aile, et non les très grandes qui nous poursuivaient occasionnellement au milieu du cours d'eau, bien que les deux soient appelées mouches à orignaux.

Polis, s'apprêtant à écorcher l'orignal, me demanda de l'aider à trouver une pierre sur laquelle aiguiser son grand couteau. Comme il s'agissait d'un terrain alluvionnaire plat où étaient tombés les élans, couvert d'érables rouges, etc., ce n'était pas une affaire facile ; nous avons cherché longtemps et loin, jusqu'à ce qu'enfin je trouve une sorte de pierre d'ardoise plate, et peu après il revint avec une pierre semblable, sur laquelle il rendit bientôt son couteau très aiguisé.

Pendant qu'il écorchait l'orignal, je me mis à vérifier quelle sorte de poissons se trouvait dans l'exutoire lent et boueux. La plus grande difficulté était de trouver un poteau. Il était presque impossible de trouver dans ces bois un poteau droit et mince de dix à douze pieds de long. Vous pourriez chercher une demi-heure en vain. Ce sont généralement des épicéas, des arborvites , des sapins, etc., courts, gros et ramifiés, et ne font pas de bonnes cannes à poisson, même après avoir patiemment coupé toutes leurs branches coriaces et décharnées. Les poissons étaient la perche rouge et le chivin .

L'Indien, après avoir coupé un gros morceau de surlonge, la lèvre supérieure et la langue, les enveloppa dans la peau et les plaça au fond du canot, observant qu'il y avait « un seul homme », c'est-à-dire le poids d'un seul . . Notre chargement avait été auparavant réduit d'environ trente livres, mais cent livres furent maintenant ajoutées , ajout sérieux qui rendit nos quartiers encore plus étroits et augmenta considérablement le danger sur les lacs et les rapides, ainsi que le travail des porteurs. . La peau était à nous selon la coutume, puisque l'Indien était à notre service, mais nous ne songions pas à la réclamer. Comme il était un habile façonneur de peaux d'orignal, cela lui rapporterait sept ou huit dollars, comme on me l'a dit. Il a dit qu'il gagnait parfois cinquante ou soixante dollars par jour chez eux ; il avait tué dix élans en une journée, bien que l'écorchage et le tout aient pris deux jours. C'était ainsi qu'il avait obtenu sa propriété. Il y avait les traces d'un veau dans les parages, qui, selon lui, passeraient « par, par » et il pourrait les obtenir si nous voulions attendre, mais j'ai jeté l'eau froide sur le projet.

Nous continuâmes le long de l'exutoire vers Grand Lac, à travers une région marécageuse, par une eau morte longue, sinueuse et étroite, très obstruée par le bois, où nous étions obligés de débarquer quelquefois pour faire passer le canot sur un rondin. Il était difficile de trouver un canal, et nous ne le savions pas mais nous serions perdus dans le marais. Il regorgeait de canards, comme d'habitude. Enfin nous atteignîmes Grand Lac, que les Indiens appelaient *Matungamook* .

À la tête de celui-ci, nous vîmes, venant du sud-ouest, avec un courant apparemment venant d'une gorge dans les montagnes, Trout Stream, ou *Uncardnerheese* , dont le nom, disait l'Indien, avait quelque chose à voir avec les montagnes.

Nous nous sommes arrêtés pour dîner sur une île rocheuse intéressante, peu après être entrés dans le lac Matungamook , amarrant notre canot au rivage escarpé. Il est toujours agréable de descendre d'un bateau sur un gros rocher ou une falaise. C'était une bonne occasion de sécher nos couvertures couvertes de rosée sur le rocher ouvert et ensoleillé. Des Indiens avaient récemment campé ici et avaient accidentellement brûlé l'extrémité ouest de l'île. Polis a ramassé un étui à fusil en drap bleu et a déclaré qu'il connaissait l'Indien auquel il appartenait et qu'il le lui apporterait. Sa tribu n'est pas si grande mais il en connaît peut-être tous les effets. Nous allâmes faire un feu et préparer notre dîner au milieu de pins, là où nos prédécesseurs avaient fait de même, tandis que l'Indien s'occupait de sa peau d'orignal sur le rivage, car il disait qu'il pensait que c'était un bon plan de le faire. toute la cuisine, *je . e.* , je suppose, si celui-là n'était pas lui-même. Un étrange feuillage persistant surplombait notre feu, qui, à première vue, ressemblait à un pin rigide (*P. rigida*), avec des feuilles d'un peu plus d'un pouce de long, ressemblant à celles d'une épicéa, mais nous avons trouvé qu'il s'agissait du *Pinus Banksiana* . le pin du Labrador », également appelé pin des broussailles, pin gris, etc., un arbre nouveau pour nous. Ce devaient être de bons spécimens, car plusieurs mesuraient trente ou trente-cinq pieds de haut. Richardson l'a trouvé à quarante pieds de haut et plus haut, et déclare que le porc-épic se nourrit de son écorce. Ici poussait également le pin rouge (*Pinus resinosa*).

J'ai vu où les Indiens avaient fabriqué des canots dans un petit creux isolé dans les bois, au sommet du rocher, où ils étaient à l'abri du vent, et où il restait de gros tas de cailloux. Ce devait être un lieu de villégiature favori de leurs ancêtres, et en effet nous avons trouvé ici la pointe d'une pointe de flèche, telle qu'ils n'en ont pas utilisé depuis deux siècles et qu'ils ne savent plus fabriquer aujourd'hui. L'Indien, ramassant une pierre, me dit : « Cette serrure (roche) très étrange. » C'était un morceau de pierre de corne, que je lui ai dit que sa tribu avait probablement apporté ici des siècles auparavant pour fabriquer des pointes de flèches. Il a également ramassé un os courbé jaunâtre à côté de notre cheminée et m'a demandé de deviner de quoi il s'agissait. C'était l'une des incisives supérieures d'un castor, dont quelqu'un s'était régalé depuis un an ou deux. J'ai trouvé aussi la plupart des dents, le crâne, etc. Nous avons dîné ici de viande d'orignal frite.

Celui qui était mon compagnon lors de mes deux précédentes excursions dans ces bois, me raconte qu'en chassant le Caucomgomoc , il y a environ deux ans, il s'est retrouvé un jour à manger de la viande d'orignal, de tortue de boue, de truite et de castor, et il a pensé qu'il y avait peu d'endroits au monde où ces plats pouvaient facilement être réunis sur une même table.

Après les rapides et les chutes presque incessantes du Madunkchunk (Height-of-Land, ou Webster Stream), nous venions de traverser les eaux mortes du Second Lake, et nous nous trouvions maintenant dans les eaux mortes beaucoup plus vastes du Grand Lake, et je pensais l'Indien avait le droit de faire une sieste supplémentaire ici. Ktaadn , près duquel nous devions passer le lendemain, signifierait, dit-on, « Terre la plus élevée ». Il y a tellement de géographie dans leurs noms. Le navigateur indien distingue naturellement par un nom les parties d'un cours d'eau où il a rencontré des eaux vives et des fourches, et encore les lacs et les eaux calmes où il peut reposer ses bras fatigués, car ce sont pour lui les parties les plus intéressantes et les plus arables. . La vue même des *Nerlumskeechticook* , ou montagnes Deadwater , à une journée de voyage à travers la forêt, telles que nous les avons vues pour la première fois, doit éveiller en lui des souvenirs agréables. Et il n'est pas moins intéressant pour le voyageur blanc, lorsqu'il traverse un lac calme dans ces bois isolés, pensant peut-être qu'il en est en quelque sorte l'un des premiers découvreurs, de se rappeler qu'il était donc bien connu et bien nommé par les chasseurs indiens il y a peut-être mille ans.

En remontant le rocher escarpé qui formait cette île longue et étroite, j'ai été surpris de constater que son sommet était une crête étroite, avec un précipice d'un côté, et que son axe d'élévation s'étendait du nord-ouest au sud-est exactement comme celui de la grande crête rocheuse. au début du Burnt Ground, dix milles au nord-ouest. La même disposition prévalait ici, et nous pouvions clairement voir que les crêtes des montagnes à l'ouest du lac avaient la même tendance. De magnifiques campanules s'élevaient au bord et dans les fentes de la falaise, et les myrtilles (*Vaccinium Canadense*) étaient pour la première fois vraiment abondantes dans le sol mince de son sommet. Ils ne manquent plus désormais sur la branche Est. Il y avait donc une belle vue sur le lac étincelant, qui paraissait pur et profond, et qui contenait en tout deux ou trois îles rocheuses. Nos couvertures étant sèches, nous repartîmes, l'Indien ayant comme d'habitude laissé sa gazette sur un arbre. Cette fois, c'était nous trois dans un canoë, mon compagnon fumant. Nous avons pagayé vers le sud sur ce beau lac, qui semblait s'étendre presque aussi loin vers l'est que vers le sud, en restant près de la rive ouest, juste à l'extérieur d'une petite île, sous la sombre montagne Nerlumskeechticook . Car j'avais observé sur ma carte que tel était le cap. Il y avait trois ou quatre milles de diamètre. J'ai été frappé par le fait que le contour de cette montagne au sud-ouest du lac, et d'une autre au-delà, ressemblait non seulement à celui des énormes vagues rocheuses du ruisseau Webster, mais, dans l'ensemble, à celui de Kineo, sur le lac Moosehead, ayant une forme similaire. mais précipice moins abrupt à l'extrémité sud-est ; en bref, que toutes les collines et crêtes saillantes des environs étaient des Kineos plus ou moins grands , et qu'il y avait peut-être une telle relation entre Kineo et les rochers du ruisseau Webster.

Falaise du mont Kineo

L'Indien ne savait pas exactement où se trouvait l'exutoire, si c'était à l'angle extrême sud-ouest ou plus à l'est, et avait demandé à voir mon plan à la dernière halte, mais j'avais oublié de le lui montrer. Comme d'habitude, il se dirigea à tâtons par une route médiane entre deux points probables, d'où il pouvait enfin s'écarter d'un côté ou de l'autre sans perdre beaucoup de distance. En approchant de la rive sud, comme les nuages semblaient souffler en rafales et que les vagues étaient assez hautes, nous avons dirigé de manière à nous trouver en partie sous le vent d'une île, bien qu'à une grande distance de celle-ci.

Je ne pus distinguer l'exutoire jusqu'à ce que nous y soyons presque, et j'entendis l'eau tomber sur le barrage à cet endroit.

Il y avait ici une chute considérable et un barrage très important, mais aucun signe de cabane ou de camp. Le chasseur que nous avions rencontré au lac Telos nous avait dit qu'il y avait ici beaucoup de truites, mais à cette heure elles ne mordaient pas à l'hameçon, seulement des truites cousines, du milieu même des eaux tumultueuses. Il n'y a pas autant de poissons dans ces rivières que dans la Concorde.

Pendant que nous flânions ici, Polis profita de l'occasion pour couper avec son grand couteau quelques poils de sa peau d'orignal, puis les éclaircit et les prépara pour le séchage. J'ai remarqué dans plusieurs anciens camps indiens dans les bois le tas de poils qu'ils avaient coupés sur leurs peaux.

Après avoir franchi le barrage, il s'est précipité dans les rapides, nous laissant marcher pendant un mile ou plus, où pour la plupart il n'y avait pas de sentier, mais un chemin très épais et difficile à proximité du ruisseau. Enfin il nous appelait pour nous faire savoir où il nous attendait avec son canot, quand, à cause des sinuosités du ruisseau, nous ne savions pas où était la rive, mais il ne s'appelait pas assez souvent, oubliant que nous n'étaient pas des Indiens. Il semblait très économe en souffle, mais il serait surpris si nous passions par là ou si nous ne trouvions pas le bon endroit. Ce n'était pas parce qu'il était peu accommodant, mais plutôt comme une preuve de bonnes manières. Les Indiens aiment s'entendre avec le moins de communication et de bruit possible. Pendant tout ce temps, il nous faisait vraiment un très grand compliment, pensant que nous préférions une allusion à un coup de pied.

Enfin, escaladant les saules et les arbres tombés, quand cela était plus facile que de les contourner ou de les passer sous eux, nous rattrapâmes le canot et descendîmes le cours d'eau dans une eau douce mais rapide pendant plusieurs milles. J'observai ici de nouveau, comme à Webster Stream, et sur une échelle encore plus grande le lendemain, que la rivière était un plan lisse et régulièrement incliné sur lequel nous descendions. En glissant ainsi, nous démarrâmes les premiers canards noirs que nous avions distingués.

Nous avons décidé de camper tôt ce soir, afin d'avoir suffisamment de temps avant la nuit ; nous nous arrêtâmes donc sur la première rive favorable, où se trouvait une étroite plage de gravier du côté ouest, à environ cinq milles au-dessous de l'embouchure du lac. C'était un endroit intéressant, où la rivière commençait à faire un grand virage vers l'est, et les dernières montagnes Nerlumskeechticook à face d'orignal, non loin au sud-ouest du Grand Lac, devenaient sombres au nord-ouest, à une courte distance derrière, affichant leurs falaises grises. côté sud-est, mais nous ne pouvions pas le voir sans déboucher sur le rivage.

Deux pas de l'eau de chaque côté, et vous arrivez à la lisière abrupte de la berge, touffue et racinaire , sinon gazonnée, haute de quatre ou cinq pieds, où commence l'interminable forêt, comme si le ruisseau venait tout juste de se frayer un chemin à travers elle. .

Il est surprenant, en débarquant n'importe où dans cette nature sauvage et ininterrompue, de voir si souvent, au moins à quelques mètres de la rivière, les marques de hache, faites par les bûcherons qui ont campé ici ou ont transporté des grumes au cours des printemps précédents. Vous verrez par hasard où, faisant la même course que vous, ils ont coupé de gros copeaux d'une haute souche de pin blanc pour leur feu. Pendant que nous installions le camp et préparions le souper, l'Indien coupa le reste des cheveux de sa peau d'orignal et les étendit verticalement sur un cadre temporaire entre deux petits arbres, à une demi-douzaine de pieds du côté opposé du feu. , en l'attachant et en l'étirant avec l'écorce des arborvitæ qui était toujours à portée de main, et dans ce cas elle a été arrachée d'un des arbres auxquels il était attaché. Ayant demandé une nouvelle espèce de thé, il nous fit du damier (*Gaultheria procumbens*), assez bon, qui couvrait le sol, en laissant tomber dans la bouilloire un petit bouquet ficelé avec de l'écorce de cèdre ; mais il n'était pas tout à fait égal au *Chiogène* . Nous avons donc appelé cela Checkerberry-Tea Camp.

J'ai été frappé par l'abondance de *Linnæa borealis* , de damier et *de Chiogenes. hispidula* , presque partout dans les bois du Maine. La gaulthérie (*Chimaphila umbellata*) était encore en fleurs ici et les baies de clintonia étaient abondantes et mûres. Cette belle plante est l'une des plus communes de cette forêt. Nous avons d'abord remarqué ici le bois d'orignal dans les fruits des berges. Les arbres dominants étaient l'épinette (généralement noire), les arborvites , le bouleau à canotage (frênes noirs et ormes commençant à apparaître), le bouleau jaune, l'érable rouge et une petite pruche rôdant dans la forêt. L'Indien a dit que le punk d'érable blanc était le meilleur pour l'amadou, que le punk de bouleau jaune était plutôt bon, mais dur. Après le souper, il a fait bouillir la langue et les lèvres de l'orignal, en coupant la *cloison* . Il m'a montré comment écrire sur le dessous de l'écorce de bouleau, avec une branche d'épinette noire, qui est dure et résistante, et qu'on peut amener à une pointe.

L'Indien s'est éloigné dans les bois un peu avant la nuit et, en revenant, a déclaré : « J'ai trouvé un grand trésor, d' une valeur de cinquante ou soixante dollars. "Qu'est ce que c'est?" nous avons demandé. « Pièges en acier, sous une bûche, trente ou quarante, je ne les ai pas comptés . Je suppose que c'est du travail indien , qui vaut trois dollars pièce. C'était une singulière coïncidence qu'il ait eu la chance de marcher et de regarder sous cette bûche particulière, dans cette forêt sans piste.

J'ai vu du chivin et du chevesne dans le ruisseau en me lavant les mains, mais mon compagnon a essayé en vain de les attraper. J'ai aussi entendu le bruit des ouaouarons venant d'un marais du côté opposé, pensant d'abord qu'il s'agissait d'orignaux ; un canard passa rapidement ; et assis dans ce désert sombre, sous cette montagne sombre, près de la rivière brillante qui était pleine de lumière réfléchie, j'entendais toujours la grive des bois chanter, comme si aucune civilisation plus élevée ne pouvait être atteinte. A ce moment-là, la nuit était tombée.

Vous établissez généralement votre camp juste au coucher du soleil et ramassez du bois, préparez votre souper ou plantez votre tente pendant que les ombres de la nuit se rassemblent et ajoutent à l'obscurité déjà dense de la forêt. Vous n'avez pas le temps d'explorer ou de regarder autour de vous avant la tombée de la nuit. Vous pouvez pénétrer une demi-douzaine de bâtons plus loin dans ce désert crépusculaire, après avoir utilisé une écorce sèche pour allumer votre feu, et vous demander quels mystères s'y cachent encore plus profondément, par exemple à la fin d'une longue journée de marche ; ou vous pouvez courir jusqu'au rivage pour prendre une louche d'eau et avoir une vue plus claire sur une courte distance en amont ou en aval du ruisseau, et pendant que vous vous tenez là, voir un poisson sauter, ou un canard se poser dans la rivière, ou entendre un la grive des bois ou le merle chantent dans les bois. C'est comme si vous aviez été en ville ou dans des régions civilisées. Mais il n'est pas question de flâner pour voir le pays, et dix ou quinze cannes semblent bien loin de vos compagnons, et vous revenez avec l'air d'un homme qui a beaucoup voyagé, comme d'un long voyage, avec des aventures à raconter, bien que vous avez peut-être entendu le crépitement du feu pendant tout ce temps, et à cent verges vous pourriez être perdu et devoir camper. Tout est moussu et *orignal* . Dans certaines de ces forêts denses de sapins et d'épicéas, il y a à peine de la place pour que la fumée s'élève. Les arbres sont une nuit *debout* , et chaque sapin et chaque épicéa que vous avez abattus est un panache arraché à l'aile du corbeau de la nuit. Puis, la nuit, le calme général est plus impressionnant que n'importe quel son, mais de temps en temps, vous entendez la note d'un hibou plus loin ou plus près dans les bois, et si près d'un lac, le cri semi-humain des huards lors de leurs réjouissances surnaturelles.

Cette nuit-là, l'Indien s'est couché entre le feu et sa peau d'orignal tendue pour éviter les moustiques. En effet, il fit également un petit feu de feuilles humides au niveau de sa tête et de ses pieds, puis comme d'habitude enroula sa tête dans sa couverture. Nous étions assez à l'aise avec nos voiles et notre lessive, mais il serait difficile de poursuivre une occupation sédentaire dans les bois en cette saison ; vous ne pouvez pas voir grand-chose pour lire à la lueur d'un feu à travers un voile le soir, ni bien manipuler un crayon et du papier avec des gants ou des doigts oints.

VENDREDI 31 juillet.

L'Indien a déclaré : « Vous et moi avons tué des élans la nuit dernière, utilisez-les donc de la meilleure façon possible. Utilisez toujours du bois dur pour cuire la viande d'orignal. Son « meilleur bois » était l'érable de roche. Il jeta la lèvre de l'orignal dans le feu pour en brûler les poils, puis l'enroula avec la viande pour l'emporter. Remarquant que nous étions assis pour déjeuner sans porc, il dit d'un air très grave : « Moi, je veux de la graisse », alors on lui dit qu'il pouvait en avoir autant qu'il en ferait frire.

Nous avions une eau douce mais rapide sur une distance considérable, où nous glissions rapidement, effrayant les canards et les martins-pêcheurs. Mais, comme d'habitude, notre progression sans heurts prit bientôt fin, et nous fûmes obligés de transporter le canot et tout cela environ un demi-mille sur la rive droite, autour de quelques rapides ou chutes. Il fallait parfois des yeux perçants pour savoir de quel côté se trouvait le portage avant de franchir les chutes, mais Polis ne manquait jamais de nous faire atterrir correctement. Les framboises étaient ici particulièrement abondantes et grosses, et tout le monde se mit à les manger, l'Indien remarquant leur taille.

Souvent, sur des chars rocheux nus, la trace était si indistincte que je la perdais à plusieurs reprises, mais quand je marchais derrière lui , je remarquais qu'il pouvait la garder presque comme un chien de chasse et qu'il hésitait rarement, ou, s'il s'arrêtait un moment sur un rocher nu, son œil détecta aussitôt quelque signe qui m'aurait échappé. Souvent, *nous* ne trouvions aucun chemin à ces endroits et nous étions pour lui inexplicablement retardés. Il dirait seulement que c'était " très étrange".

Nous avions entendu parler d'une grande chute sur ce ruisseau et pensions que chaque chute que nous rencontrions devait être celle-ci, mais après en avoir baptisé plusieurs successivement de ce nom, nous avons abandonné la recherche. Il y avait plus de Grand ou de Petty Falls que je ne m'en souviens.

Je ne peux pas dire combien de fois nous avons dû marcher à cause de chutes ou de rapides. Nous nous attendions tout le temps à ce que la rivière fasse un dernier bond et redevienne lisse, mais il n'y a eu aucune amélioration ce matin-là. Cependant, les carrys étaient d'une variété agréable. Alors, alors que nous sortions du canot et dégourdissions nos jambes , nous nous sommes retrouvés dans un jardin de bleuets et de framboises, chaque côté de notre sentier rocheux autour des chutes étant bordé de l'un ou des deux. Il n'y avait pas de port sur la branche principale Est où nous ne trouvions pas une abondance de ces deux baies, car c'étaient les endroits les plus rocheux et partiellement défrichés, comme ces plantes préfèrent, et il n'y en avait eu aucune pour récolter les plus belles avant nous. .

Dans nos trois voyages en charroie, car nous étions obligés de parcourir trois fois le terrain chaque fois que le canot était sorti, nous avons rendu pleinement justice aux baies, et elles étaient exactement ce que nous voulions pour corriger l'effet de notre dur travail. régime de pain et de porc. Un autre nom pour faire un portage aurait été la floraison des baies. Nous avons également trouvé quelques baies d'amelanchier , ou de service, bien que la plupart aient été avortées, mais elles ont résisté un peu plus généralement qu'à Concord. Les Indiens les appelaient *pemoymenuk* et disaient qu'ils portaient beaucoup de fruits dans certains endroits. Il mangeait aussi parfois des cerises rouges sauvages du nord, affirmant qu'elles étaient de bons médicaments, mais qu'elles étaient à peine comestibles. Nous nous baignâmes et dînâmes au pied d'une de ces charries. C'était l'Indien qui nous rappelait couramment que c'était l'heure du dîner, parfois même en tournant la proue vers le rivage. Il a un jour présenté des excuses indirectes, mais longues, en disant que nous pourrions trouver cela étrange, mais que celui qui travaillait dur toute la journée était très soucieux de dîner à la bonne saison. Au plus fort dénivelé de ce ruisseau, alors que je marchais sur le carry, tout près derrière l'Indien, il aperçut une trace sur le rocher, qui n'était que légèrement recouvert de terre, et, se baissant, marmonna « caribou ». À notre retour, il remarqua près du même endroit une trace beaucoup plus grande, où le pied d'un animal s'était enfoncé dans un petit creux dans le rocher, en partie rempli d'herbe et de terre, et il s'écria avec surprise : « Qu'est-ce que ça ? "Bien qu'est-ce que c'est?" J'ai demandé. Se baissant et y posant la main, il répondit d'un air mystérieux et dans un demi-chuchotement : « Le diable [c'est-à-dire le diable indien ou le couguar], les rebords par ici, un très mauvais animal, met ces rochers en pièces . » "Depuis combien de temps n'a-t-il pas été fabriqué ?" J'ai demandé. «Aujourd'hui ou hier», dit-il. Mais quand je lui ai demandé par la suite s'il était sûr que c'était la trace du diable, il a répondu qu'il ne le savait pas. On m'avait dit que le cri d'un couguar avait été entendu récemment à propos de Ktaadn et que nous n'étions pas loin de cette montagne.

Nous avons passé au moins la moitié du temps à marcher aujourd'hui, et la marche était aussi mauvaise que d'habitude, car l'Indien, étant seul, courait généralement bien au-dessous du pied des chariots avant de nous attendre. Les chemins de transport eux-mêmes étaient plus que d'habitude indistincts, souvent l'itinéraire n'était révélé que par les innombrables petits trous dans le bois tombé faits par les punaises des bottes des conducteurs, ou là où il y avait *une* légère trace , nous ne la trouvions pas. C'était un fourré enchevêtré et déroutant, à travers lequel nous trébuchions et nous faufilions notre chemin, et lorsque nous en avions parcouru un mile, notre point de départ semblait loin. Nous étions heureux de ne pas avoir à marcher jusqu'à Bangor en longeant les rives de cette rivière, ce qui représenterait un voyage de plus de cent milles. Pensez à la densité de la forêt, aux arbres et aux rochers tombés, aux méandres de la rivière, aux ruisseaux qui s'y déversent et aux fréquents marécages à traverser. Cela vous a fait frissonner. Pourtant, l'Indien nous faisait remarquer de temps en temps où il s'était ainsi glissé jour après jour, alors qu'il était un garçon de dix ans et affamé. Il chassait loin au nord avec deux Indiens adultes. L'hiver arriva étonnamment tôt et la glace les obligea à laisser leur canot au Grand Lac et à descendre la rive à pied. Ils enfilèrent leurs fourrures et partirent pour Oldtown. La neige n'était pas assez épaisse pour les raquettes, ni pour couvrir les inégalités du terrain. Polis fut bientôt trop faible pour porter un quelconque fardeau ; mais il a réussi à attraper une loutre. C'était tout ce qu'ils avaient mangé au cours de ce voyage, et il se souvenait de la qualité des racines de lys jaunes, préparées en soupe avec de l'huile de loutre. Il partageait cette nourriture à parts égales avec les deux autres, mais étant si petit, il souffrait bien plus qu'eux. Il a pataugé dans le Mattawamkeag à l'embouchure, alors qu'il faisait un froid glacial et lui arrivait jusqu'au menton, et lui, étant très faible et émacié, s'attendait à être emporté. La première maison qu'ils atteignirent était à Lincoln, et à peu près ils rencontrèrent un camionneur blanc avec des provisions, qui, voyant leur état, leur donna autant de son chargement qu'ils pouvaient manger. Pendant six mois après son retour à la maison, il était très déprimé et ne s'attendait pas à vivre, et il s'en trouvait peut-être toujours dans le pire des cas.

Nous n'avons pas pu trouver beaucoup plus de la moitié du voyage de cette journée sur nos cartes (la « Carte des terres publiques du Maine et du Massachusetts » et la « Carte des chemins de fer et des cantons de Colton du Maine », qui copie la première). D'après les cartes, il n'y avait pas plus de quinze milles entre les camps à l'extérieur, et pourtant nous avions progressé activement toute la journée, et la plupart du temps très rapidement.

Sur sept ou huit milles au-dessous de cette succession de chutes « Grand », l'aspect des berges ainsi que le caractère du ruisseau ont été modifiés. Après avoir passé un affluent du nord-est, peut-être le ruisseau Bowlin , nous avions une eau bonne, rapide et douce, avec une pente régulière, telle que celle que j'ai décrite. Des berges basses et herbeuses et des rivages boueux ont commencé. De nombreux ormes, ainsi que des érables et davantage de frênes, surplombaient le ruisseau et supplantaient les épicéas.

Mes racines de lys ayant été perdues lors du transport du canot, j'ai débarqué en fin d'après-midi, dans un endroit bas et herbeux au milieu des érables, pour en récolter davantage. C'était un travail lent, il s'agissait de les arracher dans le sable, et les moustiques se régalaient de moi. Les moustiques, les mouches noires, etc., nous poursuivaient au milieu du chenal, et nous étions heureux parfois de nous retrouver dans des rapides violents, car alors nous leur échappions.

Un pic à tête rouge a traversé la rivière en volant et l'Indien a fait remarquer que c'était bon à manger. Tandis que nous glissions rapidement sur le plan incliné de la rivière, un grand hibou chat s'élança hors d'une souche sur la rive et vola lourdement à travers le ruisseau, et l'Indien, comme d'habitude, imita sa note. Bientôt, le même oiseau est revenu devant nous, et nous l'avons ensuite croisé perché sur un arbre. Peu de temps après, un aigle à tête blanche descendit le ruisseau devant nous. Nous l'avons conduit plusieurs milles, tandis que nous cherchions un bon endroit pour camper, car nous nous attendions à être rattrapés par une averse, et nous pouvions néanmoins le distinguer à sa queue blanche, s'éloignant de temps en temps de quelque arbre près de la rivière. rivage encore plus loin en aval du ruisseau. Quelques bateaux ayant été surpris par nous, une partie d'entre eux ont plongé, et nous sommes passés directement au-dessus d'eux, et avons pu suivre leur route çà et là par une bulle à la surface, mais nous ne les avons pas vu remonter. Polis a détecté une ou deux fois ce qu'il a appelé une « route de remorquage », un chemin indistinct menant à la forêt. Pendant ce temps, nous dépassions l'embouchure du Séboois sur notre gauche. Celui-ci ne paraissait pas aussi important que notre flux, qui était effectivement le principal. Il nous fallut quelque temps avant de trouver un terrain de camping, car soit la rive était trop herbeuse et boueuse, où les moustiques abondaient, soit le flanc d'une colline était trop abrupt. L'Indien a déclaré qu'il y avait peu de moustiques sur une colline escarpée. Nous avons examiné un bon endroit, où quelqu'un avait campé depuis longtemps ; mais cela semblait pitoyable d'occuper un ancien site, où il y avait tant de place pour choisir, alors nous avons continué. Nous trouvâmes enfin un endroit, à notre avis, sur la rive ouest, à environ un mille au-dessous de l'embouchure du Séboois , où, dans un bois d'épicéas très dense, au-dessus d'une côte graveleuse, il semblait n'y avoir que peu d'insectes. Les arbres étaient si épais que nous étions obligés de dégager un espace pour faire notre feu et nous y coucher, et les jeunes épicéas qui restaient étaient comme le mur d'un appartement qui s'élevait autour de nous. Nous avons été obligés de gravir une pente raide pour y arriver. Mais l'endroit que vous avez choisi pour votre camp, bien que jamais aussi rude et sinistre, commence immédiatement à avoir ses attraits et devient pour vous un véritable centre de civilisation : « La maison est la maison, même si elle n'est jamais aussi simple. »

Il se trouva que les moustiques étaient ici plus nombreux que nous ne les avions trouvés auparavant, et l'Indien se plaignit beaucoup, bien qu'il restât, comme la nuit précédente, entre trois feux et sa peau tendue. Alors que j'étais assis sur une souche près du feu, avec un voile et des gants, essayant de lire, il a observé : « Je te fabrique une bougie », et en une minute, il a pris un morceau d'écorce de bouleau d'environ deux pouces de large et l'a roulé durement. , comme une allumette de quinze pouces de long, l'allumai, et la fixai par l'autre bout horizontalement dans un bâton fendu de trois pieds de haut, l'enfonçai en terre, tournant le bout flamboyant au vent, et me disant de l'éteindre de temps en temps. temps. Cela répondait assez bien au but d'une bougie.

Je remarquai, comme je l'avais fait auparavant, qu'il y avait une accalmie chez les moustiques vers minuit, et qu'elle recommençait le matin. La nature est donc miséricordieuse. Mais apparemment , ils ont aussi besoin de repos que nous. Peu de créatures, voire aucune, sont aussi actives toute la nuit. Dès qu'il fit jour , je vis, à travers mon voile, que l'intérieur de la tente autour de nos têtes était tout noirci par des myriades, chacune de leurs ailes en volant, comme on l'a calculé, vibrant environ trois mille fois par minute, et leur bourdonnement combiné était presque aussi pénible à supporter que leurs piqûres. J'ai passé une nuit inconfortable à ce sujet même si je ne suis pas sûr que l'on ait réussi sa tentative de me piquer. Nous n'avons pas tant souffert des insectes lors de cette excursion que les déclarations de certains qui ont exploré ces bois au milieu de l'été nous laissaient prévoir. Pourtant, je suis convaincu qu'à certaines saisons et dans certains endroits , ils constituent un ravageur beaucoup plus grave. Le Jésuite Hiérome Lalemant , de Québec, rapportant la mort du père Reni Ménard, abandonné, égaré et mort dans les bois, chez les Ontarios près du lac Supérieur, en 1661, s'attarde surtout sur ses souffrances probables causées par les attaques de moustiques lorsqu'il faible pour se défendre, ajoutant qu'il y en avait un nombre effroyable dans ces parages, « et si insupportable, dit-il, que les trois Français qui ont fait ce voyage affirment qu'il n'y avait d'autre moyen de se défendre que de se défendre. couraient toujours sans s'arrêter, et il fallait même que deux d'entre eux s'emploient à chasser ces créatures pendant que le troisième voulait boire, sans quoi il n'aurait pas pu le faire. Je n'ai aucun doute que cela a été dit de bonne foi.

1 août.

J'ai attrapé deux ou trois gros chivins rouges (*Leuciscus pulchellus*) tôt ce matin, à moins de vingt pieds du camp, qui, ajoutés à la langue d'orignal qui avait été laissée dans la bouilloire bouillante pendant la nuit, et à nos autres provisions, ont fait un petit déjeuner somptueux. L'Indien nous prépara du thé de ciguë au lieu du café, et nous n'étions pas obligés d'aller jusqu'en Chine pour en obtenir ; en fait, pas tout à fait en ce qui concerne le poisson. C'était tolérable, même s'il disait que ce n'était pas assez fort. C'était intéressant de voir un plat aussi simple qu'une bouilloire remplie d'eau avec une poignée de brins de pruche verte dedans, bouillant sur le grand feu en plein air, les feuilles perdant rapidement leur couleur verte vive, et de savoir que c'était pour notre petit-déjeuner.

Nous étions heureux de pouvoir embarquer à nouveau et de laisser quelques moustiques derrière nous. Nous avions dépassé le *Wassataquoik* sans nous en apercevoir. Tel est, selon l'Indien, le nom du principal bras est lui-même, et il ne s'applique pas correctement à ce petit affluent seul, comme sur les cartes.

Nous découvrîmes que nous avions campé à environ un mille au-dessus de Hunt's, qui est sur la rive est, et qui est la dernière maison de ceux qui montent Ktaadn de ce côté.

Nous avions prévu de le gravir à partir de ce point, mais mon compagnon fut obligé d'y renoncer à cause de douleurs aux pieds. L'Indien suggéra cependant qu'il pourrait peut-être se procurer une paire de mocassins à cet endroit, et qu'il pourrait marcher très facilement avec eux sans se blesser les pieds, en portant plusieurs paires de bas, et il dit en outre qu'ils étaient si poreux que lorsque vous aviez pris de l'eau, tout s'est vidé à nouveau en peu de temps. Nous nous sommes arrêtés pour acheter du sucre, mais nous avons constaté que la famille avait déménagé et que la maison était inoccupée, sauf temporairement par quelques hommes qui allaient chercher le foin. Ils m'ont dit que la route de Ktaadn partait de la rivière à huit milles en amont ; aussi que nous pourrions peut-être nous procurer du sucre chez Fisk, à quatorze milles plus bas. Je ne me souviens pas du tout que nous ayons vu la montagne depuis la rivière. J'ai remarqué ici une senne tendue sur la berge, qui avait probablement servi à attraper du saumon. Juste en dessous, sur la rive ouest, nous vîmes une peau d'orignal tendue, et avec elle une peau d'ours, qui était comparativement très petite. Ce spectacle m'intéressait d'autant plus que c'était près d'ici qu'un de nos citadins, alors tout jeune, et seul, tua un gros ours il y a quelques années. L'Indien a dit qu'ils appartenaient à Joe Aitteon , mon dernier guide, mais je ne sais pas comment il l'a raconté. Il chassait probablement dans les environs et les avait laissés pour la journée. Constatant que nous allions directement à Oldtown, il regretta de ne pas avoir apporté davantage de viande d'orignal à sa famille, disant qu'en peu de temps, en la séchant, il aurait pu la rendre si légère qu'elle aurait emporté la viande d'orignal. la plus grande partie, laissant les os. Une ou deux fois, nous nous sommes renseignés sur la lèvre, ce qui est une friandise célèbre, mais il a répondu : « Allez Oldtown pour ma vieille femme ; je ne l'obtiens pas tous les jours.

Les érables devinrent de plus en plus nombreux. La température baissait et il a plu un peu pendant la matinée et, comme nous nous attendions à une mouillage, nous nous sommes arrêtés tôt et avons dîné sur la rive est d'une petite extension de la rivière, juste au-dessus de ce qu'on appelle probablement les chutes Whetstone, à environ une douzaine de milles. en dessous de celui de Hunt. Il y avait des traces d'orignaux assez fraîches au bord de l'eau. Il y avait par ici de longues crêtes singulières, appelées « chevaux », couvertes de fougères. Mon compagnon, ayant perdu sa pipe, demanda à l'Indien s'il ne pouvait pas lui en fabriquer une. "Oh, oui ", dit-il, et en une minute il enroula un morceau d'écorce de bouleau, lui disant de mouiller le bol de temps en temps. Ici aussi, il a laissé sa gazette sur un arbre.

Nous avons contourné les chutes juste en contrebas, du côté ouest. Les rochers étaient sur leurs bords et très coupants. La distance était d'environ trois quarts de mile. Lorsque nous eûmes transporté un chargement, l'Indien revint par la côte, et moi par le sentier, et bien que je ne me hâtât pas particulièrement, je fus néanmoins surpris de le trouver à l'autre bout aussitôt que je l'arrivai. il s'est débrouillé sur les pires terrains. Il m'a dit : « Je prends le canoë et tu prends le reste, suppose que tu peux m'accompagner ? Je pensais qu'il voulait dire que pendant qu'il descendrait les rapides, je devrais rester le long du rivage et être prêt à l'aider de temps en temps, comme je l'avais fait auparavant ; mais comme la marche serait très mauvaise, je répondis : « Je suppose que vous irez trop vite pour moi, mais je vais essayer. » Mais je devais suivre le chemin, dit-il. Je pensais que cela n'arrangerait pas les choses, j'aurais dû aller si loin pour me rendre au bord de la rivière quand il me voulait. Mais ce n'était pas non plus ce qu'il voulait dire. Il me proposait une course au portage, et me demanda si je pensais pouvoir continuer avec lui par le même chemin, ajoutant qu'il fallait être assez malin pour le faire. Comme sa charge, le canot, serait de beaucoup la plus lourde et la plus volumineuse, bien que la plus simple, je pensais que je devrais pouvoir le faire, et je dis que j'essaierais. Je me mis donc à rassembler le fusil, la hache, la pagaie, la bouilloire, la poêle à frire, les assiettes, les louches, les tapis, etc., etc., et pendant que j'étais ainsi occupé, il me lança ses bottes en peau de vache. "Quoi, est-ce que c'est dans le marché ?" J'ai demandé. « Oh, oui , » dit-il ; mais avant que j'aie pu faire un paquet de mon chargement, je l'ai vu disparaître au-dessus d'une colline avec le canot sur la tête ; alors, rassemblant à la hâte les divers objets, je me mis en fuite et le dépassai immédiatement dans les buissons, mais je ne l'avais pas plutôt laissé hors de vue dans un creux rocheux que les assiettes graisseuses, les louches, etc., prirent leur place. eux-mêmes des ailes, et pendant que j'étais occupé à les rassembler, il passa près de moi ; mais pressant précipitamment la marmite de suie à mon côté, je repartis, et bientôt je le repassai, je ne le vis plus sur le chariot. Je ne parle pas de cela comme d'un exploit, car ce n'était qu'une mauvaise course de ma part, et il était obligé de se déplacer avec beaucoup de prudence, de peur de briser son canot ainsi que son cou. Quand il est apparu, soufflant et haletant comme moi, en réponse à mes questions sur l'endroit où il avait été, il a dit : « Les rochers (les serrures) leur coupent les pieds », et, en riant, il a ajouté : « Oh, j'aime jouer parfois. .» Il raconta que lui et ses compagnons, lorsqu'ils arrivaient à des convois longs de plusieurs milles, essayaient de savoir qui passerait le premier ; chacun, peut-être, avec un canot sur la tête. J'ai porté l'enseigne de la bouilloire sur mon sac en lin marron pour le reste du voyage.

Nous avons fait un deuxième reportage du côté ouest, autour de certaines chutes, à environ un mile en contrebas. Sur le continent se trouvaient des pins de Norvège, indiquant une nouvelle formation géologique, et c'était un sol si sec et sablonneux que nous n'avions jamais remarqué auparavant.

En approchant de l'embouchure de la branche Est, nous dépassâmes deux ou trois cabanes, premier signe de civilisation après celle de Hunt, bien que nous ne voyions pas encore de route ; nous avons entendu une cloche de vache et avons même vu un bébé tenu devant une petite fenêtre carrée pour nous voir passer, mais apparemment, le bébé et la mère qui le tenait étaient les seuls habitants alors à la maison sur plusieurs kilomètres. Cela nous coupa le souffle, nous rappelant que nous étions sûrement des voyageurs, alors qu'il était originaire du terroir, et avait l'avantage sur nous. Conversation signalée. J'entendrais seulement l'Indien, peut-être, demander à mon compagnon : « Tu charges ma pipe ? Il a dit qu'il fumait de l'écorce d'aulne, comme médicament. En entrant dans la branche ouest à Nicketow , elle semblait beaucoup plus grande que la branche est. Polis remarqua que le premier avait disparu maintenant, que tout était en eau douce jusqu'à Oldtown, et il jeta sa perche qui était coupée sur l' Umbazookskus . En pensant aux rapides, il a dit une ou deux fois que vous ne le rattraperiez pas pour retourner à East Branch ; mais il ne pensait en aucun cas tout ce qu'il disait.

Les choses ont bien changé depuis mon arrivée ici il y a onze ans. Là où il n'y avait qu'une ou deux maisons, je trouvai maintenant tout un village, avec des scieries et un magasin (ce dernier était fermé à clé, mais son contenu était d'autant plus en sécurité), et il y avait une route d'étape vers Mattawamkeag , et la rumeur d'une étape. En effet, un bateau à vapeur était déjà monté une fois, alors que l'eau était très haute. Mais nous n'avons pas pu obtenir de sucre, seulement un meilleur bardeau contre lequel nous appuyer.

Nous campâmes à environ trois kilomètres au-dessous de Nicketow , du côté sud de la branche ouest, recouvrant de brindilles fraîches le lit desséché d'un ancien voyageur, et sentant que nous étions maintenant dans un pays sédentaire, surtout lorsque le soir nous entendîmes un bœuf éternuer. dans son pâturage sauvage de l'autre côté de la rivière. Partout où l'on accoste le long de la partie fréquentée du fleuve, il n'y a pas besoin d'aller bien loin pour trouver ces sites d'auberges provisoires, le lit desséché de brindilles aplaties, les bâtons calcinés et peut-être les piquets de tente. Et il n'y a pas si longtemps, des lits similaires se sont répandus le long du Connecticut, de l'Hudson et du Delaware, et il y a plus longtemps encore, près de la Tamise et de la Seine, et ils contribuent aujourd'hui à former le sol où se trouvent les jardins privés et publics, les demeures et les palais. Nous ne pouvions pas obtenir de brindilles de sapin pour notre lit ici, et l'épicéa était dur en comparaison, ayant plus de brindilles proportionnellement à sa feuille, mais nous l'avons quelque peu amélioré avec de la pruche. L'Indien remarqua comme auparavant : « Il faut du bois dur pour cuire la viande d'orignal », comme si c'était une maxime, et il entreprit de se le procurer. Mon compagnon en cuisinait à la manière californienne, enroulant un long fil de viande autour d'un bâton et le tournant lentement dans sa main devant le feu. C'était très bon. Mais l'Indien, n'approuvant pas ce mode, ou parce qu'il n'était pas autorisé à le cuisiner à sa manière, ne voulait pas le goûter. Après le dîner régulier, nous essayâmes de préparer une soupe aux lys avec les bulbes que j'avais apportés, car je souhaitais apprendre tout ce que je pouvais avant de sortir du bois. Suivant les instructions de l'Indien, car il commençait à être malade, je lavais soigneusement les bulbes, hachais de la viande d'orignal et du porc, salés et bouillis le tout, mais nous n'eûmes pas la patience de tenter l'expérience équitablement, car il dit que cela devait être bouilli jusqu'à ce que les racines soient complètement ramollies afin d'épaissir la soupe comme de la farine ; mais bien que nous l'ayons laissé toute la nuit, nous l'avons trouvé séché jusqu'à la bouilloire le matin, et pas encore bouilli en farine. Peut-être que les racines n'étaient pas assez mûres, car on les cueille généralement à l'automne. En l'état, c'était assez savoureux, mais cela me rappelait le bouillon calcaire de l'Irlandais. Les autres ingrédients suffisaient à eux seuls. Le nom indien pour ces bulbes était *Sheepnoc*. J'ai remué la soupe par accident avec un bâton de bois d'érable ou d'orignal rayé que j'avais pelé, et il a remarqué que son écorce était un émétique.

Il se prépara à camper comme d'habitude entre sa peau d'orignal et le feu ; mais comme il commençait à pleuvoir tout à coup, il se réfugia sous la tente avec nous, et nous chanta une chanson avant de s'endormir. Il a plu beaucoup pendant la nuit et nous a gâché une autre boîte d'allumettes, que l'Indien avait laissée de côté, car il était très négligent ; mais, comme d'habitude, nous avons eu une nuit d'autant meilleure à cause de la pluie, car elle a empêché les moustiques.

Dimanche 2 août.

C'était une matinée nuageuse et peu prometteuse. L'un de nous fit remarquer à l'Indien : « Vous n'avez pas étiré votre peau d'orignal la nuit dernière, n'est-ce pas, M. Polis ? A quoi il répondit, sur un ton de surprise, mais peut-être pas de mauvaise humeur : « Pourquoi me posez-vous cette question ? Supposons que je les étire , vous les voyez . Peut-être que c'est votre façon de parler, peut-être que ça va, pas à la manière indienne. J'avais remarqué qu'il ne souhaitait pas répondre plus d'une fois à la même question et qu'il restait souvent silencieux lorsqu'elle était posée à nouveau par souci de certitude, comme s'il était maussade. Non pas qu'il fût incommunicable, car il commençait souvent de lui-même un long récit , répétait longuement la tradition de quelque vieille bataille, ou quelque passage de l'histoire récente de sa tribu dans laquelle il avait joué un rôle important. de temps en temps, prenant une longue inspiration et reprenant le fil de son récit, avec la légèreté du véritable conteur, peut-être après avoir tiré un rapide, en préfaçant par « We-e-ll, by-by », etc. , comme il pagayait. Surtout une fois la journée de travail terminée et qu'il s'était mis en position pour la nuit, il était étonnamment sociable, faisait même preuve de la *bonhommie* d'un Français, et nous nous endormions avant qu'il n'ait eu ses règles.

Nicketow est appelé onze milles de Mattawamkeag par la rivière. Notre camp était donc à environ neuf milles de ce dernier endroit.

L'Indien était très malade ce matin à cause des coliques. Je pensais qu'il était pire à cause de la viande d'orignal qu'il avait mangée.

Nous arrivâmes au Mattawamkeag à huit heures et demie du matin, au milieu d'une pluie battante, et, après avoir acheté du sucre, nous repartîmes.

L'état de l'Indien étant bien pire, nous nous sommes arrêtés dans la partie nord de Lincoln pour lui procurer du cognac ; mais n'y parvenant pas, un apothicaire lui recommanda les pilules de Brandreth, qu'il refusa de prendre, parce qu'il ne les connaissait pas. Il m'a dit : « Moi , docteur, étudiez d'abord mon cas, découvrez de quoi il s'agit , puis je saurai quoi prendre. Nous sommes descendus un peu plus loin et nous nous sommes arrêtés en milieu de matinée sur une île et lui avons préparé une tasse de thé. Ici aussi, nous avons dîné et fait un peu de lessive et de botanisation pendant qu'il était allongé sur la berge. Dans l'après-midi, nous avons continué un peu plus loin, même si l'Indien n'allait pas mieux. « Burntibus », comme il l'appelait, était une longue étendue lisse semblable à un lac au-dessous des Cinq Îles. Il a dit qu'il possédait une centaine d'acres quelque part par ici. Alors qu'un orage semblait arriver, nous nous arrêtâmes en face d'une grange sur la rive ouest, à Chester, à environ un mile au-dessus de Lincoln. Ici, nous fûmes enfin obligés de passer le reste de la journée et de la nuit, à cause de notre malade, dont la maladie ne diminuait pas. Il gisait en gémissant sous son canot sur la berge, l'air très malheureux, et pourtant ce n'était qu'un cas courant de colique. Vous n'auriez pas pensé, si vous l'aviez vu ainsi traîner, qu'il était propriétaire de tant d'acres dans ce quartier, qu'il valait six mille dollars et qu'il était allé à Washington. Il me semblait que, comme les Irlandais, il faisait plus de bruit à propos de sa maladie qu'un Yankee, et qu'il était plus inquiet pour lui-même. Nous avons quelque peu parlé de le laisser avec ses gens à Lincoln, car c'est l'une de leurs maisons, et de monter sur scène le lendemain, mais il s'est opposé à cause des dépenses en disant : « Supposons que je sois bien demain, vous et moi. allez à Oldtown à midi.

Comme nous prenions notre thé au crépuscule, tandis qu'il gémissait encore sous sa pirogue, ayant enfin compris « de quoi il souffrait », il me demanda de lui apporter une louche d'eau. Prenant la louche d'une main, il saisit de l'autre sa corne à poudre, y versa une ou deux charges de poudre, la remua avec son doigt et la but. C'est tout ce qu'il a pris aujourd'hui après le petit-déjeuner, à côté de son thé.

Pour nous épargner la peine de monter notre tente, après avoir protégé nos provisions des chiens errants, nous avons campé dans la grange solitaire entrouverte près de la rive, avec la permission du propriétaire, couchés sur du foin fraîchement fauché de quatre pieds de profondeur. Le parfum du foin, dans lequel se mêlaient de nombreuses fougères, etc., était agréable, quoiqu'il fût tout à fait animé de sauterelles qu'on entendait y ramper. Cela a servi à graduer notre approche des maisons et des lits de plumes. Dans la nuit, un gros oiseau, probablement un hibou, volait au-dessus de nos têtes, et très tôt le matin, nous fûmes réveillés par le gazouillis des hirondelles qui y faisaient leurs nids.

LUNDI 3 août.

Nous partîmes tôt avant le petit-déjeuner, l'Indien étant considérablement meilleur, et passâmes bientôt près de Lincoln, et après une autre longue et belle étendue semblable à un lac, nous nous arrêtâmes pour déjeuner sur la rive ouest, à deux ou trois milles au-dessous de cette ville.

Nous traversions fréquemment des îles indiennes avec leurs petites maisons. Le gouverneur, Aitteon , vit dans l'un d'eux, à Lincoln.

Les Indiens Penobscot semblent même être plus sociaux que les Blancs. De temps en temps, dans les profondeurs sauvages du Maine, vous arrivez à la cabane en rondins d'un colon yankee ou canadien, mais un Penobscot n'élimine jamais sa résidence dans une telle solitude. Ils ne sont même pas dispersés sur leurs îles du Penobscot, qui sont toutes situées à l'intérieur des colonies, mais rassemblés sur deux ou trois, — mais pas toujours sur le meilleur sol, — évidemment pour le bien de la société. J'ai vu une ou deux maisons qu'ils n'utilisaient plus parce que, comme le disait notre polis indien, ils étaient trop solitaires.

La petite rivière qui se jette à Lincoln est la Matanancook , qui, nous l'avons remarqué, était aussi le nom d'un bateau à vapeur amarré là. Nous avons donc pagayé et flotté, regardant les embouchures des rivières. En passant devant les Mohawk Rips, ou, comme les Indiens les appelaient, les « lèvres Mohog », à quatre ou cinq milles au-dessous de Lincoln, il nous raconta longuement l'histoire d'un combat entre sa tribu et les Mohawks, autrefois , - comment ces derniers furent vaincus par stratagème, les Penobscots utilisant des couteaux dissimulés, mais ils ne purent pas tuer pendant longtemps le chef Mohawk, qui était un homme très grand et fort, bien qu'il fut attaqué par plusieurs canots à la fois, alors qu'il nageait seul dans la rivière.

.

De temps en temps, nous rencontrions des Indiens dans leurs canots qui remontaient la rivière. Notre homme ne les approchait pas couramment, mais échangeait avec eux quelques mots à distance dans sa langue. C'étaient les premiers Indiens que nous rencontrions depuis notre départ des Umbazookskus .

Aux chutes Piscataquis, juste au-dessus de la rivière de ce nom, nous avons marché sur le chemin de fer en bois sur la rive est, long d'environ un mille et demi, pendant que l'Indien glissait sur les rapides. Le bateau à vapeur de Oldtown s'arrête ici et les passagers prennent un nouveau bateau au-dessus. Piscataquis, dont nous avons passé ici l'embouchure, signifie « branche ». Il est obstrué par des chutes à son embouchure, mais on peut y naviguer avec des batteaux ou des canots à travers une région peuplée, même jusqu'aux environs du lac Moosehead, et nous avions d'abord pensé à emprunter cette voie. Nous n'étions pas obligés de descendre du canot après cela à cause de chutes ou de rapides, et ce n'était d'ailleurs pas tout à fait nécessaire ici. Nous avons moins prêté attention au paysage aujourd'hui, parce que nous étions dans un pays assez peuplé. La rivière devint large et lente, et nous vîmes un héron bleu descendre lentement le cours d'eau devant nous.

Nous avons dépassé la rivière Passadumkeag sur notre gauche et avons vu les montagnes bleues d'Olamon au loin au sud-est. Par ici, notre Indien nous raconta longuement l'histoire de leur dispute avec le prêtre au sujet des écoles. Il accordait beaucoup d'importance à l'éducation et l'avait recommandé à sa tribu. Son argument en sa faveur était que si vous aviez été à l'université et appris à calculer, vous pourriez « les garder » . propriété, pas d'autre moyen. Il a dit que son garçon était le meilleur élève de l'école d'Oldtown, où il fréquentait les Blancs. Il est lui-même protestant et va régulièrement à l'église de Oldtown. Selon son récit, une bonne partie de sa tribu est protestante et de nombreux catholiques sont également favorables aux écoles. Il y a quelques années , ils avaient un maître d'école protestant qu'ils aimaient beaucoup. Le prêtre est venu et a dit qu'ils devaient le renvoyer, et finalement il a eu une telle influence, leur disant qu'ils finiraient par aller au mauvais endroit s'ils le retenaient, qu'ils l'ont renvoyé. La fête de l'école, bien que nombreuse, était sur le point d'abandonner . L'évêque Fenwick venait de Boston et usait de son influence contre eux. Mais notre Indien a dit à ses côtés qu'ils ne devaient pas abandonner, qu'ils devaient tenir bon, qu'ils étaient les plus forts. S'ils abandonnaient, ils n'auraient pas de fête. Mais ils répondirent que cela ne servait à rien, curé trop fort, il vaut mieux abandonner. Finalement, il les persuada de prendre position.

Le curé allait chercher un signe pour abattre le poteau de la liberté. Polis et son parti ont donc eu une réunion secrète à ce sujet ; il prépara quinze ou vingt jeunes hommes robustes, « les déshabilla et les peignit comme au bon vieux temps », et leur dit que lorsque le prêtre et sa suite iraient abattre le poteau de la liberté, ils devaient se précipiter. saisissez-le et prévenez-les, et il leur assura qu'il n'y aurait pas de guerre, seulement du bruit, — « pas de guerre là où est le prêtre ». Il garda ses hommes cachés dans une maison voisine , et lorsque le groupe du prêtre était sur le point d'abattre le poteau de la liberté, dont la chute eût été un coup mortel pour le groupe de l'école, il donna un signal, et ses jeunes les hommes se précipitèrent et s'emparèrent du poteau. Il y eut un grand tumulte et ils étaient sur le point d'en venir aux mains, mais le prêtre intervint en disant : « Pas de guerre, pas de guerre », et ainsi le poteau se leva et l'école continua son chemin.

Nous avons pensé que cela faisait preuve de beaucoup de tact de sa part, de saisir cette occasion et de prendre position là-dessus ; prouvant à quel point il comprenait ceux avec qui il avait affaire.

La rivière Olamon arrive de l'est à Greenbush, à quelques kilomètres en aval du Passadumkeag . Quand nous demandâmes la signification de ce nom, l'Indien répondit qu'il y avait une île en face de son embouchure qui s'appelait *Olarmon* ; qu'autrefois, lorsque les visiteurs venaient dans la vieille ville, ils s'y arrêtaient pour s'habiller, se soigner ou se peindre. "Qu'est-ce que les dames utilisaient ?" Il a demandé. Rouge? Du rouge vermillon ? " Eh bien ," dit-il, "c'est du *larmon* , une sorte d'argile ou de peinture rouge, qu'ils avaient l'habitude d'obtenir ici."

Nous avons décidé que nous aussi nous arrêterions sur cette île et réparerions notre homme intérieur, au moins en dînant.

C'était une grande île, avec une abondance d'ortie royale, mais je n'y ai remarqué aucune sorte de peinture rouge. La rivière Olamon , du moins à son embouchure, est un cours d'eau mort. Il y avait une autre grande île dans ce voisinage, que les Indiens appelaient « *Soogle* » (*c .-à-d* . Sugar) Island.

Environ une douzaine de kilomètres avant d'atteindre Oldtown, il a demandé : « Comment les aimez-vous, votre pilote ? Mais nous avons ajourné la réponse jusqu'à ce que nous soyons tout à fait revenus.

Le Sunkhaze , un autre court ruisseau mort, arrive de l'est à trois kilomètres au-dessus de la vieille ville. On dit que ce ruisseau abrite certains des meilleurs terrains pour les cerfs du Maine. Interrogé sur la signification de ce nom, l'Indien répondit : « Supposons que vous descendiez Penobscot, tout comme nous, et que vous voyiez un canoë sortir du rivage et avancer devant vous, mais vous ne le voyez pas couler . C'est *Sunkhaze* .

Il m'avait déjà complimenté sur ma façon de pagayer, disant que je pagayais « comme n'importe qui », me donnant un nom indien qui signifiait « grand pagayeur ». En sortant de ce ruisseau, il m'a dit, à moi qui étais assis à l'avant : « Je t'apprends à pagayer. Alors, se tournant vers le rivage, il descendit, s'avança et posa mes mains à sa guise. Il plaça l'un d'eux tout à fait à l'extérieur du bateau, et l'autre parallèlement au premier, saisissant la pagaie vers l'extrémité, non par-dessus l'extrémité plate, et me dit de la faire glisser d'avant en arrière sur le côté du canot. Ceci, je trouvai, était une grande amélioration à laquelle je n'avais pas pensé, m'épargnant le travail de soulever la pagaie à chaque fois, et je m'étonnais qu'il ne l'ait pas suggéré auparavant. Il est vrai qu'avant la réduction de nos bagages, nous avions été obligés de nous asseoir les jambes relevées et les genoux au-dessus du flanc du canot, ce qui nous aurait empêché de pagayer ainsi, ou peut-être avait-il peur d'user son canot, par frottement constant sur le côté.

Je lui ai dit que j'avais l'habitude de m'asseoir à l'arrière et, levant ma pagaie à chaque coup, de la tourner pour diriger le bateau, en ne tirant à chaque fois qu'un levier sur le côté, et je pagayais encore en partie comme si à l'arrière. Il a alors voulu me voir pagayer à l'arrière. Alors, changeant de pagaie, car il avait la plus longue et la meilleure, et tournant bout à bout, lui assis à plat sur le fond et moi sur la barre transversale, il commença à pagayer très fort, essayant de faire tourner le canoë, regardant par-dessus son épaule et en riant; mais le trouvant en vain, il relâcha ses efforts, même si nous parcourûmes encore un ou deux milles très rapidement. Il a dit qu'il n'avait rien à reprocher à ma pagayage à l'arrière, mais je me suis plaint qu'il n'avait pas pagayé selon ses propres instructions à l'avant.

En face du Sunkhaze se trouve le barrage principal du Penobscot, où les grumes provenant de loin en amont de la rivière sont collectées et triées.

Alors que nous approchions de Oldtown, j'ai demandé à Polis s'il n'était pas content de rentrer chez lui ; mais il ne fallait pas céder à sa sauvagerie, et il dit : « Cela ne me fait aucune différence où je suis. » Telle est toujours la prétention des Indiens.

Nous approchâmes de l'île Indienne par l'étroit détroit appelé « Cook ». Il dit : « Je m'attends à ce que nous prenions un peu d'eau là-bas, la rivière est si haute qu'elle ne sera jamais aussi haute en cette saison. Eau très agitée là-bas, mais courte ; bateau à vapeur des marais une fois. Ne pagayez pas avant que je vous le dise, alors vous pagayez tout de suite. C'était un rapide très court. Quand nous étions au milieu, il a crié « paddle » et nous avons traversé sans en prendre une seule goutte.

Peu après, les maisons indiennes apparurent, mais je ne pus d'abord dire à mon compagnon laquelle des deux ou trois grandes maisons blanches était celle de notre guide. Il a dit que c'était celui avec des stores.

Nous avons atterri en face de sa porte vers quatre heures de l'après-midi, après avoir parcouru une quarantaine de milles ce jour-là. Depuis les Piscataquis, nous avions parcouru une vitesse remarquablement et inexplicablement rapide, probablement aussi rapide que l'étape ou le bateau, même si les douze derniers milles étaient de l'eau morte.

Polis voulait nous vendre son canot, il disait qu'il durerait sept ou huit ans, ou avec précaution, peut-être dix ; mais nous n'étions pas prêts à l'acheter.

Nous nous sommes arrêtés une heure chez lui, où mon compagnon s'est rasé avec son rasoir, qu'il a jugé en très bon état. Mme P. portait un chapeau et une broche en argent sur la poitrine, mais elle ne nous a pas été présentée. La maison était spacieuse et soignée. Une grande nouvelle carte de la Vieille Ville et de l'Île Indienne était accrochée au mur, et une horloge en face. Souhaitant savoir quand les voitures avaient quitté Oldtown, le fils de Polis a apporté du bureau l'un des derniers papiers de Bangor, qui, j'ai vu, était adressé à « Joseph Polis ».

C'est la dernière fois que j'ai vu Joe Polis. Nous avons pris le dernier train et sommes arrivés à Bangor ce soir-là.

ANNEXE

I. LES ARBRES

Les arbres dominants (je ne parle que de ce que j'ai vu) sur les branches est et ouest du Penobscot et sur la partie supérieure de l' Allegash étaient le sapin, l'épinette (noire et blanche) et les arborvitæ , ou « cèdre ». » Le sapin a le feuillage le plus foncé et forme, avec l'épicéa, une « végétation noire » très dense, surtout dans les parties supérieures des rivières. Un marchand de bois avec qui j'ai parlé a qualifié la première de mauvaise herbe, et on la considère communément comme propre ni au bois d'œuvre ni au combustible. Mais il est plus recherché comme arbre ornemental que tout autre arbre à feuilles persistantes de ces bois, à l'exception des arborvitæ . L'épinette noire est beaucoup plus commune que l'épinette blanche. Les deux sont des arbres grands et minces. Les arborvites , d'une teinte plus gaie, avec leurs éventails vert clair, sont également grandes et élancées, quoique parfois de deux pieds de diamètre. Il remplit souvent les marécages.

Mêlés aux premiers, et formant aussi çà et là des bois étendus et plus ouverts, indiquant, dit-on, un meilleur sol, se trouvaient des canots et des bouleaux jaunes (les premiers étaient toujours à portée de main pour allumer un feu, - nous n'avons vu aucun petits bouleaux blancs dans cette nature sauvage), ainsi que des érables à sucre et rouges.

Le tremble (*Populus tremuloides*) était très commun sur les terrains brûlés. Nous avons vu de nombreux pins blancs épars, des arbres généralement malades, qui avaient donc été sautés par les hélicoptères ; ce sont les plus grands arbres que nous ayons vus ; et nous passions de temps en temps devant un petit bois dans lequel cet arbre était dominant ; mais je n'ai pas remarqué autant de ces arbres que je peux en voir en une seule promenade à Concord. L'aulne moucheté ou cendré (*Alnus incana*) abonde partout le long des berges boueuses des rivières et des lacs, ainsi que dans les marécages. La pruche pouvait généralement être trouvée pour le thé, mais elle n'était nulle part abondante. Pourtant FA Michaux affirme que dans le Maine, le Vermont et la partie supérieure du New Hampshire, etc., la pruche forme les trois quarts des bois à feuilles persistantes, le reste étant constitué d'épinettes noires. Il appartient aux coteaux froids.

L'orme et le frêne noir étaient très communs le long des parties inférieures et plus calmes des ruisseaux, là où les rives étaient plates et herbeuses ou où il y avait des îles basses graveleuses. Ils formaient une agréable variété de paysages et nous nous sentions comme si nous étions plus près de chez nous en passant devant eux.

Les quatorze arbres ci-dessus constituaient la majeure partie des bois que nous avons vus.

Le mélèze (genévrier), le hêtre et le pin de Norvège (*Pinus resinosa* , pin rouge) n'ont été observés qu'occasionnellement à certains endroits. Le *Pinus Banksiana* (pin gris ou pin broussailleux du Nord) et un seul petit chêne rouge (*Quercus rubra*) seulement se trouvent sur les îles du Grand Lac, sur le bras est.

Les arbres ci-dessus sont presque tous des arbres particulièrement septentrionaux et se trouvent principalement, sinon uniquement, sur les montagnes situées au sud.

II. FLEURS ET ARBUSTES

Il semble que dans une forêt comme celle-ci, la grande majorité des fleurs, des arbustes et des herbes sont confinées aux rives des rivières et des lacs, ainsi qu'aux prairies, aux marécages plus ouverts, aux terres brûlées et aux sommets des montagnes ; comparativement, très peu pénètrent en effet dans les bois. Il n'y a pas une telle dispersion, même des fleurs sauvages, comme on le suppose communément, ou comme cela existe dans un pays défriché et peuplé. La plupart de nos fleurs dites sauvages peuvent être considérées comme naturalisées dans les localités où elles poussent. Les rivières et les lacs sont les grands protecteurs de ces plantes contre les agressions de la forêt, par leurs crues et chutes annuelles gardant ouvertes une bande étroite où ces plantes plus délicates ont de la lumière et de l'espace pour pousser. Ce sont les *protégés* des rivières. Ces bandes étroites et dispersées et ces groupes isolés sont, en un sens, les pionniers de la civilisation. Les oiseaux, les quadrupèdes, les insectes et l'homme aussi, pour l'essentiel, suivent les fleurs, et celui-ci, à son tour, leur fait plus de place, ainsi qu'aux arbustes à baies, aux oiseaux et aux petits quadrupèdes. Un colon m'a dit que non seulement les mûres et les framboises, mais aussi les érables de montagne, étaient cultivés dans les défrichements et les brûlis.

Bien que les plantes soient souvent désignées comme leur localité par des bois primitifs, cela ne peut pas être vrai pour un grand nombre de personnes, à moins que les bois ne soient censés inclure les localités que j'ai mentionnées. Seuls ceux qui nécessitent peu de lumière et peuvent supporter l'égouttement des arbres, pénètrent dans les bois, et ceux-ci ont généralement plus de beauté dans leurs feuilles que dans leurs fleurs pâles et presque incolores.

Les fleurs dominantes et les petites plantes remarquables des *bois* que j'ai remarquées étaient : *Clintonia borealis* , linnæa , damier (*Gaultheria procumbens*), *Aralia nudicaulis* (salsepareille sauvage), grande orchis à feuilles rondes, *Dalibarda repens* , *Chiogenes. hispidula* (symphorine rampante), *Oxalis Acetosella* (oseille des bois commune), *Aster acuminatus* , *Pyrola secunda* (pyrola unilatérale), *Medeola Virginica* (racine de concombre indien), petite *Circæa* (morelle de l'enchanteur) et peut-être *Cornus Canadensis* (cornouiller nain).

Parmi ceux-ci, le dernier juillet 1858, seuls l' *Aster acuminatus* et les grandes orchis à feuilles rondes étaient remarquablement en fleurs.

Les fleurs les plus communes des rives des *rivières* et *des lacs* étaient : *Thalictrum cornuti* (rue des prés) ; *Hypericum ellipticum* , *mutilum* et *Canadense* (millepertuis) ; menthe équine; marrube, *Lycopus Virginicus* et *Europaeus* , var. *sinuatus* (bugle-weed); *Scutellaire galericulata* (calotte); *Solidago lanceolata* et *squarrosa* , branche Est, (verge d'or) ; *Diplopappe umbellatus* (aster à poils doubles); *Aster Radula* ; *Cicuta maculata* et *bulbifera* (pruche d'eau); reine des prés; *Lysimachia stricta* et *ciliata* (sarcelle); *Galium trifidum* (petite paille de lit) ; *Lilium Canadense* (lys jaune sauvage); *Platanthère peramœna* et *psycodes* (grande orchis violette et petite orchis frangée violette) ; *Mimulus ringens* (fleur de singe); quai (eau); drapeau bleu; *Hydrocotyle Americana* (hydrocotyle des marais); *Sanicula Canadensis* (*?*) (racine de serpent noir) ; *Clematis Virginiana* (*?*) (Terre vierge commune) ; *Capucine palustre* (cresson des marais); *Ranunculus recurvatus* (patte d'oie crochue); *Asclepias incarnata* (asclépiade des marais); *Aster Tradescanti* (Aster de Tradescant); *Aster avare* , également *longifolius* ; *Eupatorium purpureum* , apparemment, rives de lacs (Joe-Pye-weed); *Apocynum Cannabinum* , Branche Est, (chanvre indien) ; *Polygonum cilinode* (liseron); et d'autres. Sans oublier, parmi les ordres inférieurs, l'herbe à laine et la fougère sensible.

Dans l'eau, *Nuphar advena* (nénuphar jaune), quelques *potamogetons* (herbe d'étang), *Sagittaria variabilis* (pointe de flèche), *Sium lineaire* (*?*) (panais d'eau).

Parmi ceux-ci, ceux qui étaient visiblement en fleurs le dernier juillet 1857 étaient : rue, *Solidago lanceolata* et *squarrosa* , *Diplopappus umbellatus* , *Aster Radula* , *Lilium Canadense* , grandes et petites orchis pourpres, *Mimulus ringens* , pavillon bleu, tonnelle de la vierge, etc.

Les fleurs caractéristiques des *marécages* étaient : *Rubus triflorus* (framboisier nain) ; *Calla palustris* (eau-arum); et *Sarracenia purpurea* (sarracénie). Sur *terrains brûlés* : *Epilobium angustifolium* , en pleine floraison, (grand saule) ; et *Erechthites hieracifolia* (herbe à feu). Sur *les falaises* : *Campanula rotundifolia* (campanule) ; *Cornus Canadensis* (corneau nain); *Arctostaphylos Uva-Ursi* (baie d'ours);

Potentilla tridentata (potentille des montagnes); *Pteris aquilina* (frein commun).
Dans *les anciens camps, carrys et sentiers forestiers* : *Cirsium arvense* (chardon des
champs) ; *Prunella vulgaris* (auto-guérison commune); trèfle; herbe à
troupeaux; *Achillea millefolium* (achillée millefeuille); *Leucanthemum vulgare*
(herbe blanche); *Aster macrophyllus* ; *Halénia deflexa* , branche Est, (gentiane
stimulée) ; *Antenneries margaritacea* (perlée éternelle); *Actæa rubra* et *alba* ,
porteurs humides, (actée à grappes rouges et blanches) ; *Desmodium Canadense*
(tique-trèfle); oseille.

Les fleurs les plus belles et les plus intéressantes étaient les grandes orchidées
pourpres , qui s'élevaient de temps en temps, avec leurs grands épis pourpres
parfaitement dressés, au milieu des arbustes et des herbes du rivage. Il
semblait étrange qu'on les fasse pousser là en si grande profusion, vus
seulement par les orignaux et les chasseurs d'orignaux, alors qu'ils sont si
rares à Concord. Je n'ai jamais vu cette espèce fleurir aussi tard chez nous, ni
chez le petit.

sous-bois dominants étaient : *Dirca palustris* (bois d'orignal), *Acer spicatum*
(érable de montagne), *Virburnum lantanoides* (boisson), et fréquemment *Taxus
baccata* , var. *Canadensis* (if d'Amérique).

Les arbustes et petits arbres dominants le long du rivage étaient : *l'osier rouge*
et les aulnes (mentionnés plus haut) ; les saules , ou petits saules, de deux ou
trois espèces, comme *Salis humilis* , *rostrata* et *discolor* (*?*) ; *Sambucus Canadaensis*
(sureau noir); rose; *Viburnum Opulus* et *nudum* (canneberge et canneberge) ;
Pyrus Americana (sorbier d'Amérique); *Corylus rostrata* (noisette à bec) ; *Diervilla
trifida* (chèvrefeuille de brousse); *Prunus Virginiana* (cerisier de Virginie);
Myrica coup de vent (doux coup de vent); *Nemopanthes Canadensis* (houx des
montagnes); *Cephalanthus occidentalis* (buisson en bouton); *Ribes prostratum* , par
endroits, (groseille fétide).

Plus particulièrement d'arbustes et de petits arbres des *marécages* : quelques
saules, *Kalmia glauca* (laurier pâle), *Ledum latifolium* et *palustre* (thé du
Labrador), *Ribes lacustre* (groseille des marais), et en un endroit *Betula pumila*
(bouleau bas). Aux *camps et aux porteurs* : framboisier, *Vaccinium Canadense*
(bleuet du Canada), *Prunus Pennsylvanica* (également en bord de mer) (cerisier
rouge sauvage), *Amelanchier Canadensis* (alose), *Sambucus pubens* (sureau à fruits
rouges). Parmi ceux particuliers aux *montagnes* se trouve le *Vaccinium Vitis-
Idæa* (airelle rougeâtre).

Parmi les plantes communément considérées comme *introduites* d'Europe, j'ai
observé dans la clairière d'Ansel Smith, Chesuncook , abondante en 1857 :
Ranunculus acris (renoncules) ; *Plantago major* (plantain commun); *Album
Chenopodium* (chénopode); *Capsella Bursa-pastoris* , 1853, (bourse à berger) ;
Spergula arvensis , également sur la rive nord de Moosehead en 1853, et ailleurs,
en 1857 (corn- spurry) ; *Taraxacum Densleonis* —*considéré* comme indigène par

Gray, mais évidemment introduit là-bas—(pissenlit commun) ; *Polygonum Persicaria* et *hydropiper* , près d'un chemin forestier dans les bois de Smith's, (pouce de dame et herbe intelligente) ; *Rumex Acetosella* , commun aux carrys, (oseille de mouton) ; *Trifolium pratense* , 1853, sur portées, fréquent, (trèfle rouge) ; *Leucanthemum vulgare* , porte, (herbe blanche) ; *Phleum pratense* , porte, 1853 et 1857, (herbe des troupeaux) ; *Verveine hastata* (verveine bleue) ; *Cirsium arvense* , abondant dans les camps, 1857, (chardon des champs); *Rumex crispus* (*?*), West Branch, 1853 (?), (quai gondolé) ; *Verbascum Thapsus* , entre Bangor et le lac, 1853, (molène commune).

Il semble que j'ai vu environ une douzaine de plantes qui avaient accompagné l'homme jusqu'à Chesuncook et qui s'y étaient naturalisées en 1853. Les plantes commencent ainsi tôt à fleurir au bord d'un chemin forestier, une simple vue à travers les bois, qui ne peuvent être exploités qu'en hiver, à cause des souches et des arbres tombés, qui sont enfin les plantes du bord des routes dans les anciens établissements. Les pionniers de ce genre sont plantés en partie par les premiers bovins, qui ne peuvent pas passer l'été dans les bois.

III. LISTE DES PLANTES

Ce qui suit est une liste des plantes que j'ai remarquées dans les bois du Maine, dans les années 1853 et 1857. (Celles marquées * ne se trouvent pas dans les bois.)

1. CEUX QUI ONT ATTEINT LA HAUTEUR DES ARBRES

Alnus incana (aulne moucheté ou cendré), abondant le long des cours d'eau, etc.

Thuja occidentalis (American arborvitæ) , l'un des plus répandus.

Fraxinus sambucifolia (frêne noir), très commun, surtout près des eaux mortes. L'Indien parlait de « frêne jaune » qu'on y trouve également.

Populus tremuloides (tremble d'Amérique), très commun, surtout sur les terrains brûlés, presque aussi blanc que les bouleaux.

Populus grandidentata (tremble à grandes dents), peut-être deux ou trois.

Fagus ferruginea (hêtre américain), pas rare, du moins sur le bras ouest. (J'en ai vu plus en 1846.)

Betula papyracea (bouleau de canoë), répandu partout et autour de Bangor.

Betula excelsa (bouleau jaune), très commun.

Betula lenta (bouleau noir), sur le bras ouest en 1853.

Betula alba (bouleau blanc d'Amérique), à propos de Bangor seulement.

Ulmus Americana (orme d'Amérique ou blanc), branche ouest et bas de la branche est, *i . e.* sur la partie inférieure et alluviale de la rivière, très commune.

Larix Americana (Mélèze d'Amérique ou noir), très commun sur l' Umbazookskus ; certains ailleurs.

Abies Canadensis (épicéa de pruche); pas abondant; certains sur la branche ouest et un peu partout.

Acer saccharinum (érable à sucre), très commun.

Acer rubrum (érable rouge ou érable des marais), très commun.

Acer dasycarpum (érable blanc ou argenté), un peu bas sur East Branch et dans les bois de Chesuncook .

Quercus rubra (chêne rouge), un sur une île du lac Grand, branche Est, et, selon un colon, quelques-uns du côté est du lac Chesuncook ; quelques-uns également sur Bangor en 1853.

Pinus Strobus (pin blanc), dispersé, plus abondant au lac Heron.

Pinus resinosa (pin rouge), Telos et Grand Lake, un peu après ici et là.

Abies balsamea (sapin baumier), peut-être l'arbre le plus commun, surtout dans les parties supérieures des rivières.

Abies nigra (épicéa noir ou double), après ce dernier le plus commun, sinon également, et en montagne.

Abies alba (épicéa blanc ou simple), commun avec ce dernier le long des rivières.

Pinus Banksiana (pin gris ou pin maquis du Nord), quelques-uns sur une île du Grand Lac.

Vingt-trois en tout (23).

2. PETITS ARBRES ET ARBUSTES

Prunus depressa (cerisier nain), sur des barres de gravier, branche Est, près de Hunt's, à fruits verts ; évidemment distinct de la *pumila* des rivières et des prairies.

Vaccinium corymbosum (bleuet commun des marais), Bucksport.

Vaccinium Canadense (bleuet du Canada), porte des collines rocheuses partout au sud jusqu'à Bucksport.

Vaccinium Pennsylvanicum (myrtille naine ?), Whetstone Falls.

Betula pumila (bouleau bas), marais d'étang de boue.

Prinos verticillatus (aulne noir), 1857, maintenant placé avec *Ilex* par Gray, 2e éd.

Cephalanthus occidentalis (buisson en bouton).

Prunus Pennsylvanica (cerisier rouge sauvage), très commun dans les camps, les carrys, etc., le long des rivières ; fruit mûr le 1er août 1857.

Prunus Virginiana (cerisier de Virginie), au bord de la rivière, commun.

Cornus alternifolia (cornouiller à feuilles alternes), branche ouest, 1853.

Ribes prostratum (groseille fétide), commun le long des cours d'eau ; sur Webster Stream.

Sambucus Canadanensis (sureau commun), commun le long des berges des rivières.

Sambucus pubens (sureau aux fruits rouges), moins commun ; le long des routes en direction de Moosehead, et continue ensuite ; fruit magnifique.

Ribes lacustre (groseille des marais), marécages, commun ; Marais de Mud Pond et ruisseau Webster ; pas mûr le 29 juillet 1857.

Corylus rostrata (noisette à bec), commune.

Taxus baccata , var. *Canadensis* (if d'Amérique), un sous-arbuste commun sur une île de West Branch et des bois de Chesuncook .

Viburnum lantanoides (bobine), commune, surtout dans les bois de Chesuncook ; fruit mûr en septembre 1853, pas en juillet 1857.

Viburnum Opulus (canneberge), sur la branche ouest ; un encore en fleur, 25 juillet 1857.

Viburnum nudum (bâton blanc), commun le long des rivières.

Kalmia glauca (laurier pâle), marécages, commun, comme à Moosehead Carry et Chamberlain Swamp.

Kalmia angustifolia (lambkill), avec *Kalmia glauca* .

Acer spicatum (érable de montagne), un sous-bois dominant.

Acer striatum (érable rayé), en fruit le 30 juillet 1857 ; vert la première année ; vert, rayé de blanc, le second ; plus foncée, la troisième, avec des taches sombres.

Cornus stolonifera (cornouiller stolonifère), arbuste dominant sur les rives du bras ouest ; fruit encore blanc en août 1857.

Pyrus Americana (sorbier d'Amérique), commun le long des côtes.

Amelanchier Canadensis (shad-bush), rocky carry, etc., fruits considérables en 1857.

Rubus strigosus (framboise rouge sauvage), très abondant, terrains brûlés, camps et charrettes, mais pas mûr jusqu'à ce que nous arrivions au barrage Chamberlain et sur la branche Est.

Rosa Carolina (rose des marais), commune au bord des lacs, etc.

Rhus typhina * (sumach vinaigré).

Myrica Gale (doux coup de vent), commun.

Nemopanthes Canadensis (houx des montagnes), commun dans les basses terres, Moosehead Carry et sur le mont Kineo.

Cratægus (*coccinea* ? épine aux fruits écarlates), pas rare ; avec des fruits durs en septembre 1853.

Salix (proche de *petiolaris* , saule pétiolé), très commun dans les prairies d'Umbazookskus .

Salix rostrata (saule à long bec), commun.

Salix humilis (saule bas), commun.

Décoloration de Salix (saule glauque) (?).

Salix lucida (saule brillant), sur une île du lac Heron.

Dirca palustris (bois d'orignal), commun.

En tout, 38.

3. PETITS ARBUSTES ET PLANTES HERBACÉES

Agrimonia Eupatoria (aigremoine commune), pas rare.

Circée alpina (morelle enchantée), très commune dans les bois.

Capucine palustre (cresson des marais), var. *hispidum* , commun, comme chez A. Smith.

Aralia hispida (salsepareille hérissée), sur la branche ouest, les deux années.

Aralia nudicaulis (salsepareille sauvage), bois de Chesuncook .

Sagittaria variabilis (pointe de flèche), commune à Moosehead et au-delà.

Arum triphyllum (navet indien), maintenant *arisæma* , Moosehead Carry en 1853.

Asclepias incarnata (asclépiade des marais), rivière Umbazookskus et après ; plus rouge que le nôtre, et une variété différente de notre var. *pulchra* .

Aster acuminatus (aster à feuilles pointues), l' aster dominant dans les bois, peu ouvert longtemps sur la branche sud, le 31 juillet ; deux pieds ou plus de hauteur.

Aster macrophyllus (aster à grandes feuilles), commun, et la plante entière est étonnamment parfumée, comme une herbe médicinale ; juste sorti au barrage de Telos, le 29 juillet 1857, et ensuite à Bangor et Bucksport ; fleur bleuâtre (dans les bois de Pine Stream et à Chesuncook en 1853).

Aster Radula (aster à feuilles rugueuses), commun, Moosehead Carry et après.

Aster avare (petit aster), en 1853 sur West Branch, et commun sur la rive de Chesuncook .

Aster longifolius (aster bleu à feuilles de saule), 1853, rives de Moosehead et Chesuncook .

Aster cordifolius (aster à feuilles cordées), 1853, branche ouest.

Aster Tradescanti (aster de Tradescant), 1857. Un à feuilles étroites, rivage de Chesuncook , 1853.

Aster , semblable *à longifolius* , avec de petites fleurs, branche ouest, 1853.

Aster puniceus (aster à tige rugueuse), Pine Stream.

Diplopappe umbellatus (grand aster diplopappus), commun le long des rivières.

Arctostaphylos Uva-Ursi (baie d'ours), Kineo, etc., 1857.

Polygonum cilinode (faux-sarrasin à franges), commun.

Bidens cernua (bur-souci), 1853, branche ouest.

Ranunculus acris (renoncules), abondante au barrage de Smith, Chesuncook , 1853.

Rubus triflorus (framboisier nain), bas fonds et marécages, commun.

Utricularia vulgaris * (grande vésicule), Pushaw .

Iris versicolor (drapeau bleu plus grand), commun, Moosehead, West Branch, Umbazookskus , etc.

Sparganium (roseau).

Calla palustris (eau-arum), en fleur le 27 juillet 1857, marais de Mud Pond.

Lobelia cardinalis (fleur cardinale), apparemment commune, mais hors de floraison en août 1857.

Cerastium nutans (mouron sauvage moite) (?).

Gaultheria procumbens (damier), répandue partout dans les bois le long des berges des rivières.

Stellaria media * (stellaire commune), Bangor.

Chiogène hispidula (symphorine rampante), très commune dans les bois.

Cicuta maculata (pruche d'eau).

Cicuta bulbifera (pruche d'eau à bulbe), rive de Penobscot et Chesuncook , 1853.

Galium trifidum (petite paille de lit), commun.

Galium Aparine (couperets) (?), Chesuncook , 1853.

Galium , une espèce sur Pine Stream, 1853.

Trifolium pratense (trèfle rouge), sur porte, etc.

Actæa spicata , var. *alba* (actée à grappes blanches), bois de Chesuncook , 1853, et East Branch, 1857.

Actæa , var. *rubra* (actée à grappes rouges), branche Est, 1857.

Vaccinium Vitis- Idæa (airelle), Ktaadn , très abondant.

Cornus Canadensis (cornouiller nain), dans les bois de Chesuncook , 1853 ; juste mûr à Kineo, le 24 juillet 1857, commun ; encore en fleurs, Moosehead Carry, 16 septembre 1853.

Medeola Virginica (racine de concombre indien), bois de West Branch et Chesuncook .

Dalibarda repens (dalibarda), Moosehead Carry et après, commun. Encore fleuri, le 1er août 1857.

Taraxacum Densleonis (pissenlit commun), Smith's, 1853 ; là seulement. N'est-ce pas étranger ?

Diervilla trifida (chèvrefeuille de brousse), très commun.

Rumex Hydrolapathum (?) (grand quai d'eau), en 1857 ; j'ai remarqué qu'il contenait de grosses graines en 1853 ; commun.

Rumex crispus (?) (quai frisé), branche ouest, 1853.

Apocynum cannabinum (chanvre indien), Kineo (Bradford) et East Branch, 1857, à Whetstone Falls.

Apocynum androsæmifolium (octane à propagation), Kineo (Bradford).

Clintonia borealis (clintonia), partout dans les bois ; fruit à peine mûrissant, 25 juillet 1857.

Une *Lemna* (lentilles d'eau), Pushaw , 1857.

Elodea Virginica (millepertuis des marais), Moosehead, 1853.

Epilobium angustifolium (grand saule), grands champs sur terres brûlées ; du blanc à Webster Stream.

Epilobium coloratum (saule veiné de pourpre), une fois en 1857.

Eupatorium purpureum (Joe-Pye-weed), héron, rives des lacs Moosehead et Chesuncook , commun.

Allium (oignon), une nouvelle espèce pour moi en fleur, sans bulbes au-dessus, sur des rochers près de Whetstone Falls (?), Branche Est.

Halénia deflexa (gentiane stimulée), continue sur la branche Est, commune.

Géranium Robertianum (herb- robert).

Solidago lanceolata (verge d'or touffue), très commune.

Solidago , l'un des trois nervures, les deux années.

Solidago thyrsoidea (grande verge d'or des montagnes), une sur le ruisseau Webster.

Solidago squarrosa (verge d'or à gros épis), la plus commune sur la branche Est.

Solidago altissima (verge d'or à poils rugueux), pas rare les deux années.

Copte trifolia (fil d'or à trois feuilles).

Smilax herbacea (fleur charogne), pas rare les deux années.

Spiræa tomentosa * (hardhack), Bangor.

Campanula rotundifolia (campanule), falaises, Kineo, Grand Lac, etc.

Hieracium (épervière), pas rare.

Veratrum viride (hellébore blanc américain).

Lycopus Virginicus (bugle-weed), 1857.

Lycopus Europæus (marrube d'eau), var. *sinuatus* , rive du lac Heron.

Album Chenopodium (chénopode d'agneau), Smith's.

Mentha Canadensis (menthe sauvage), très commune.

Galéopsis tétrahit (ortie royale), île d'Olamon , abondante et ci-dessous, en prime, 3 août 1857.

Houstonie cærulea (bluets), maintenant *Oldenlandia* (Gray, 2e éd.), 1857.

Hydrocotyle Americana (hydrocotyle des marais), commune.

Hypericum ellipticum (millepertuis à feuilles elliptiques), commun.

Hypericum mutilum (petit millepertuis), les deux années, commun.

Hypericum Canadense (millepertuis canadien), lac Moosehead et rives de Chesuncook , 1853.

Trientalis Americana (fleur étoilée), Pine Stream, 1853.

Lobelia Inflata (tabac indien).

Spiranthes cernua (femmes-tresses), Kineo et après.

Nabalus (racine de serpent à sonnette), 1857 ; *altissimus* (grande laitue blanche), bois de Chesuncook , 1853.

Antenneries margaritacea (immortelle nacrée), commune, Moosehead, Smith's, etc.

Lilium Canadense (lys jaune sauvage), très commun et grand, branche ouest et est ; une sur la branche Est, 1857, avec des pétales fortement révolutés et des feuilles parfaitement lisses en dessous, mais pas plus grandes que la dernière, et apparemment seulement une variété.

Linnæa borealis (linnæa), presque partout dans les bois.

Lobelia Dortmanna (lobélie d'eau), étang à Bucksport.

Lysimachie ciliata (sarcelle velue), très commune, côte de Chesuncook et branche Est.

Lysimachia stricta (salicaire dressée), très commune.

Microstyle ophioglossoides (bouche de vipère), Kineo.

Spirée salicifolia (reine-des-prés commune), commune.

Mimulus ringens (fleur de singe), commun, bords de lacs, etc.

Scutellaire galericulata (calotte), très commune.

Scutellaire lateriflora (calotte de chien enragé), Heron Lake, 1857; Chesuncook , 1853.

Platanthère psycodes (petite orchis frangée pourpre), très commun, East Branch et Chesuncook , 1853.

Platanthera fimbriata (grande orchis frangée pourpre), très commune, West Branch et Umbazookskus , 1857.

Platanthère orbiculata (grande orchis à feuilles rondes), très commune dans les bois, Moosehead et Chamberlain carrys, Caucomgomoc , etc.

Amphicarpée monoica (cacahuète de porc).

Aralia racemosa (nard à pointes), commun, Moosehead Carry, lac Telos, etc., et après ; sorti vers le 1er août 1857.

Plantago major (plantain commun), commun en pleine terre chez Smith en 1853.

Pontederia cordata * (broyeur), uniquement près de la vieille ville, 1857.

Potamogeton (potamot), peu commun.

Potentilla tridentata (potentille des montagnes), Kineo.

Potentilla Norvegica (potentille), rive du lac Heron et Smith's.

Polygonum amphibium (eau persicaria), var. *aquatique* Deuxième lac.

Polygonum Persicaria (pouce de dame), chemin en rondins, Chesuncook , 1853.

Nuphar advena (nénuphar jaune), peu abondante.

Nymphæa odorata (nénuphar doux), quelques-uns dans la branche ouest, 1853.

Polygonum Hydropiper (herbe intelligente), chemin de journalisation, Chesuncook .

Pyrola secunda (pyrola unilatérale), très commune, Caucomgomoc .

Pyrola elliptica (feuille de tibia), rivière Caucomgomoc .

Renoncule Flammula (Spearwort, var. *Reptans*).

Ranunculus recurvatus (pied-de-biche crochu), atterrissage d'Umbazookskus , etc.

Typha latifolia * (quenouille commune ou masse de roseau), extrêmement abondante entre Bangor et Portland.

Sanicule Marylandica (racine de serpent noir), Moosehead Carry et après.

Aralia nudicaulis (salsepareille sauvage).

Capsella Bursa-pastoris (bourse à berger), Smith's, 1853.

Prunella vulgaris (auto-guérison), très courante partout.

Erechthites hieracifolia (herbe à feu), 1857, et terrain découvert de Smith, 1853.

Sarracenia purpurea (sarracénie), marais d'étang de boue.

Smilacina bifolia (faux sceau de Salomon), 1857, et bois de Chesuncook , 1853.

Smilacine racemosa (faux nard) (?), Umbazookskus Carry, 27 juillet 1853.

Veronica scutellata (véronique des marais).

Spergula arvensis (corn- spurry), 1857, assez commun, 1853, Moosehead et Smith's.

Fragaria (fraise), 1853, Smith's ; 1857, Bucksport.

Thalictrum Cornuti (rue des prés), très commun, surtout le long des rivières, grand et remarquablement en fleurs en juillet 1857.

Cirsium arvense (chardon des champs), abondant dans les camps et au bord des autoroutes du nord du Maine.

Cirsium muticum (chardon des marais), bien en fleur, ruisseau Webster, 31 août.

Rumex acetosella (oseille de mouton), commune près des rivières et des sentiers en rondins, comme le chemin en rondins de Chesuncook .

Impatiens fulva (taché ne me touche pas).

Trillium erythrocarpum (trille peint), branche ouest commune et Moosehead Carry.

Verveine hastata (verveine bleue).

Clematis Virginiana (tonnelle vierge commune), commune sur les berges des rivières ; à plumes en septembre 1853 ; en fleur en juillet 1857.

Leucanthemum vulgare (herbe blanche).

Sium Lineare (panais d'eau), 1857, et Chesuncook Shore, 1853.

Achillea millefolium (achillée millefeuille), au bord de la rivière et des sentiers forestiers, et Smith's.

Desmodium Canadense (trèfle canadien), pas rare.

Oxalis Acetosella (oseille commune), toujours présente le 25 juillet 1853, à Moosehead Carry et après.

Oxalis stricta (oseille jaune), 1853, chez Smith et son chemin en bois.

Liparis liliifolia (lame bidirectionnelle), Kineo (Bradford).

Uvularia grandiflora (bellwort à grandes fleurs), bois, commune.

Uvularia sessilifolia (bellwort à feuilles sessiles), bois de Chesuncook , 1853.

En tout, 145.

4. D'ORDRE INFÉRIEUR

Scirpe Eriophorum (herbe à laine), très commune, surtout sur les îles basses. Une herbe grossière, haute de quatre ou cinq pieds, le long de la rivière.

Phleum pratense (herbe des troupeaux), sur les carrys, dans les camps et les clairières.

Equisetum sylvaticum (prêle selvatique).

Pteris aquilina (frein), Kineo et après.

Onoclée sensibilis (fougère sensible), très commune le long des berges des rivières ; certains sur la rive graveleuse de l'île Heron Lake.

Polypodium Dryopteris (polypode fragile).

Woodsia Ilvensis (woodsia rouillée), Kineo.

Lycopodium lucidulum (club-mousse dentée).

Usnée (un lichen parméliacé), commune sur divers arbres.

IV. LISTE DES OISEAUX

QUE J'AI VU DANS LE MAINE ENTRE LE 24 JUILLET ET LE 3 AOÛT 1857

Un très petit faucon à Great Falls, sur Webster Stream.

Haliæetus leucocephalus (pygargue à tête blanche ou à tête blanche), à Ragmuff , au-dessus et en dessous de Hunt's, et sur l'étang en dessous de Mattawamkeag .

Pandion haliaëtus (faucon poisson ou balbuzard pêcheur), entendu, également vu sur la branche Est.

Bubo Virginianus (chat-hibou), près de Camp Island, également au-dessus de l'embouchure de Schoonis , à partir d'une souche allant et venant, également près de Hunt's sur un arbre.

Icterus phœniceus (carouge à épaulettes), rivière Umbazookskus .

Corvus Americanus (Corbeau d'Amérique), quelques-uns, comme à la sortie du Grand Lac ; un croassement particulier.

Fringilla Canadensis (moineau arboricole), il me semble en avoir vu un sur le mont Kineo, le 24 juillet, qui se comportait comme s'il y avait un nid.

Garrulus cristatus (geai bleu).

Parus atricapillus (mésange), quelques-uns.

Muscicapa tyrannus (kingbird).

Muscicapa Cooperii (moucherolle à côtés olive), partout un oiseau dominant.

Muscicapa virens (pioui des bois), Moosehead et je pense au-delà.

Muscicapa acadica (petit pipi), commun.

Muscicapa ruticilla (rouge-queue d'Amérique), Moosehead.

Vireo olivaceus (viréo aux yeux rouges), partout commun.

Turdus migratorius (merle à poitrine rousse), quelques-uns partout.

Turdus melodus (muguet des bois), commun dans tous les bois.

Turdus Wilsonii (muguet de Wilson), Moosehead et au-delà.

Turdus aurocapillus (muguet à couronne dorée ou oiseau-four), Moosehead.

Fringilla albicollis (Bruant à gorge blanche), Kineo et suivants, apparemment en train de nicher ; l'oiseau dominant tôt et tard.

Fringilla melodia (bruant chanteur), à Moosehead ou au-delà.

Sylvia pinus (paruline des pins), une partie du voyage.

Trichas Marylandica (gorge jaune du Maryland), partout.

Coccyzus Americanus (?) (coucou à bec jaune), commun.

Picus erythrocephalus (pic à tête rouge), entendu et vu, et bon à manger.

Sitta Carolinensis (?) (sittelle d'Amérique à poitrine blanche), entendue.

Alcedo alcyon (martin-pêcheur d'Amérique), très commun.

Caprimulgus Americanus (engoulevent).

Tetrao umbellus (perdrix), Moosehead Carry, etc.

Tetrao cupido (?) (tétras penné), Webster Stream.

Ardéa cærulea (héron bleu), partie basse de Penobscot.

Totanus macularius (bécasseau tacheté ou peetweet), partout.

Larus argentatus (?) (goéland argenté), le lac Heron sur les rochers et Chamberlain. Plus petite mouette sur Second Lake.

Anas obscura (canard sombre ou noir), une fois dans la branche Est.

Anas sponsa (canard d'été ou canard branchu), partout.

Fuligula albeola (canard spirituel ou balancier), commun.

Colymbus glacialis (grand plongeur nordique ou huard), dans tous les lacs.

Mergus Harle (harle à poitrine chamoisée ou sheldrake), commun sur les lacs et les rivières.

Une hirondelle ; la fauvette nocturne (?) une ou deux fois.

V. QUADRUPÈDES

Une chauve-souris sur West Branch ; crâne de castor au Grand Lac ; M. Thatcher a mangé du castor avec de l'orignal sur le Caucomgomoc . Un rat musqué sur le dernier ruisseau ; l'écureuil roux est commun au fond des bois ; un porc-épic mort sur le chemin Chamberlain ; une femelle orignal et des traces de veau ; peau d'ours, qui vient d'être tué.

VI. TENUE POUR UNE EXCURSION

Ce qui suit sera une bonne tenue pour celui qui désire faire une excursion de *douze* jours dans les bois du Maine en juillet, avec un compagnon et un Indien, dans les mêmes buts que moi.

Portez : une chemise à carreaux, de grosses chaussures anciennes, des chaussettes épaisses, un ruban au cou, un gilet épais, un pantalon épais, un vieux chapeau Kossuth, un sac en lin.

Transporter ,— dans un sac à dos en caoutchouc indien , avec un grand rabat, deux chemises (à carreaux), une paire de chaussettes épaisses, une paire de tiroirs, une chemise en flanelle, deux mouchoirs de poche, un manteau indien léger en caoutchouc ou en laine épaisse . , deux seins et colliers pour aller et venir, une serviette, des épingles, des aiguilles, du fil, une couverture, la meilleure grise, longue de sept pieds.

Une tente de six pieds sur sept, et de quatre pieds de haut au milieu, fera l'affaire ; un voile, des gants et des moustiquaires, ou, mieux, des moustiquaires pour tout couvrir la nuit ; meilleure carte de poche, et peut-être une description de l'itinéraire ; boussole; livre de plantes et papier buvard rouge ; papier et timbres, botanique, petite lunette de poche pour oiseaux, microscope de poche, mètre ruban, boîtes à insectes.

Hache, pleine grandeur si possible, couteau de poche, lignes à poisson, deux seulement chacune, avec quelques hameçons et bouchons prêts, et avec du porc comme appât dans un paquet, gréé ; des allumettes (certaines également dans une petite fiole dans la poche du gilet) ; du savon, deux morceaux; grand couteau et cuillère en fer (pour tous) ; trois ou quatre vieux journaux, beaucoup de ficelle et plusieurs chiffons pour faire la vaisselle ; vingt pieds de corde solide, un seau en fer blanc de quatre litres pour la bouilloire, deux cuillères en fer blanc, trois assiettes en fer blanc, une poêle à frire.

Des provisions. — Pain dur et moelleux, vingt-huit livres ; porc, seize livres; sucre, douze livres ; une livre de thé noir ou trois livres de café ; une boîte ou une pinte de sel ; un litre de repas indien pour faire frire le poisson ; six citrons, bons pour corriger le porc et eau tiède ; peut-être deux ou trois livres de riz, pour varier. Vous obtiendrez probablement des baies, du poisson, etc. à côté.

Une arme à feu ne vaut pas le transport, à moins que vous n'y alliez en chasseur. Le porc doit être dans un fût ouvert, scié pour s'adapter ; le sucre, le thé ou le café, la farine, le sel, etc., doivent être mis dans des sacs en caoutchouc indiens étanches à l'eau, attachés avec une ficelle de cuir ; et toutes les provisions, ainsi qu'une partie du reste des bagages, furent mises dans deux grands sacs en caoutchouc , qui se sont révélés étanches et durables.

Les frais de tenue précédente sont de vingt-quatre dollars.

Un Indien peut être embauché pour environ un dollar et cinquante cents par jour, et peut-être cinquante cents par semaine pour son canot (cela dépend de la demande). Le canoë doit être solide et étanche. Cette dépense sera de dix-neuf dollars.

Une telle excursion ne coûtera pas nécessairement plus de vingt-cinq dollars pièce, commençant au pied de Moosehead, si vous possédez déjà ou pouvez emprunter une partie raisonnable de l'équipement. Si vous prenez un Indien et un canot à Oldtown, il vous en coûtera sept ou huit dollars de plus pour les transporter jusqu'au lac.

VII. UNE LISTE DE MOTS INDIENS

1. *Ktaadn* , censé signifier *la Terre la plus élevée* , Rasles désigne *le mont Pemadene* ; pour *Grai* , *pierre à aiguiser* , *Kitadaügan* . (*Vidéo* Potter.)

Mattawamkeag , lieu de rencontre de deux rivières. (Indien de carry.) (*Vide* Williamson's History of Maine et Willis.)

Molunkus .

Ebeeme , rock.

Nolisemack ; autre nom, Shad Pond.

Kecunnilessu , mésange.	}	
Nipsquecohossus , bécasse.	}	
Skuscumonsuk , martin-pêcheur. N'est-ce pas le pl. résiliation *uk* ici, ou *suk* ?	}	Joe.
Wassus , ours, *aouessous* (Rasles).	}	
Lunxus , diable indien.	}	
Upahsis , sorbier.	}	

Orignal (est-ce qu'on l'appelle, ou est-ce que ça veut dire, mangeur de bois ?), *mous* (Rasles).

Katahdinauguoh , signifierait les montagnes autour de Ktaadn .

Ebemena , canneberge arborescente. *Ibibimine* , *nar* , rouge, mauvais fruit. (Rasles .)	}	Joe
Wighiggin , une facture ou un écrit, *aouixigan* , « *livre* , *lettre* , *peinture* , *ceinture* » (Rasles).	}	Ind'n de transport.
Sebamook , Lac des Grandes Baies, *Peqouasebem* ; ajouter *ar* au pluriel, *lac* ou *étang* , (Rasles). *Ouaürinaügamek* , *anse* dans un lac , (Rasles). *Mspame* , grande eau. Polis.	}	Nicolas.

Sebago et *Sebec* , grandes eaux libres.

Chesuncook , lieu où de nombreux ruisseaux se déversent. (*Vide* Willis et Potter.)	}	Tahmunt , etc.

Caucomgomoc , lac Gull. (*Caucomgomoc* , le lac ; *Caucomgomoc* -*take* , la rivière, Polis.) }	
Pammadumcook .	
Kenduskieg , rivière Petite Eel. (*Voir* Willis.) }	Nicolas.
Penobscot , rivière Rocheuse. *Puapeskou* , pierre. (Rasles contre Springer.) }	Ind'n de transport.
Umbazookskus , ruisseau de prairie. (Rivière Beaucoup de Prairies , Polis.) }	
Millinocket , lieu des îles. }	Nicolas.
Souneunk , qui court entre les montagnes. }	
Aboljacarmegus , Smooth-ledge Falls et Deadwater . }	
Aboljacarmeguscook , la rivière là-bas.	
Muskiticook , ruisseau mort. (Indien de carry.) *Meskikou* , ou *Meskikouikou* , un endroit où il y a de l'herbe, (Rasles). *Muskéeticook* , eau morte , (Polis).	
Mattahumkeag , étang de Sand-Creek. }	Nicolas.
Piscataquis , bras de rivière. }	
Shecorways , sheldrakes. }	
Naramekechus , peetweet . }	Polis.
Medawisla , huard. }	
Original , lac Moosehead. (Montrésor.)	
Chor - chor -que , usnée. }	
Adelungquamooktum , grive des bois. }	Polis.
Bematruichtik , hautes terres en général. }	
(*Mont Pemadené* . Rasles). }	
Maquoxigil , écorce d'osier rouge, tabac indien. }	

Kineo , silex (Williamson ; vieux chasseur indien). (Hodge.)	
Artoosoqu ' , phosphorescence. }	
Subekoondark , épinette blanche. }	
Mouffette , épinette noire. }	
Beskabekuk , le « lac aux homards » des cartes. }	
Beskabekukskishtuk , les eaux mortes sous l'île. }	
Paytaytequick , Burnt-Ground Stream, ce que Joe appelait *Ragmuff* . }	
Nonlangyis , le nom d'une eau morte entre le dernier et Pine Stream. }	
Karsaootuk , Rivière Noire (ou Pine Stream). *Mkazéouighen* , noir, (Rasles). }	Polis.
Michigan, fimus . Polis l'appliquait à un meunier ou à un poisson pauvre et bon à rien. *Fiante (?) mitsegan* (Rasles). (Pickering met le ? après le premier mot.) }	
Cowosnebagosar , *Chiogène hispidula* , signifie, pousse là où les arbres ont pourri. }	
Pockadunkquaywayle , écho. *Pagadaükoueouérré* (Rasles). }	
Bororquasis , mouche de l'orignal. }	
Nerlumskeechtcook (ou *quoik* ?), (ou *skeetcook*), Deadwater , et appliqué aux montagnes proches. }	
Apmoojenegamook , lac que l'on traverse. }	
Allegash , écorce de pruche. (*Voir* Willis.) }	
Paytaywecongomec , lac Burnt-Ground, *Telos* .	
Madunkehunk , ruisseau de hauteur de terre (flux Webster). }	Polis.
Madunkehunk-gamooc , lac des hauteurs de terre. }	

Matungamooc , Grand Lac.	}
Uncardnerheese , ruisseau à truites.	}
Wassataquoik (ou *-cook*), rivière Salmon, bras est. (*Voir* Willis.)	}
Pemoymenuk , baies d'amélanchier , « *Pemouaimin* , *nak* , un fruit noir. Rasles . » N'y a-t-il pas ici la terminaison du pluriel ?	}
Sheepnoc , bulbes *de Lilium Canadense* . « *Sipen* , *nak* , blanc, plus grand que *penak* » (Rasles).	}
Paytgumkiss , Petticoat (où une petite rivière se jette dans le Penobscot en contrebas de Nicketow).	}
Burntibus , un tronçon semblable à un lac dans le Penobscot.	}

Passadumkeag , « où l'eau tombe dans le Penobscot au-dessus des chutes » (Williamson). *Paüsidaükioui* est, *au dessus de la montagne* (Rasles).
Olarmon , ou *larmon* (Polis), peinture rouge. « Vermillon, peinture, *Ouramaü* » (Rasles).
Sunkhaze , « Voyez le canoë sortir ; je ne les vois pas en streaming » (Polis). L'embouchure d'une rivière, selon Rasles , est *la Saüghedétégoue* . L'endroit où un ruisseau se jette dans un autre Ŏest donc *saüktaüoui* . (*Voir* Willis.)
Tomhegan Br. (à Moosehead). « *Hachette* , *temahigan* » (Rasles).
Nicketow , « *Nicketaoutegué* , ou *Niketoutegoue* , *rivière qui fourche* » (Rasles).

2. De WILLIAM WILLIS , sur la langue des
Abnaquies , Maine Hist. Coll., Vol. IV.

Abalajako-megus (rivière près de Ktaadn).

Aitteon (nom d'un étang et d'un sachem).

Apmogenegamook (nom d'un lac).

Allagash (un camp d'écorce). Sockbasin , un Penobscot, lui dit : « Les Indiens ont donné ce nom au lac parce qu'ils y tenaient un camp de chasse. »

Bamonewengamock , chef d' Allegash , Cross Lake. (Bassin à chaussettes .)

Chesuncook, Grand Lac. (Bassin à chaussettes .)

Caucongamock (un lac).

Ebeeme, montagnes sur lesquelles il y a des prunes. (Bassin à chaussettes).

Ktaadn. Sockbasin prononce ce Katah - din et dit que cela signifie « grande montagne ou grande chose ».

Kenduskeag (le lieu des anguilles).

Kinéo (silex), montagne en bordure, etc.

Metawamkeag, une rivière au fond lisse et graveleux. (Bassin à chaussettes .)

Métanawcook.

Millinoket, un lac avec de nombreuses îles. (Bassin à chaussettes .)

Matakeunk (rivière).

Molunkus (rivière).

Nicketow, Neccotoh, où deux ruisseaux se rencontrent (« Forks of the Penobscot »).

Negas (village indien sur le Kenduskeag).

Orignal (nom donné par Montresor au lac Moosehead).

Ponguongamook, Allagash, nom d'un Indien Mohawk tué là-bas. (Bassin à chaussettes .)

Penobscot, *Penobskeag*, *Pentagoet* français , etc.

Pougohwaken (lac Héron).

Pemadumcook (lac).

Passadumkeag, où l'eau se jette dans la rivière au-dessus des chutes. (Williamson.)

Ripogenus (rivière).

Sunkhaze (rivière), eaux mortes .

Souneunk.

Seboomook. Sockbasin dit que ce mot signifie « la forme d'une tête d'orignal et qui a été donnée au lac », etc. Howard dit le contraire.

Seboois, un ruisseau, une petite rivière. (Bassin à chaussettes .)

Sébec (rivière).

Sebago (bonne eau).

Telos (lac).

Telasius (lac).

Umbagog (lac), doublé ; ainsi appelé de par sa forme. (Bassin à chaussettes .)

Umbazookskus (lac).

Wassatiquoik , une rivière de montagne. (Bassin à chaussettes .)

Le juge CE Potter de Manchester, New Hampshire, ajoute en novembre 1855 :

" *Chesuncook* . Ceci est formé de *Chesunk* , ou *Schunk* (une oie) et *Auke* (un lieu), et signifie « La place de l'oie ». Chesunk , ou Schunk, est le son émis par les oies sauvages lorsqu'elles volent.

Ktaadn . Il s'agit sans aucun doute d'une corruption de *kees* (haut) et *d'auke* (un lieu).

Penobscot , *penapse* (pierre, lieu rocheux) et *pingouin* (lieu).

Suncook , Goose Place, *Schunk- auke* .

Le juge dit que *schoot* signifie se précipiter, et donc *schoodic* de ceci et *auke* (un endroit où l'eau se précipite), et que *schoon* signifie la même chose ; et que les habitants de Marblehead et d'autres ont dérivé les mots « scoon » et « scoot » des Indiens, et donc « goélette » ; fait référence à un M. Chute.

NOTES DE BAS DE PAGE

[1] Springer, dans son *Forest Life* (1851), dit qu'ils enlèvent d'abord les feuilles et le gazon de l'endroit où ils ont l'intention de construire un camp, par crainte du feu ; aussi que « l'épicéa est généralement choisi pour la construction de camps, car il est léger, droit et tout à fait exempt de sève » ; que « le toit est enfin recouvert de branches de sapin, d'épicéa et de pruche, de sorte que lorsque la neige tombe sur l'ensemble, la chaleur du camp se conserve dans les temps les plus froids » ; et qu'ils fabriquent le siège en rondins devant le feu, appelé « siège du diacre », en épicéa ou en sapin fendu en deux, avec trois ou quatre branches robustes laissées d'un côté pour les jambes, qui ne risquent pas de se détacher.

[2] Les Canadiens l'appellent *picquer de fond* .

[3] Même les missionnaires jésuites, habitués au Saint-Laurent et aux autres fleuves du Canada, dans leurs premières expéditions chez les Abenaquinois , parlent de rivières *ferrées de rochers* , chaussées de rochers. Voir aussi n° 10 *Relations* , pour 1647, p. 185.

[4] « Un courant ou un pas d'eau constant est préférable à un courant qui monte ou qui diminue ; car, lorsqu'elle monte rapidement, l'eau au milieu de la rivière est considérablement plus haute qu'aux rives, au point d'être distinctement perçue par l'œil d'un spectateur sur les rives, présentant l'apparence d'une route à péage. Le bois est donc toujours sûr de s'incliner du centre du canal vers l'une ou l'autre rive. » — Springer.

[5] « L'épicéa », dit Springer en 1951, « est généralement choisi, principalement pour les installations supérieures que ses nombreuses branches offrent au grimpeur. Pour gagner les premières branches de cet arbre, qui sont à vingt ou quarante pieds du sol, on coupe un arbre plus petit et on le loge contre lui, en grimpant sur lequel on atteint la cime de l'épicéa. Dans certains cas, lorsqu'on désire une position très élevée, l'épicéa se loge contre le tronc d'un pin élevé, sur lequel on monte à une hauteur deux fois supérieure à celle de la forêt environnante.

Pour indiquer la direction des pins, on jette une branche, et un homme à terre prend le relèvement.

[6] Les ours n'avaient pas touché à nos biens. On déchire quelquefois un batteau à cause du goudron dont il est enduit.

[7] J'ai extrait ceci d'un journal : « Le 11 (instant ?) [mai 49], à Rappogenes Falls, M. John Delantee , d'Orono, Michigan, s'est noyé alors qu'il transportait des bûches. Il était citoyen d'Orono et avait vingt-six ans. Ses compagnons trouvèrent son corps, l'enfermèrent dans de l'écorce et l'enterrèrent dans les bois solennels.

[8] Ces brindilles sont appelées dans le dictionnaire Rasle *Sediak* .